「日本人と英語」の社会学

なぜ英語教育論は誤解だらけなのか

寺沢拓敬
Terasawa Takunori

研究社

まえがき

「日本人は英語下手」「これからの社会人に英語は不可欠」「英語ができれば収入が増える」「日本人女性は英語が大好き」。このような主張を一度は耳にしたことがあると思う。本書は、こうした通説・俗説の多くが実は大いなる誤解に過ぎないことを統計データの分析によって明らかにする予定である。

これがそのまま本書の副題である「なぜ英語教育論は誤解だらけなのか」に対する答えである。つまり、英語教育のあり方が間違って論じられるのは、日本社会における英語の実態が正しく理解されていないためだというのが本書の答えである。具体的にどのように間違っているかは本書の各章で確認して頂きたい。

もちろん一方的に「そんな認識は間違いだ!」と叫ぶだけでは、独り善がりな主張に過ぎず、読者も呆れてしまうだろう。そこで本書では、誤解かどうかを判断する拠り所として、社会統計データを利用する。これにより客観的な基準に基づいて日本社会における英語の実態が検討できる。ついでに言うと、本書で用いるデータのほとんどが研究者向けに一般公開されているものなので、「他者による追試が可能」という意味の「客観性」も兼ね備えている。

本書は客観性を特に重視したため、大量の統計的情報を掲載せざるを得なかった。統計に不案内な読者も多いと思われるので、各章は基本的に以下の方針に従って執筆している。

1. 統計的な議論は脚注に回し、本文では「分析結果が示していること」をシンプルに伝える。
2. 複雑な統計表が直感的に理解できるようにグラフを多用する。
3. 各章末に「まとめ」の節を用意し、知見をコンパクトに要約する。

数字に抵抗を覚える読者は、上記の点を中心に読み進めて頂ければと思う。

また、本書のメインタイトルにある「社会学」に対し、難解な学問分野というイメージを抱いている人もいるかもしれない。もちろんそのような「社会学」もあるが、実際には「社会学」と言っても様々である。本書の依拠する計量社会学の場合、その推論方法はいたってシンプルであり、常識的に理解できるものがほとんどだと思う。そこで、さしあたっては、（計量）社会学的な枠組みを「社会の実態を統計に基づいて正しく理解するための学問的ルール」と理解してもらって構わないだろう。もちろん「常識的」なのはあくまで推論方法であり、社会学が前提にする理論（社会観）は必ずしもシンプルではないこともあるが、その点については各章で詳しく説明するので安心して頂きたい。

　本書の成り立ちについて簡単に述べておこう。各章は筆者が2008年頃から書きためていた論文に基づいているものが大半である。ただし、書籍刊行に際し、データ分析を新たにやり直し、また、文章も大幅に書き直している。詳細は初出一覧を参考にされたい。

　筆者の前著（寺沢 2014a）との毛色の違いに戸惑う人もいるかもしれない。前著は史料を駆使して「過去」を分析したのに対し、本書は統計を武器に「現在」を検討しているので、たしかに表面的には著しい対照をなしている。

　しかし、筆者のなかではもちろん前著と本書は密接につながっている。詳細は終章（特に 249–51 頁）で論じているので参照されたいが、前著と本書に共通するキーワードは「必要性」「国民教育」である。前著は、英語の必要性に疑いの目が向けられていたにもかかわらず、「国民」全員が英語を履修するようになったのはなぜかという謎を追ったものであり、一方本書は、必要性に対する疑いの眼差しはもはや過去のものになったのか、英語使用・英語学習は「国民」的な現象にまで一般化したのかという問いを検討している。つまり、同じような問いを「起源」の観点から検討したのか（＝前著）、それとも「現状」の観点から検討したのか（＝本書）という違いである。

　もう一点、出版動機の点から本書の成り立ちについて述べたい。筆者が本書の刊行を急いだ背景には、近年の（英語）教育政策に対する大きな危機感がある。2000年代以降、政府は既存の英語教育を「改革」すべく様々な政策を打ち出しているが、その中には日本社会の実態を無視した空想的な「改革」案も少なくない。本書がこうした状況への対抗言説の一助になればと考

えている。

同時に筆者は学術コミュニティにも危機感を抱いている。それは、英語教育学の政策批判の「質」に対してである。英語教育関係者には周知の事実だろうが、政府を痛烈に批判する英語教育学者は実はそれなりに存在する。しかしながら、そのほとんどが理念的な批判や理論的な批判（特に言語習得理論の観点からの批判）であり、政府の認識に真っ向からノーを突きつける類のものではない*1。

なぜこの手の批判が手薄になるかは、終章で述べるとおり、英語教育学の知的特徴——あえてネガティブな表現をするなら知的弱点——にあると思う。筆者は大学院時代、外国語教育学コースでトレーニングを積んだが、社会統計分析に関しては外部の学問——つまり社会学・経済学・政治学などの社会科学——に頼らなければならなかった。この時、政策を批判する学問として、英語教育学がいかに脆弱なものか痛感したのである。そのような事情もあり、英語教育学に社会科学的なアプローチが少しでも浸透して欲しいという願いを本書に込めている。そのため、現在の英語教育学のあり方に厳しい言葉をぶつけている箇所もあるが（特に終章）、それもひとえに、この学問分野を少しでも良くしたいという筆者の思いの表れである。だからといって大目に見てもらう必要はまったくないが、単なる「悪罵」などではないのでその点はご理解願いたい。

本書は序章、分析部分（全13章）、および終章から構成される。分析部分の各章の内容は基本的に相互に独立しているので、第1章から読み進めていく必要はなく、関心のある章から読み始めてもらって構わない。その関係で、複数の章に重複する記述がたびたび現れることがあるが、読者の便を考えてのことであるとご理解頂きたい。

---

*1　この点は研究者にも誤解が多い点だと思われるが、言語習得論などが提示する認知科学的な知見は、政策評価に資する「良質なエビデンス」とは必ずしも見なされていない（岩崎 2010）。なぜなら、認知科学は一般的に国際志向（つまり社会横断的な傾向）や基礎研究志向が強く、特定の社会や特定の政策を前提にしているわけではないからである。認知科学上の定説が、特殊な環境において「定説」でなくなることはしばしばあるが、日本の学校現場がその「特殊な環境」ではない保証はどこにもないのである。

本書執筆にあたり多くの方々にお世話になった。まず、データを提供頂いた方々に感謝を申し上げなくてはならない。2次分析に当たり、東京大学社会科学研究所附属社会調査・データアーカイブ研究センター SSJ データアーカイブから、「日本版 General Social Surveys」[2]、「2005 年 SSM 日本調査，2005」（2005SSM 研究会データ管理委員会）、「アジア・ヨーロッパ調査 (ASES)，2000」（猪口孝）、「ワーキングパーソン調査，2000」「ワーキングパーソン調査，2008」（リクルートワークス研究所）の個票データの提供を受けた。また、EASS データアーカイブから、East Asian Social Survey 2008 のデータの提供を受けた[3]。データをお借りできなければ、研究を行うことは不可能だった。心より感謝申し上げる。

本書の草稿段階から目を通して頂き適確なコメントを頂いた石井雄隆さん（早稲田大学）、きめ細かい校正・編集作業をして頂いた研究社の津田正さん・高野渉さんにも大変お世話になった。謝意を表したい。

また、執筆に際し、日本学術振興会科学研究費助成事業により助成を受けた（「戦後および現代日本社会における英語観の実証的研究」 課題番号14J10080）。感謝申し上げる。

最後に、妻に感謝したい。妻は私の研究状況にほとんど興味を示さなかったが、対照的に、常に私の体調を気遣ってくれた。感謝とともに、この本を贈りたい――贈っても読まないと思うけれど、健康に生きた証として。

2014 年 12 月吉日

寺 沢 拓 敬

---

[2]　日本版 General Social Surveys（JGSS）は、大阪商業大学 JGSS 研究センター（文部科学大臣認定日本版総合的社会調査共同研究拠点）が、東京大学社会科学研究所の協力を受けて実施している研究プロジェクトである。

[3]　East Asian Social Survey（EASS）is based on Chinese General Social Survey（CGSS）, Japanese General Social Surveys（JGSS）, Korean General Social Survey（KGSS）, and Taiwan Social Change Survey（TSCS）, and distributed by the EASSDA.

目次

まえがき　iii

序章　はじめに　　1

「日本人」と英語の関係を探る意義　2
社会統計分析という方法　4
分析の基本方針　7
使用データ　8
用語に関する注記　10
統計分析に関する注記　12
本書の構成　14

第Ⅰ部　英語力・英語使用　　19

第1章　英語力──「日本人英語話者」とはどのような人か？　20

1.1　JGSS の英語力設問　20
1.2　WPS-2000 の英語力設問　23
1.3　「日本人英語話者」の特徴 (1)──政治意識　27
1.4　「日本人英語話者」の特徴 (2)──情報への接触　30
1.5　まとめ　30
補節　自己評価型設問の使用について　32

第2章　教育機会──英語話者になれたのはどのような人か？　34

2.1　英語力の獲得機会　36
2.2　データ　38
2.3　英語ができる人の割合、その推移　39
2.4　英語教育機会のメカニズム　43
2.5　まとめ　46
補節　東アジア4地域の場合　49

viii 目　次

第3章　英語力の国際比較——「日本人」は世界一の英語下手か？　54

3.1　「日本人は英語下手」言説　55
3.2　データ　59
3.3　各国の英語力保持者　61
3.4　年齢構成による差　62
3.5　教育レベル・職業階層・裕福さ　66
3.6　「恵まれた」人々の英語力　68
3.7　TOEFL スコアは実態をとらえているか　70
3.8　まとめ　72

第4章　英語使用——どんな人が英語を使っているか？　76

4.1　英語使用の必要性と英語教育論　77
4.2　データ　79
4.3　英語使用と世代　81
4.4　英語使用とジェンダー　84
4.5　まとめ　92
補節　英語使用の必要性から見た英語教育政策論　94

第II部　語学　99

第5章　英語学習熱——「語学ブーム」は実際どれだけのものなのか？　100

5.1　英語学習者の規模　102
5.2　「女性は英語好き」言説　104
5.3　英語学習目的　110
5.4　他の文化活動との比較　115
5.5　まとめ　118

第6章　英語学習者数の推移——どれだけの人が英語を学んできたか？　120

6.1　英語ブームは昔からあった　120
6.2　データ　124
6.3　英語学習者数の推移　126
6.4　ジェンダーとの対応関係　130
6.5　どのような女性が英語を学んだか？　133
6.6　まとめ　136

目 次　ix

第7章　英語以外の外国語の学習に対する態度　137

7.1　「日本＝多言語社会」に対する「日本人」の態度　138

7.2　「あなたは何語を学ぶことに興味がありますか」　140

7.3　基本属性との連関　142

7.4　外国人との接触　147

7.5　英語使用・英語学習との関係　152

7.6　まとめ　155

第Ⅲ部　仕事　157

第8章　必要性(1)——「これからの社会人に英語は不可欠」は本当か？　158

8.1　データ　160

8.2　仕事での英語使用　161

8.3　英語の必要感　164

8.4　英語の有用感　166

8.5　職種・産業との関係　167

8.6　その他の就労者属性との関係　171

8.7　まとめ——仕事での英語の必要性　175

第9章　必要性(2)——英語ニーズは本当に増加しているのか？　178

9.1　現在の英語使用：2002 → 2008　180

9.2　過去1年の英語使用：2006 → 2010　181

9.3　英語使用減少の背景　183

9.4　まとめ　188

第10章　賃金——英語ができると収入が増えるのか？　191

10.1　人的資本としての英語力　192

10.2　英語力と賃金——2000年、都市部常勤職者の場合　195

10.3　英語力と賃金——2010年、全就労者の場合　198

10.4　まとめ　201

第11章　職業機会——英語力はどれだけ「武器」になるのか？　205

11.1　日本の仕事現場の不平等要因　206

11.2　英語が必要な業務への配属における男女差　207

11.3 まとめ 210

第IV部 早期英語教育 213

第12章 早期英語教育熱──小学校英語に賛成しているのは誰か？ 214

12.1 小学校英語を支持する世論、3つのタイプ 217
12.2 「英語教育はいつから始めるのがよいですか？」 220
12.3 早期英語志向に影響を与える要因 222
12.4 まとめ 227

第13章 早期英語学習の効果──早期英語経験者のその後は？ 230

13.1 先行研究 232
13.2 データ 234
13.3 早期英語学習経験の効果 236
13.4 まとめ 240

終章 データ分析に基づいた英語言説批判 245

データから見た日本の英語教育政策の問題 247
英語教育研究と社会科学 251
「日本人と英語」という思考様式をめぐる誤謬 255
結び──適確な実態把握、正しい未来像 259

初出一覧 261

文献 263

索引 280

図・表一覧

表 序-1　ライフスタイル変数のコーディング　11
表 序-2　使用データ（調査）の概要　16
表 序-3　基本属性の記述統計　17

表 1.1　英会話力設問 (JGSS)　22
表 1.2　英語読解力設問 (JGSS)　22
図 1.1　基本属性別「英語ができる人」の割合　23
表 1.3　WPS-2000 英語力設問の選択肢　24
図 1.2　WPS-2000 英語力の分布　24
表 1.4　基本属性別・WPS-2000 英語力　26
表 1.5　政治意識　29
表 1.6　情報への接触　31

表 2.1　機会格差の考え方　36
表 2.2　分析に使用する変数　38
表 2.3　各世代の特徴　39
表 2.4　「英会話力あり」の割合の推移　40
表 2.5　「英語読解力あり」の割合の推移　41
図 2.1　英会話力の推移（前後 2 年で平滑化した割合）　42
図 2.2　出身階層・英語力・本人の学力／学歴　43
図 2.3　格差の推移　45
図 2.4　格差の推移（ジェンダー）　46
図 2.5　対照的な社会背景を持つ 2 人　47
図 2.6　父教育年数の英語力への影響　52
表 2.6　父教育年数の英語力への影響（回帰分析）　53

表 3.1　「わが国の人々は外国語が得意だ」に対する同意度　56
図 3.1　国別 TOEFL スコア　58
表 3.2　再コード方法　60
図 3.2　英語力保持者の割合　61
表 3.3　年齢と「英語力あり」の人の割合　63
図 3.3　平均年齢を 40 歳とした場合の英語力　64
図 3.4　年齢別・英語ができる人 (IIa＋IIb)（前後 2 歳で平滑化）　65
図 3.5　分析モデル　66
図 3.6　英語力の規定要因　67

[xi]

表 3.4	社会要因別に見た日本の英語力と順位	68
図 3.7	TOEFL スコアの説明力	71
表 3.5	英語力の規定要因 (国別)	75

図 4.1	英語使用者の割合 (JGSS-2002/2003)	80
図 4.2	過去 1 年間の英語使用経験者の割合 (JGSS-2006/2010)	81
図 4.3	世代別・英語使用者 (JGSS-2002/2003)	82
図 4.4	世代別・過去 1 年間の英語使用経験者 (JGSS-2006/2010)	83
図 4.5	ジェンダー別 英語使用者の割合	85
表 4.1	現在の英語使用、ジェンダー・基本属性別 (JGSS-2002/2003)	86
表 4.2	過去 1 年の英語使用、ジェンダー・基本属性別 (JGSS-2006/2010)	87
図 4.6	英語使用の対応分析	88
表 4.3	就労者の英語使用 (上段: JGSS-2002/2003, 下段: JGSS-2006/2010)	90
図 4.7	英語使用の対応分析 (就労者)	91
図 4.8	英語教育目的におけるトリレンマ	94

図 5.1	英語学習意欲 (JGSS-2003/2006)	102
図 5.2	英語力の有用感 (JGSS-2010)	104
図 5.3	語学・学習意欲のジェンダー差	106
図 5.4	英語学習意欲の分布・属性別 (JGSS-2003/2006)	107
表 5.1	学習意欲の規定要因	109
表 5.2	学習目的 (JGSS-2003)	111
図 5.5	学習目的のジェンダー差	111
図 5.6	学習目的の対応分析 (ジェンダー×世代)	113
図 5.7	学習目的の対応分析 (ジェンダー×ライフスタイル)	114
図 5.8	「過去 5, 6 年に行った活動」(SSM-2005)	116
図 5.9	「過去 5, 6 年に経験した文化活動」(SSM-2005) の対応分析	117

表 6.1	英語・外国語関係の設問を含む世論調査 (戦後)	125
表 6.2	外国語学習をしている人の割合	127
表 6.3	外国語学習の予定・意欲がある人の割合	128
図 6.1	若年層の外国語学習・意欲	129
図 6.2	「この 1 年間に学習したこと」(1981 年) の対応分析	132
図 6.3	「現在の学習活動」(1972 年、女性) の対応分析	135

図 7.1	「英語以外の外国語の学習に対する関心」設問	141
表 7.1	興味のある言語と基本属性の関係	143
図 7.2	対応分析 (関心のある外国語×基本属性)	145
図 7.3	外国人との接触頻度別	148

表 7.2	外国人接触の影響　　151
表 7.3	英語関連の変数との連関　　153
表 7.4	英語使用・英語力・英語学習意欲の影響　　154

表 8.1　検討対象の変数　　160
図 8.1　英語使用者の割合　　162
図 8.2　世代別・英語使用者の割合　　163
図 8.3　WPS-2000「英語の必要感」　　164
図 8.4　世代別・英語必要感　　165
図 8.5　JGSS-2010「仕事での英語の有用感」　　166
図 8.6　世代別・英語有用感　　167
図 8.7　WPS-2000：職種別　　169
図 8.8　WPS-2000：産業別　　170
図 8.9　産業別の英語ニーズ　　173
図 8.10　企業規模（従業員規模）別の英語ニーズ　　174
表 8.2　英語の必要感の規定要因　　177

図 9.1　英語使用者数の推移 2002 → 2008（首都圏の 20 歳〜59 歳の就労者）　　180
図 9.2　英語使用者数の推移（2006 → 2010）　　182
図 9.3　英語使用者数の推移（世代別・ジェンダー別）　　184
図 9.4　英語使用者数の推移（産業別）　　185
図 9.5　英語使用者数の推移（企業規模別）　　186
図 9.6　金融危機のグローバル化と英語使用の減少　　187
表 9.1　近年の出入国者数・貿易額　　189

図 10.1　擬似相関と人的資本としての効果　　193
図 10.2　賃金と英語力の関係　　195
表 10.1　必要性×英会話力（WPS-2000）　　196
図 10.3　英語力の人的資本としての効果（基準：「不要・日常会話ができる」）　　197
図 10.4　英語力の人的資本としての効果（基準：「不要・仕事上の交渉 or 通訳ができる」）　　198
表 10.2　必要性×英語力（JGSS-2010）　　199
図 10.5　英語力の人的資本としての効果（JGSS-2010）　　200
表 10.3　正社員・正職員の年収額（百万円、対数値）の規定要因（WPS-2000）　　203
表 10.4　1 時間当たりの収入額（千円、対数値）の規定要因（JGSS-2010）　　204

図 11.1　関連のパタン　　207
図 11.2　英語力別「英語が必要な仕事」従事者　　209
表 11.1　「英語が必要な仕事に従事」の規定要因　　211

表 12.1　小学校英語に関する世論調査　　217
図 12.1　学校英語教育の開始時期に関する意見　　220
表 12.2　基本属性別・英語教育開始時期への意見　　221
表 12.3　分析に用いる変数　　222
図 12.2　「希望する英語教育の開始時期」の規定要因　　224
図 12.3　英語力と早期英語志向の関係　　225
表 12.4　「希望する英語教育の開始時期」の規定要因 (多項ロジスティック回帰)
　　　　 229

表 13.1　早期英語学習経験の規定要因　　237
表 13.2　英語力の規定要因 (ロジスティック回帰)　　238
図 13.1　早期英語学習経験の因果効果 (共変量調整後)　　239
図 13.2　早期英語経験の影響プロセス (その 1)　　241
図 13.3　早期英語経験の影響プロセス (その 2)　　242

序　章

はじめに

　本書が目指すのは、「日本人」と英語の関係を社会統計から読み解くことである。

　「日本人」と英語の関係を探るといっても、英語をめぐる精神史などという大仰な話ではない。日本に住む「普通」の人々が英語に対しどのように接しているか、どのような考えを抱いているかを検討する。

　ただし、「日本人と英語の普通の関係」についてはすでに多くのことが言われている。たとえば「日本人は世界一の英語下手だ」とか「日本人女性の英語熱は高い」、「グローバル化により英語を必要とする人は年々増えている」などという発言を一度は耳にしたことがあるのではないだろうか。注意すべきは、これらの発言のほとんどが「事実に対する言明」ではない点である。必ずしも信頼に足るデータに依拠しないまま、英語をめぐる特定の主張や価値観、はては願望を述べたものがほとんどだからである。ここではこうした発言を総称して「英語言説」と呼びたい。

データ分析による英語言説の検証

　本書で検討したいのは、これら英語・英語学習・英語教育に関する言説である。つまり、単にデータを羅列するのではなく、日本社会に流通している様々な英語言説が本当に正しいのか明らかにするのである。

　さらに言えば、本書の目標は「データによる通説の再確認」よりももっと高いところにある。むしろ、英語に関する通説が実態とは大きく異なっていることこそ示したい。たとえば、前述の「日本人は世界一の英語下手だ」「日本人女性の英語熱は高い」「グローバル化により英語を必要とする人は年々増えている」という言説は、いずれもデータ分析の結果、否定される予定である。その意味で、本書の位置づけは「資料集」でなく、社会科学的分析

[　1　]

である（もちろん資料的価値は持たせているが）。通説がどのような点で間違っていて、また、間違っているにもかかわらず通説はなぜ浸透したのか、そのメカニズムを明らかにしたい。

社会統計

　上記の目的を達成するうえで強力なツールが社会統計である。なぜなら、統計分析により社会の実態を描き出すことで、通説・通念がいかにズレているかを明らかにできるからである。

　ただ、ひょっとすると、日本社会の「普通」の状況などは当事者がいちばんよくわかっていると思うかもしれない[*1]。しかし、「普通」を定義することは実際にはとても難しい。当事者の数だけ「その人にとっての普通」があるからである。本書ではあえて「日本人全体の平均値・平均的傾向」という意味で「普通」を定義し、統計を用いて効果的に描き出したい。ただし、「平均像」に注目するからといって、例外的な人々の有り様を切り捨てたり、社会の多様性を否定する意図もない。そもそも「平均」がいずれの形にせよ定義できなければ、ある現象が「例外」かどうかは判断できないはずである。つまり、例外・多様性を尊重するためには平均像の把握が不可欠なのである。

「日本人」と英語の関係を探る意義

　では、本書の問い——「日本人」と英語の関係はいかなるものか——にはどのような意義があるだろうか。

　ひとつは政策的意義である。「日本人と英語」に関する通念や英語言説には、教育政策と密接に結びついているものが多数ある。たとえば、文部科学省が2003年に発表した「『英語が使える日本人』の育成のための行動計画」は、日本国民のほぼ全てが一定の英語力を必要とされつつあると宣言しており、その点で「日本社会の英語使用ニーズ増加」言説を反映した政策である。しかし、同政策は「ニーズ増加」に関して何ら信頼に足るデータを示しておら

[*1]　そもそも当事者の実感が、実態（統計的実態）と大きく乖離することは少なくない。その典型的な例が治安である。現代の「日本人」の体感治安は、実際の治安状況に比べてきわめてネガティブな方向に偏っていることはよく知られている（cf. 浜井 2004）。

ず、教育改革を実施するそもそもの根拠が明らかではない。その点で「砂上の楼閣」の感すらある（詳細は4章・8章）。

　上記の例のように、多くの英語教育政策では、日本社会の実態が政策の根拠としてしばしばあげられるが、データの裏付けを欠いている場合が少なくない。2014年現在、グローバル化の波をうけて、以前にも増して多くの英語教育改革案が政府・自治体から示されているが、上記のような根拠なき政策論議に陥らぬよう、実証的なデータの蓄積が切に必要とされている。

　一方、本書のもうひとつの意義は学術的意義である。日本の英語教育研究において、「『日本人』と英語の関係はいかなるものか」という問いはきわめて重要である。というのも、日本の英語教育研究の多くが、抽象的な言語習得論・教育論というよりは、「より良い日本人の育成」を目的にしたナショナリズムにあふれた研究だったからである（寺沢 2013a）。こうした背景から、「日本人」と英語の関係を直接的に検討してきた著作も数多い。代表的なものとしては、太田雄三著『英語と日本人』（太田 1995）、鈴木孝夫著『日本人はなぜ英語ができないか』（鈴木 1999）、大谷泰照著『日本人にとって英語とは何か』（大谷 2007）、江利川春雄著『日本人は英語をどう学んできたか』（江利川 2008）などがあげられる。

　このような注目は、国内にとどまらない。たとえば、近年の応用言語学界では、日本社会の英語をめぐる独特な現象について、研究書・論文の刊行が相次いでいる。書籍だけに限定しても、たとえば、P. サージェント著『日本の英語観』（Seargeant 2009）、同編著『グローバル化時代の日本の英語』（Seargeant 2011）、L. カマダ著『ハイブリッド・アイデンティティと思春期の少女たち――日本で「ハーフ」になるということ』（Kamada 2010）、Y. カンノ著『日本における言語と教育――バイリンガリズムへの不平等なアクセス』（Kanno 2008）など多数のものが見つかる。

　日本社会という文脈が世界の応用言語学・英語教育研究で注目されているのはなぜだろうか。その理由として Seargeant（2009）は、日本社会における英語のユニークな位置づけを指摘している。英米の応用言語学・英語教育研究は伝統的に英語使用・英語学習のニーズを持つ学習者を自明な前提としてきた。一方、日本にはそのような学習者は決して多くない（詳細：4章・5章・8章。寺沢 2014a も参照のこと）。しかし、そのような日本社会の中で、英語はそれでもなお大きな存在感を放ってきた――たとえば、広告や街の景

観のなかの「文化的」な記号として、あるいは学業的・職業的成功の象徴として、はたまた日本語や「日本人」のアイデンティティを脅かす「侵略者」として——。さらに、近年のグローバル化の進展は、いっそう多様な意味を日本社会の英語に付与している。その結果、現在、日本に流通している英語言説はきわめて複雑な様相を呈している。このような状況は、英米の伝統的な応用言語学の枠組みでは満足に説明できず、したがって「日本社会と英語」という視点は新たな理論を生み出す可能性を秘めているという。以上のように「日本人と英語」の関係を丁寧に検討することの学術的意義は、国内的にも国際的にも大きいと考えられる。

社会統計分析という方法

先行研究の問題点

前述のとおり、「日本人と英語」という論点に学術的な蓄積は多数ある。ただし、社会統計を駆使した実証分析は驚くほど少ない。この空白を埋めることも本書の目論見のひとつである。

「日本人と英語」をめぐる先行研究の大多数が、広い意味での事例研究である。つまり、特定の歴史的事例の分析や、インタビュー調査や教室調査、あるいは、日本人にとって英語とは何かを思索的に検討した理論的研究などである。もちろんこれらが日本社会の重要な一側面であることは間違いないが、同時に、日本社会の一部のグループに焦点化した分析であることも事実である。特に、「日本人と英語」という問題意識のもと事例研究を行う場合、肯定的・否定的いずれにせよ英語に対して強い思い入れを持った人々に焦点があたりやすくなるのはほとんど不可避である。その結果、英語に大した思い入れのない層はこぼれ落ちてしまう——「無関心層」も日本社会を構成する重要なメンバーであるにもかかわらず。つまり、象徴的な事例ばかりに注目していると、過度にバイアスがかかった「日本人と英語」論を生み出しかねないのである。

ランダム抽出の意義

調査対象者の偏りを回避するには、日本社会全体に一般化可能な枠組みを用意しなければならない。その方策のひとつとして、社会科学の分野では伝

統的にランダム抽出による対象者の選択が行われてきた。ランダム抽出とは、くじ引きのようにデタラメに調査対象者を選ぶ方法である。このようにランダムな手続きを用いることで、調査する側の意識的・無意識的な恣意性が混入するのを防ぐことができる。この結果、調査対象者が全体の縮図になることが期待できる。

　教科書的には、ランダム抽出ではない調査で結果を一般化するのはタブーとされている。たとえば、ウェブ上で自由に回答を募るタイプのアンケートで英語使用の有無を尋ねた場合、英語に関心がある人が多数回答するはずで、したがって、英語使用率は「日本人」全体よりもかなり高くなるだろう。また、たとえ調査会社のインターネットモニターに依頼する調査でも、モニターのグループ自体が「日本人」の平均像から種々の点でずれているので、結果にバイアスが生じることが知られている（本多 2005）。

　ただし、英語教育研究・応用言語学においてランダム抽出の重要性が必ずしも明確に認識されているわけではない。この分野でランダム抽出を行った調査はわずかであり、したがって、標準的な方法論とは認識されていない（水本 2012: pp. 46–47）。実際、この分野の研究法に関する教科書で抽出法に関する記述があるものは稀であり、ハウツー式の文献の中にはランダム化にすら言及しないものもある。

　ランダム抽出の軽視は、著名な研究者らによる「実態調査」でも例外ではない。その典型例が、日本学術振興会の科学研究費補助金基盤研究 A の一部である「企業が求める英語力調査」（小池ほか 2010）である[2]。本調査の目的は「日本人が大学を卒業してから［の］職業生活でどの程度のレベルの英語力が必要か」（p. 1）を測定することにあり、その目的のもと計 25 人の研究者が調査・分析に参加している。

　以上のようにきわめて有意義な目的を設定し、競争的研究資金を勝ち取り、そして多数の研究者が参加している「実態調査」であるにもかかわらず、同調査の対象者の選択はかなり恣意的である。というのも、ランダム抽出がまったくなされていないばかりか、抽出に伴うバイアスの除去を検討した形跡す

---

[2]　科学研究費補助金基盤研究 A「第二言語習得研究を基盤とする小、中、高、大の連携をはかる英語教育の先導的基礎研究」（研究代表者: 小池生夫．https://kaken.nii.ac.jp/d/p/16202010.ja.html）。

らないからである[3]。

社会調査の 2 次分析

　以上のようにランダム抽出調査は社会の有り様を描くうえできわめて重要である。もちろんその実施は決して容易ではない。ランダム抽出調査は、教室でアンケートを配ったりインターネット経由で回答を依頼するタイプの調査と比較して、はるかに多くの時間的コスト・経済的コストがかかる。質問紙が一箇所で短時間に回収できるアンケートと、調査地点が全国に点在し調査員が回答候補者を一軒一軒訪ねてまわる社会調査を比べてみれば、コストに大きなギャップがあることはわかるだろう。

　しかしながら、まったく不可能というわけでもない。実際、現在までに数多くのランダム抽出調査が行われている。たとえば、官公庁は定期的にランダム抽出による調査を行っているし（例、内閣府による各種世論調査）、研究者グループによっても多数のランダム抽出調査が行われている（例、社会階層と社会移動全国調査、通称 SSM）。また、マスメディアによる世論調査や選挙の出口調査もランダム抽出調査である。

　もちろん研究者が個人的にランダム抽出調査を行うのは、コストが大きすぎてまず困難である（筆者のように研究資金があまり調達できない「若手」研究者であればなおさらである）。ただし、既存のランダム抽出調査の個票データを借りることで信頼性を担保することは可能である。こうした手法は

---

　[3]　同調査は、インターネット調査と質問紙の手渡しを併用したものだが、対象者の偏りを低減するための配慮が報告書を見る限り一切とられていない。小池ほか（2010: p. 155）によれば、同調査のインターネット調査の対象は、25 歳以上の TOEIC インターネット・サービス ID 登録者、および、『GLOBAL MANAGER』誌（TOEIC を運営する財団法人国際ビジネスコミュニケーション協会が発行）の定期送付申込者である（有効回答数 7044, 回収率不明）。そこに、任意の企業（詳細不明）の関係者から直接回収した回答を加え、総計 7354 名から回答を得ている。つまり、TOEIC の ID 取得者や関係記事を定期購読している人々が大半を占めているのである。その点で、回答者はかなり特殊なグループであり、日本の平均的な労働者からかなり乖離したものであると想像できる（現に、大学院卒者が 19.8%, 東証一部上場の企業の就労者が 32.0% も含まれていた）。同調査報告書では、ビジネスにおける英語力の重要性が再三強調されているが、上記のような手続きをとった調査が実態よりもかなり高く重要性を見積もることは当然と言えよう。

「社会調査の2次分析」と呼ばれる（cf. 佐藤ほか 2000）。本書では、この2次分析手法を最大限活用して、日本社会における英語の有り様を描き出したい。

分析の基本方針

次に、本書で行う分析の基本方針を述べる。

社会階層という視点

本書の分析は基本的に社会学（計量社会学）に基づいたものである。特に計量社会学の重要な枠組みである社会階層という視点を重視する。

社会階層を重視することは、社会の多様性・多層性を前提にすることを意味する。当然ながら日本社会は様々なメンバーから構成されており、したがって、「日本人」と英語の関わり方も様々である。その多様性・多層性を明らかにするうえで、社会グループ・社会階層によって英語に関する行動・経験・態度が大きく変化し得る点を大前提に置く。

本書で主として用いる社会グループのカテゴリは、世代やジェンダー、学歴、職業（ホワイトカラー職かブルーカラー職か、大企業勤務か否か、正規雇用か非正規雇用か等）、出身階層（親の学歴、親の職業、家庭の裕福さ、出身地域等）などである。

社会階層を重視するのは、単に計量社会学でよく用いられているためだからではない。むしろ、「日本人」と英語の関係を適切に描くうえで不可欠な視点である。なぜなら、従来の「日本人と英語」論は、実際のところ、一部のエリート日本人にだけ焦点をあてていた場合が少なくないからである（詳細は2章で検討する）。よく知られているように英語は戦前には学歴エリートの独占物であり、また、義務教育課程で英語が教えられるようになった戦後も、しばらくの間は基本的に同じ構図を引きずっていた（寺沢 2014a）。しかし、当然ながら、「エリート」でない人々も語学経験が乏しい人々も日本社会の立派なメンバーである。したがって、その存在を無視したままの「日本人と英語」論はきわめてアンフェアなものではないだろうか。もちろん「日本人」の中には英語になどまるで関心がなかった人も多いだろう。したがって、従来の英語教育研究者が注目しなかったのも無理はない。しかしながら、

無関心層も含んだ分析をして初めて本当の意味で「日本人にとって英語とは何か」という問いは意味をなすはずである。

探索的な計量分析

また、本書の計量分析には探索的分析としての性格が多分に含まれる。計量分析というと、しばしば「厳密な仮説検証に基づく推論方法」と同義とされるが、本書はそのような立場を採用せず、むしろ社会学等で「計量的モノグラフ」（吉川 2003）と呼ばれる、探索的な推論方法をとる。つまり、まず計量分析によって複数個の「あり得る社会像」を仮説的に生成し、次に、これらの仮説のなかから、新たな計量分析や、マクロ統計、雑誌・新聞等の文献資料、先行研究・理論などを複合的に考慮しながら、「より確からしい社会像」を選び取るというアプローチである。

計量的モノグラフに基づく理由としては次の 2 点が指摘できる。第 1 は、先行研究の乏しさである。前述のとおり、計量分析によって「日本人と英語」の関係を検討した研究はほぼ皆無である。そのため、厳密な仮説検証の手続きを踏むに値するだけの仮説群はまだほとんどない。また、本書は巷に流布している様々な「仮説」未満の英語言説の検証を目的にしており、厳格な仮説検証にはあまり向かない。

第 2 の理由は、本書を今後の研究・議論のための基礎資料として位置づけている点である。つまり、少数の厳密な仮説に明確な回答を与えるよりも、暫定的であれ、「日本人」と英語の関係を総合的に描き出すことを重視する。それにより、読者が今後の検証につながるような仮説・問題を見いだし、可能であれば、検証——もちろん本書の結論をくつがえすような「検証」も含む——していってもらえればありがたい。

使用データ

次に本書で用いるデータを説明する。本書では「日本版総合的社会調査」から 4 調査、「ワーキングパーソン調査」から 2 調査、「社会階層と社会移動全国調査」と「アジア・ヨーロッパ調査」から各 1 調査の計 8 つのデータセットを分析する（なお、2 章の補節では東アジア社会調査（EASS）も分析する。詳細は同節参照）。各データの概要を章末の表 序–2 に整理した。

使用データ | 9

なお、いずれの調査もランダム抽出かそれに準じる方法でデータがとられており、前述した本書の目的に合致している。以下、各調査の概要を述べる。

日本版総合的社会調査 (JGSS-2002, JGSS-2003, JGSS-2006, JGSS-2010)

日本版総合的社会調査 (JGSS と略記) は、大阪商業大学 JGSS 研究センターによって 1998 年から 1, 2 年に 1 度のペースで実施されている大規模社会調査である。「日本人」の意識・行動を総合的に明らかにすることを目的にしており、非常に多岐にわたる設問が含まれている。設問は全調査に含まれる共通設問と特定の年度だけに含まれるテーマ別設問の 2 本立てで構成されている。

本書で用いるのは、英語に関連する設問が含まれる 2002 年版・2003 年版 A 票・2006 年版 A 票・2010 年版 A 票の計 4 つである。いずれの調査もランダム抽出で回答者が選ばれており、有効回答数も数千名と比較的多い。同調査の詳細は大阪商業大学 JGSS 研究センターのウェブサイトに詳しい (http://jgss.daishodai.ac.jp/)。各調査の報告書もここで閲覧可能である。

ワーキングパーソン調査 (WPS-2000, WPS-2008)

ワーキングパーソン調査 (WPS と略記) はリクルートワークス研究所によって定期的に行われている社会調査である。その主たる目的は、人々の就労状況や職業意識を明らかにすることである。

本書で用いるのは、英語力あるいは英語使用の設問が含まれている 2000 年版と 2008 年版である。いずれの調査の対象者も都市部の 59 歳以下の就労者に限定され、また、エリアサンプリングというランダム抽出に準じる方法によって得られている点に注意されたい。なお、WPS-2000 の報告書はリクルートワークス研究所編 (2001a, 2001b, 2001c) として、WPS-2008 の報告書はリクルートワークス研究所編 (2009) として発行されている[4]。

---

[4] ただし、2014 年 9 月現在、これら報告書のアクセスにはやや難がある。調査概要や調査票を確認したい場合は、東京大学社会科学研究所附属社会調査・データアーカイブセンター (SSJDA) のウェブサイト (https://ssjda.iss.u-tokyo.ac.jp/) に掲載されている当該調査のページを確認するのが便利だろう (データ検索システムを利用する)。

社会階層と社会移動全国調査 (SSM-2005)

社会階層と社会移動全国調査（SSM と略記）は日本の社会学者を中心に10 年に 1 度行われている大規模社会調査である。調査名が示すとおり、社会階層・社会移動を主たる調査対象としている。

本書で用いるのは外国語学習の設問を含む 2005 年版調査である。ランダム抽出によって回答者が選ばれており、有効回答数も 5742 と大きい。報告書は全 15 巻刊行されており、すべて大阪大学大学院人間科学研究科「質問紙調査法にもとづく社会調査データベース」(http://srdq.hus.osaka-u.ac.jp/)で閲覧可能である（「社会調査の検索」メニューから「SSM2005」で検索）。

アジア・ヨーロッパ調査 (ASES-2000)

アジア・ヨーロッパ調査は、政治学者・猪口孝らによって、2000 年に東アジア・東南アジア・ヨーロッパの計 18 地域で実施された意識調査である（ASES-2000 と略記）。政治意識の国際比較を主たる目的にしている。

原則として、オリジナル（英語）の質問票を現地語に翻訳し、現地の調査員が現地語で調査を行っている。調査手続きは地域によって若干異なるので詳細は報告書（猪口 2004）および ASES のウェブサイト (http://www.asiaeuropesurvey.org/) を参照されたいが、日本を含む多くの地域でランダム抽出によって回答者が選ばれている。

用語に関する注記

次に、注記の必要な用語を 2 点とりあげ説明したい。第 1 が「基本属性」で、第 2 が「日本人」である。

基本属性

社会グループ別に英語に関する行動・経験・態度を分析するにあたり、「基本属性」別の分析を頻繁に行う。本書における基本属性は原則として、年齢（あるいは世代）、ジェンダー、学歴（あるいは就学年数）、そして「ライフスタイル」である。基本属性の記述統計を章末の表 序–3 に示したので参照されたい。

「ライフスタイル」とは本書独自のカテゴリであり[5]、「経営者あるいは管

	職種	就業上の地位	企業規模	性別	配偶者
経営管理	—	経営者役員	30人以上	—	—
	管理	—	30人以上	—	—
正規ホワイト	専門・事務・販売	正規雇用	—	—	—
	管理	—	29人以下	—	—
正規ブルー	ブルー	正規雇用	—	—	—
自営・家族従業	—	経営者役員	29人以下	—	—
	—	自営業主			
	—	家族従業者			
非正規	—	非正規雇用	—	男性	—
	—	非正規雇用	—	女性	なし
無職	—	無職	—	男性	—
	—	無職	—	女性	なし
主婦	—	無職・非正規雇用	—	女性	あり
学生	—	学生	—	—	—

表 序–1　ライフスタイル変数のコーディング

理職者」「正規雇用のホワイトカラー就労者」「正規雇用のブルーカラー職者」「非正規雇用者」「自営業者・家族従業者」「無職」「主婦」「学生」の計8カテゴリに分類したものである。分類の際の基準は表 序–1のとおりである。この基準が示すとおり、「無職」には求職中の人だけではなく家事手伝いや定年退職者等も含み、「主婦」には就労女性の一部も含まれる点に注意されたい。

「日本人」

　本書で一貫して用いる、括弧付きの「日本人」という語も説明しておきたい。結論から言えば、本書の「日本人」の定義は分析に用いる調査データの母集団に依存する。つまり、たとえば選挙人名簿をもとにサンプル抽出を行っているJGSSやSSMの分析では「日本人＝選挙権を持っている人（≒成人日本国籍者）」となる。

　このような操作的定義はしかたがない部分もあるが、問題点もきちんと認識しておくべきだろう。なぜなら、日本社会を構成するメンバーのうち少なくない数の人々が上記の定義からこぼれ落ちるからである。第1に、本書の「日本人」のなかに18歳未満は一切含まれない。調査によっては高齢者

---

*5　ただし、田辺編（2011）を参考にした。

も含まれない場合がある。

　第 2 に、日本国籍を有していない人々は対象にならない。外国籍者の中には、日本で生まれ育ち、日本語を第 1 言語として、そして、日本文化にどっぷり浸かりながら暮らしている人々が多数いる（福岡 1993）。国籍の有無で、こうした人々を「日本人」の定義から除外する必然性は何もない。そもそも「なになに人」というとき、血統や文化、母語、そして国籍など様々な要因によって多様なバリエーションが存在する。これは、「日本人」も例外ではなく、「日本人」の定義には大きな複雑さが伴う（福岡 1993: 序章）。しかし、単一民族神話が根強く、血統・国籍・文化の「三位一体」のイメージが支配的な日本において、その複雑性は必ずしも認識されていない。その証拠に、「日本人と英語」を扱った著作のうち「日本人」を定義しているものはほとんどないと言っても過言ではない。

　前述したとおり、本書の一貫したポリシーは「日本人」と英語の関係を包括的・多面的に描くことである。したがって、特定のグループに限定された分析結果を「日本人」全体の話として拡大解釈することは慎まなければならない。「日本人」を操作的に定義しつつ、その定義の問題性を顕示するために、本書では一貫して括弧つきの「日本人」という用語を用いたい。この用語法に煩雑さを感じるかもしれないが、煩雑さを避けたいがために正確性を欠いた表現で人々を描写するのはひとつの「暴力」でもある。

統計分析に関する注記

　本書には統計分析に基づく議論が頻繁に登場するが、統計学に関する高度な専門知識は必ずしも必要ない。分析手法の直感的な説明を各章で随時行っているからである。ただし、各統計手法の統計学的な説明は、紙幅の都合上、類書に譲るほかない[6]。本節では、本書全体にわたって登場する「統計的有意」「原因変数・結果変数」という用語と、分析に使用したソフトウェアの簡単な説明を行うにとどめたい。

---

[6]　本書の問題意識・統計手法をカバーしている統計解析の教科書として、英語教育研究・応用言語学系のものに前田ほか（2004）; 竹内・水本編（2012）が、計量社会学系のものに太郎丸（2005）などがある。

統計分析に関する注記 | 13

統計的有意

　「統計的有意」とは、一言で言えば、母集団全体に結果が一般化可能かどうかの基準である。本書の文脈に即して言えば、もし「有意な傾向がある」と述べた場合、「日本人」全体で考えてもその傾向がある確率が高いことを意味する。人文社会科学では慣例的に、母集団への一般化に問題があると考えられる確率が5%未満のときに「有意」とすることが多く、本書もその基準に準じる（この点の詳しい説明は、注*6に示した教科書などで確認されたい）。また、図表などでさらに細かく有意性を表示する必要がある場合、アステリスク（*）を用いた表記法もよく使われている。本書では、問題が生じる確率が0.1%未満（つまり$p<0.001$）の場合「***」、1%未満（$p<0.01$）の場合「**」、5%未満（$p<0.05$）の場合「*」と表記する。要は、アステリスクの数が多いほど母集団への一般化可能性という点で信頼性が高いことを意味する。

原因変数・結果変数

　原因変数・結果変数は、文字通りの意味で、原因と結果の関係を仮定したモデルにおける各変数のことであり、本書では回帰分析の際に使用する。「独立変数・従属変数」「説明変数・被説明変数」と呼ばれることも多い。たとえば、10章で扱う「英語ができれば給料は増えるか？」という問いの場合、英語力が原因変数、給与額が結果変数である。この時、英語力に給与を上昇させる効果が見られたなら、英語力は給与額の原因である可能性が支持されたことになる。ここで注意すべきは、原因と結果の関係はあくまで統計モデルにおける「仮定」に過ぎない点である。つまり、実質的な因果関係が存在する保証は必ずしもなく、依然、擬似的な相関関係である可能性も残されている。ただ、2変数間の関係が因果関係なのかそれとも擬似相関に過ぎないかを統計学手法が判断することは究極的には不可能である。したがって、補助的な分析や先行研究の知見、理論、そして常識をも総動員して、慎重に解釈する必要がある。

ソフトウェア

　統計分析はすべてフリーの統計ソフトウェアであるR 3.02で行った。各分析に用いたパッケージ・関数は次のとおりである。重回帰分析およびロジ

スティック回帰分析には *base*・glm()、クロス表の分析（独立性の検定、効果量算出）には *vcd*・assocstats()、対応分析には、*ca*・ca()、多項ロジスティック回帰分析には *nnet*・multinom()、因子分析には *psych*・fa() をそれぞれ用いた。

本書の構成

最後に本書の構成を述べたい。本書は4つのパートにわかれており、分析部分は全部で13の章から構成されている。各章の内容は原則として相互に独立しており、第1章から読み進めていく必要はないので、関心のある章から読み始めてもらえれば幸いである。

第Ⅰ部では、「日本人」の英語力と英語使用に関する言説を検証する。第1章で「日本人英語話者」の社会階層的特徴を確認する。次の第2章で、日本社会における英語力の獲得機会はどれほど平等か／不平等かを検討する。第3章では、国際比較可能なデータを用いて「日本人は世界的に見ても英語ができない」という言説を検証する。第4章では、英語使用に注目し、「日本人」の英語使用がどのような要因によって左右されているのかを検討する。

第Ⅱ部で検証するのは、語学に関する様々な言説である。第5章・第6章では「日本人の英語学習熱は高い」とする言説を検証する。第5章で同時代的な分析を行い、第6章で歴史的な推移を検討する。第7章では、英語以外の外国語に目を転じ、様々な外国語に対する「日本人」の態度を分析する。

第Ⅲ部のテーマは「仕事と英語」である。第8章では、「これからの社会人にとって英語使用は不可欠」といった言説をとりあげ、果たしてどれくらいの割合の人々に英語使用が必要なのか推計する。その推計をもとに、次の第9章で、英語使用の必要性が近年どのように推移してきたか検討する。特に、「グローバル化で英語使用が増加する」という言説を批判的に検証する。第10章では、英語力の賃金上昇効果を検討する。「英語ができると収入が増える」などとセンセーショナルに喧伝されることがしばしばあるが、この真偽の程を明らかにする。第11章では、英語力と職業機会の問題を取り扱う。「英語力を武器にキャリアアップを目指す」といったことがしばしば言われるが、この種の言説は実際のところ日本の労働市場の実態にどれだけ適合し

たものなのか検討する。

　第 IV 部では、近年一般にも大きな話題を呼んでいる早期英語教育に注目する。第 12 章では、英語教育の早期開始を支持する世論の特質を明らかにする。そのうえで、早期英語熱に関する言説——たとえば「英語に劣等感を持っている人々が早期英語を支持している」——を検証する。第 13 章では、早期英語学習の効果を検討する。具体的な問いは、早期英語を経験した「日本人」は結局のところ非経験者よりも高い英語力を手に入れたのかどうかである。「日本人」全体に一般化できるようにランダム抽出がなされたデータを分析することで上記の問いに挑む。

　そして、終章で本書の分析結果を整理し、私たちは「日本人」と英語の関係をどう考えるべきか、そして、巷に流布している「英語言説」とどう向きあえばよいか議論する。

日本版総合的社会調査

	調査年	調査法	抽出法	母集団	サンプルサイズ	アタック総数	有効回収数	回収率	含まれる設問（抜粋）
JGSS-2002	2002年10月～1月	調査員による個別面接と質問紙留置の併用	層化2段作為抽出法	全国に居住する満20～89歳の男女個人	5000	5354	2953	62.3%[1]	英語力、英語使用、英語学習の予定
JGSS-2003 (A票)	2003年10月～1月				3578	4039	1957	55.0%[1]	英語力、英語学習の予定、英語学習の目的
JGSS-2006 (A票)	2006年10月～2月				8000[2]	4002	2124	59.8%[1]	英語力、英語使用、英語以外の外国語への関心
JGSS-2010 (A票)	2010年2月～4月				9000[2]	4500	2507	62.2%[1]	英語力、英語使用、英語力の有用感、早期英語教育への態度

ワーキングパーソン調査

	調査年	調査法	抽出法	母集団	サンプルサイズ	アタック総数	有効回収数	回収率	含まれる設問（抜粋）
WPS-2000	2000年8月～10月	訪問留置法	エリアサンプリング	首都圏・大阪圏・名古屋圏の18～59歳の就労者男女[3]	不明	不明	17253	不明	英語力、英語の必要性
WPS-2008	2008年8月～9月	訪問留置法	エリアサンプリング	首都圏の18～59歳の就労者男女[3]	不明	不明	6500	不明	仕事での英語使用

社会階層と社会移動調査

	調査年	調査法	抽出法	母集団	サンプルサイズ	アタック総数	有効回収数	回収率	含まれる設問（抜粋）
SSM-2005	2005年11月～翌4月	調査員による個別面接と質問紙留置の併用	層化2段確率比例抽出	全国の満20～69歳の男女	14140	13031	5742	44.1%	外国語学習

アジア・ヨーロッパ調査

	調査年	調査法	抽出法	母集団	サンプルサイズ	アタック総数	有効回収数	回収率	含まれる設問（抜粋）
ASES-2000	2000年10月～2月	調査員による面接	多段階確率抽出等の無作為抽出[4]	アジア・欧州各地域の18～79歳の男女	800	調査地域によって異なる			英語力

表 序-2 使用データ（調査）の概要

[1] アタック総数から転居など調査不可能だったケース数を除いた実質的な回収率　[2] A票B票合わせて。調査時にいずれかがランダムに配布されている。　[3] 「就労者」には正規社員、契約社員、パート・アルバイトなどあらゆる雇用形態の就業者を含む。ただし、学生は除く。　[4] ただし、イギリス・フランスは割当法。

	年齢	男性	女性	就学年数
JGSS-2002	51.77	0.46	0.54	12.07
	(16.44)	(0.50)	(0.50)	(2.71)
JGSS-2003	52.89	0.44	0.56	11.92
	(16.87)	(0.50)	(0.50)	(2.73)
JGSS-2006	52.58	0.47	0.53	12.37
	(16.67)	(0.50)	(0.50)	(2.59)
JGSS-2010	53.09	0.46	0.54	12.67
	(16.69)	(0.50)	(0.50)	(2.48)
WPS-2000	35.26	0.69	0.31	13.43
	(10.46)	(0.46)	(0.46)	(2.20)
WPS-2008	38.65	0.58	0.42	13.32
	(11.20)	(0.49)	(0.49)	(2.08)
SSM-2005	48.40	0.46	0.54	12.46
	(13.70)	(0.50)	(0.50)	(2.22)
ASES-2000 (日本)	48.97	0.48	0.52	12.40
	(16.35)	(0.50)	(0.50)	(2.81)

上段: 平均値、下段カッコ内: 標準偏差
* 年齢の最小値〜最大値は次のとおり. JGSS: 20〜89, WPS: 18〜59, SSM-2005: 20〜69, ASES-2000: 18〜79. 男女 (ダミー変数) はいずれも最小値 0 最大値 1. 就学年数の最小値〜最大値は次のとおり. JGSS: 6〜18, WPS: 9〜18, SSM-2005: 9〜18, ASES-2000: 6〜25. なお、ASES-2000 は最終学歴ではなく通学期間を尋ねているため、最大値が他よりも大きい.

	ライフスタイル変数							
	正規ブルー	正規ホワイト	経営	非正規	自営	主婦	学生	無職
JGSS-2002	0.11	0.16	0.02	0.06	0.12	0.31	0.01	0.21
	(0.32)	(0.37)	(0.13)	(0.24)	(0.33)	(0.46)	(0.09)	(0.41)
JGSS-2003	0.11	0.14	0.02	0.05	0.15	0.30	0.01	0.22
	(0.31)	(0.35)	(0.13)	(0.23)	(0.35)	(0.46)	(0.08)	(0.42)
JGSS-2006	0.11	0.17	0.02	0.06	0.15	0.29	0.01	0.19
	(0.31)	(0.38)	(0.15)	(0.23)	(0.36)	(0.45)	(0.10)	(0.39)
JGSS-2010	0.11	0.16	0.02	0.07	0.13	0.29	0.01	0.21
	(0.31)	(0.37)	(0.13)	(0.25)	(0.34)	(0.46)	(0.12)	(0.40)
WPS-2000	0.22	0.58	—	0.20	—	—	—	—
	(0.41)	(0.49)	—	(0.40)	—	—	—	—
WPS-2008	0.18	0.50	—	0.32	—	—	—	—
	(0.38)	(0.50)	—	(0.47)	—	—	—	—
SSM-2005	0.13	0.17	0.03	0.08	0.17	0.29	0.02	0.10
	(0.34)	(0.37)	(0.18)	(0.28)	(0.38)	(0.45)	(0.13)	(0.30)
ASES-2000 (日本)	0.13	0.23	—	0.12	0.18	0.04	0.03	0.12
	(0.34)	(0.42)	—	(0.33)	(0.38)	(0.19)	(0.18)	(0.32)

上段: 平均値、下段カッコ内: 標準偏差
* いずれの変数 (ダミー変数) も最小値 0 最大値 1.
** WPS・ASES は、JGSS・SSM と同一のコーディングを行うことが困難だったため、カテゴリに一部欠損がある.

表 序-3　基本属性の記述統計

第 Ⅰ 部

英語力・英語使用

第1章 ▶ **英語力** ——「日本人英語話者」とはどのような人か？

第2章 ▶ **教育機会** ——英語話者になれたのはどのような人か？

第3章 ▶ **英語力の国際比較** ——「日本人」は世界一の英語下手か？

第4章 ▶ **英語使用** ——どんな人が英語を使っているか？

| 第 1 章 |

英語力
──「日本人英語話者」とはどのような人か？

　本章では、英語力に関する設問を分析することで、英語ができる「日本人」
とはどのような人々なのか検討する。なお、本章では英語力に関する基礎的
な分析を中心とし、本書の主題である英語言説の検証は次章以降に行う。

　他の種類の設問に比べると、英語力に関する設問は多くの調査に含まれて
いる。JGSS では「英会話力」「英語読解力」の 2 設問が、WPS-2000 には「実
用英語技能検定（英検）の取得級」「TOEFL スコア」「TOEIC スコア」「英
会話力」の 4 設問が用意されていた。なお、これらはすべて自己評価による
るもので、調査者が客観的なテストを実施したわけではない。ひょっとする
と自己評価型の設問に対し信頼性の面で違和感を覚える人もいるかもしれな
いので、この点については章末の「補節」にて議論しておく。

1.1　JGSS の英語力設問

　JGSS の 4 データセット（つまり、JGSS-2002/2003/2006/2010）では、い
ずれの調査も同一の言葉づかいで回答者の英語力を尋ねている。設問・選択
肢を以下に示す。

　　あなたは、英語でどのくらい会話ができますか。あてはまるものに 1 つだ
　　け○をつけてください。
　　　1. 日常生活や仕事の英会話が、充分できる
　　　2. 日常生活や仕事の英会話は、なんとかできる程度
　　　3. 道をたずねたり、レストランで注文できる程度
　　　4. あいさつができる程度
　　　5. ほとんど話せない

[20]

あなたの英語の読解力は、どのくらいですか。あてはまるものに 1 つだけ
○をつけてください。
1. 英語の本や新聞が、スラスラ読める
2. 英語の本や新聞を、なんとか読める
3. 短い英語の文章なら読める
4. 簡単な英単語ならわかる
5. ほとんど読めない

　回答者のパーセンテージを調査年度別に整理したものが次頁の表 1.1（会
話力）および表 1.2（読解力）である。高度な英語力を持った人はいずれの年
度でもごくわずかだったことがわかる。つまり、「日常生活や仕事の英会話が、
充分でき」たり、「英語の本や新聞が、スラスラ読め」たりする人の割合は
ほとんどが 1% 未満であり、高度な英語力を持った人が年々増加している
様子も見いだせない[*1]。

　なお、上記の英会話力設問と英語読解力設問には、当然ながら、ある程度
の相関が認められる。順位相関係数のケンドールのタウ（τ）を算出してみ
ると、τ＝0.68 だった。（英語力の相関としては低いと感じる人もいるかも
しれないが、5 段階スケールを持つ変数間の相関としては十分強い関連だと
考えられる）。

　ここで、上記の各選択肢のうち、どのレベルより上が「英語ができる人」
で、どのレベルより下が「できない人」と分類できるか考えてみたい。もち
ろん決定的な答えはないが、多くの人が 2 番目と 3 番目の選択肢の間に線
を引くと思われる。

　たとえば「短い英語の文章なら読める」人を「英語読解力がある」と形容
することはほとんどないだろうし、「道をたずねたり、レストランで注文で
きる程度」の人を「英会話ができる」と見なすことも少ないと思われる。そ
こで、1 番目・2 番目の選択肢と 3 番目・4 番目・5 番目の選択肢をそれぞ
れ統合し、「英会話力あり／なし」「英語読解力あり／なし」という変数を新

[*1]　ただし、「ほとんど話せない」「ほとんど読めない」と回答した人は有意に減
　　少している（ロジスティック回帰分析の結果。詳細は省略）。その代わりに増加
　　したのは、上記選択肢の「3」「4」を選んだ人々——いわば「英語ができる」と
　　評価されることはないがまったく知識がないわけでもない人々である。

第1章 英語力——「日本人英語話者」とはどのような人か?

	2002	2003	2006	2010	全体
1 日常生活や仕事の英会話が、充分できる	0.8	0.7	0.8	1.1	0.9
2 日常生活や仕事の英会話は、なんとかできる程度	3.0	3.4	3.6	3.1	3.3
3 道をたずねたり、レストランで注文できる程度	8.2	8.2	10.5	10.3	9.3
4 あいさつができる程度	29.9	30.0	33.3	35.5	32.2
5 ほとんど話せない	57.3	57.4	51.5	50.0	54.1
無回答	0.7	0.2	0.2	0.0	0.3
計	99.9	99.9	99.9	100.0	100.1
回答者総数	2953	1957	2124	2507	9541

数値: パーセンテージ

表 1.1　英会話力設問 (JGSS)

	2002	2003	2006	2010	全体
1 英語の本や新聞が、スラスラ読める	0.9	0.5	0.6	0.9	0.7
2 英語の本や新聞を、なんとか読める	3.9	4.0	4.5	3.9	4.1
3 短い英語の文章なら読める	15.1	15.5	18.4	19.1	17.0
4 簡単な英単語ならわかる	35.3	33.2	39.2	38.8	36.7
5 ほとんど読めない	44.1	46.7	37.0	37.2	41.2
無回答	0.7	0.2	0.3	0.0	0.4
計	100.0	100.1	100.0	99.9	100.1
回答者総数	2953	1957	2124	2507	9541

数値: パーセンテージ

表 1.2　英語読解力設問 (JGSS)

たに作成する。本書でこれ以降「英会話力あり／なし」「英語読解力あり／なし」というとき、原則として、以上の手続きによって作成した変数のことを指している。

基本属性別「英語ができる人」の割合

　次に、基本属性の違いによって「英語力がある人」の割合がどのように左右されるか確認してみよう。図1.1がその結果である。英語力がある人の割合は若いほど、そして高学歴であるほど高く、男性や都市居住者も高い。ライフスタイルで見ると、最も高いのは「学生」(図では割愛)の「会話力あり19.6%」「読解力あり29.3%」で、次いで「経営者・管理職者」「正規ホワイト職者」が続く。

　この結果はたいして驚くものではないだろう。常識的に考えても、若年者・高学歴者・ホワイト職者・都市居住者に英語ができる人が比較的多いことは

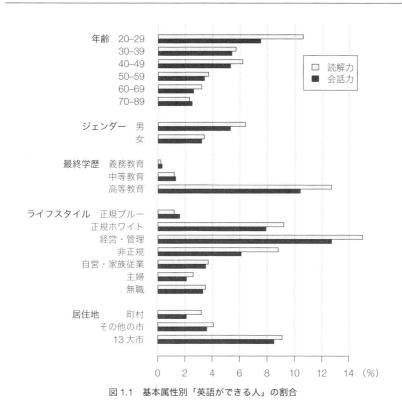

図 1.1 基本属性別「英語ができる人」の割合

容易にわかる。実際、こうした要因によって英語力が左右されるのは、非英語圏地域でほぼ普遍的に見られる現象のようであり（3 章参照）、また、シンガポールやインドのように「準英語圏」と呼べる地域でも同様である（Azam et al. 2013）。

1.2 WPS-2000 の英語力設問

次に、WPS-2000 の英語力設問を確認しよう。序章で述べたように、このデータは都市部の 59 歳以下の就労者に限られる点に注意されたい。WPS-2000 には「あなたの英語力は下のどれにあてはまりますか。A〜D のそれぞれについて、あてはまるものを 1 つずつ選び○をつけてください」という設問が含まれる。この「A〜D」とは、それぞれ「実用英語検定の取得級」

```
A  英検
1  持っていない        4  準2級           7  1級
2  4級                5  2級
3  3級                6  準1級
B  TOEFL
1  受けていない        4  450～500点未満    7  600～650点未満
2  400点未満          5  500～550点未満    8  650点以上
3  400～450点未満     6  550～600点未満
C  TOEIC
1  受けていない        5  545～595点未満    9  745～795点未満
2  445点未満          6  595～645点未満   10  795～845点未満
3  445～495点未満     7  645～695点未満   11  845～895点未満
4  495～545点未満     8  695～745点未満   12  895点以上
D  英会話能力
1  ほとんどできない    4  職業として通訳ができる
2  日常会話程度はできる
3  仕事上の交渉ができる
```

表1.3 WPS-2000 英語力設問の選択肢

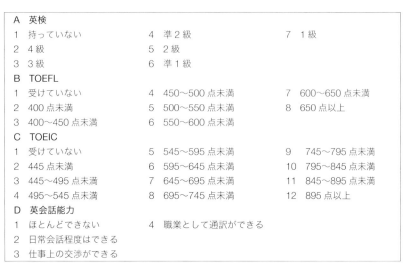

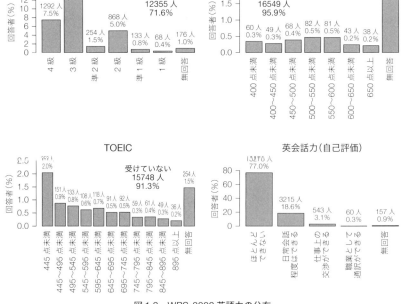

図1.2 WPS-2000 英語力の分布

「TOEFL（PBT）の取得スコア」「TOEIC の取得スコア」「英会話能力（自己評価）」である。各設問の選択肢を表 1.3 に示した。

　各回答の分布を図示したのが図 1.2 である。英検・TOEFL・TOEIC には受験経験のない人が非常に多く含まれる（それぞれ全回答者の 72%，96%，91%）。そこで、グラフの見やすさを優先し、グラフの棒はテスト経験者および無回答者の割合だけ示すことにした。

　なお、テスト経験者のほうが非経験者よりも高い英語力を持っていたはずなので、「非経験者」を欠損値扱いすると大きなバイアスを生むことになる。したがって、図 1.2 の分布を「日本人」の英語力の分布として理解してはならない。「非経験者」を含めた全体の英語力をもし調べることができたなら、分布の中央はもっと低いスコアの側（図の左側）に寄っていたはずである。

　図 1.2 を一見してわかるのは、高度な英語力を持った人は全体のごく一部である点である。これは前節の JGSS の結果と同様である。たとえば、英検準 1 級以上を持っている人は全体の 1.2%（201 人）、TOEIC 745 点以上の人が 1.2%（205 人）、TOEFL 550 点以上の人が 0.9%（162 人）、英会話力が「仕事上の交渉」あるいは「通訳」可能なレベルの人は 3.5%（603 人）と、いずれもわずかである。しかも、これらは 59 歳以下の都市部の就労者が示した数値なので、日本全体で見た場合にはもっと低かったことは容易に想像できる。

基本属性別

　英語力や各英語試験の受験経験はどのようなタイプの人々に多いのだろうか。以下、基本属性別のパーセンテージを確認しよう。

　表 1.4（次頁）はその結果を示したものである。表では 4 つの英語力設問をそれぞれ 3 つのカテゴリに分割している。英検については「未受験」「低（2 級以下）」「高（準 1 級以上）」、TOEFL（PBT）については「未受験」「低（550 点未満）」「高（550 点以上）」、TOEIC については「未受験」「低（745 点未満）」「高（745 点以上）」、英会話力については「低（ほとんどできない）」、「中（日常会話程度はできる）」、「高（仕事上の交渉あるいは職業として通訳ができる）」である。

　属性と英語力の各設問の関係は、全体的に見れば、前節の JGSS の結果と同様である。つまり、各テストの受験経験者や高い英語力を持った人は、若

表 1.4　基本属性別・WPS-2000 英語力

	英検(1)			TOEFL(2)			TOEIC(3)			英会話(4)		
	未受験	低	高	未受験	低	高	未受験	低	高	低	中	高
年齢												
18-24 (n=3110)	60.5	38.5	1.0	97.1	2.1	0.8	94.1	5.2	0.6	79.8	18.9	1.2
25-29 (n=3169)	64.4	34.3	1.3	96.9	2.1	1.0	92.1	6.5	1.4	78.6	19.2	2.2
30-34 (n=2598)	68.9	29.8	1.3	96.6	2.2	1.2	88.1	10.5	1.4	74.8	21.3	3.9
35-39 (n=2384)	71.1	27.6	1.3	97.8	1.1	1.1	90.3	8.0	1.7	74.7	20.7	4.6
40-44 (n=1802)	78.8	20.0	1.2	98.1	1.1	0.8	92.9	5.5	1.6	75.7	18.6	5.7
45-49 (n=1967)	85.3	13.4	1.3	98.3	0.9	0.8	95.9	3.1	1.0	78.7	16.2	5.1
50-54 (n=1047)	93.3	5.7	1.0	99.4	0.0	0.6	98.1	1.4	0.5	80.4	15.4	4.2
55-59 (n=858)	96.7	2.7	0.6	99.2	0.3	0.5	99.1	0.8	0.1	86.7	10.6	2.7
ジェンダー												
女性 (n=5346)	60.0	38.7	1.4	97.7	1.6	0.7	94.8	4.3	0.9	79.2	19.0	1.8
男性 (n=11589)	78.6	20.3	1.1	97.5	1.5	1.0	92.0	6.8	1.3	77.3	18.4	4.3
学歴												
中学校 (n=952)	96.3	3.5	0.2	99.7	0.1	0.2	99.5	0.2	0.3	95.2	4.5	0.3
高等学校 (n=8633)	80.0	19.7	0.2	99.3	0.5	0.2	98.2	1.7	0.1	88.4	10.6	1.0
短大高専 (n=1693)	54.9	44.5	0.6	97.3	2.2	0.5	93.6	5.8	0.5	76.1	21.9	1.9
大学 (n=5179)	62.8	34.5	2.7	95.3	3.1	1.7	84.9	12.4	2.7	61.5	31.5	7.1
大学院 (n=432)	62.0	31.7	6.2	87.3	3.2	9.5	63.9	28.2	7.9	34.3	42.1	23.6
正規/非正規雇用・職種												
正規・ブルー (n=3667)	86.4	13.5	0.2	99.4	0.4	0.2	98.8	1.1	0.1	89.6	9.4	1.0
正規・販売 (n=342)	72.8	26.0	1.2	98.5	1.2	0.3	98.0	1.8	0.3	79.8	18.1	2.0
正規・事務 (n=5266)	65.1	33.0	1.9	96.3	2.3	1.4	90.0	8.0	2.0	74.6	21.2	4.3
正規・専門 (n=2714)	66.7	31.9	1.5	96.5	2.1	1.4	85.4	13.0	1.6	70.0	24.7	5.3
正規・管理 (n=1368)	79.2	19.2	1.6	97.1	1.5	1.5	89.8	8.2	2.0	63.3	27.1	9.6
非正規・ブルー (n=1210)	80.1	19.5	0.4	98.9	0.9	0.2	98.5	1.2	0.3	87.9	11.5	0.7
非正規・販売 (n=373)	72.1	26.8	1.1	98.4	0.8	0.8	98.4	1.1	0.5	86.1	12.6	1.3
非正規・事務 (n=1228)	67.4	32.0	0.6	98.6	1.1	0.3	96.8	2.9	0.3	81.1	18.1	0.8
非正規・専門 (n=398)	66.8	31.7	1.5	97.7	1.8	0.5	95.7	4.0	0.3	72.1	24.6	3.3
非正規・管理 (n=40)	67.5	32.5	0.0	97.5	2.5	0.0	97.5	2.5	0.0	67.5	32.5	0.0

数値：パーセンテージ．
ボールド：残差分析により p<0.05 だった数値（ホルムの方法による調整済み p 値）．(1)低：2 級以下、高：準 1 級以上．(2)低：550 点未満、高：550 点以上．(3)低：745 点未満、高：745 点以上．(4)低：「ほとんどできない」、中：「日常会話程度はできる」、高：「仕事上の交渉 or 職業として通訳ができる」

い世代・高学歴層・正規ホワイト職者に多い。具体的に言えば、30代前後の若年層*2や正規雇用の事務職者・専門職者・管理職者に、受験経験・ハイスコアを持つ人が比較的多い。

1.3 「日本人英語話者」の特徴 (1) ――政治意識

「日本人英語話者」とはどのような人たちだろうか。基本属性に関する特徴は前節で見たとおりだが、政治意識や日々の行動に関しても何か特徴があるのだろうか。たとえば、英語ができる人のほうができない人よりもリベラルな政治意識を持っていたり、情報へのアクセスが豊富だったりするのだろうか。以下、JGSS設問における「英会話力あり」に該当する人を「日本人英語話者」と見なし、その特徴を探りたい。

なお、以下の分析は厳密な仮説検証というよりも、ほとんどが探索的分析である。筆者が様々な可能性を網羅的に検討しながら、興味深い結果だったものをピックアップし、いくつかの解釈を加えたものである。そうした事情から、以下の分析は素描の性格が強く、必ずしも確実な結論とは言いがたい面がある。したがって、以下の結果は「日本人英語話者とはどのような人か」という問いへの明確な回答というよりは、その問いに答えるための一参考資料として理解すべきだろう。

単純な相関関係を考えた場合、英会話力と政治的リベラルさの度合いに正の相関関係があることはほぼ間違いない。なぜなら、英語ができる人は総じて高学歴・若年層であり、同時に、高学歴者・若年者のほうがリベラルな意識を持つ傾向があるからである (cf. 蒲島・竹中 1996; 伊藤 2011)。したがって、たとえ英語ができる人にリベラルな傾向が見いだせたとしても、それだけで「日本人英語話者」に固有な特質・条件・文化等が影響していると考えるのは早計である。以下の分析では、学歴や年齢をはじめとした基本属

---

*2 ただし、単純な直線的関係ではない点に注意されたい。たとえば、TOEIC未受験者が有意に少ないのは30代であり、20代以下ではむしろ未受験者が増える。調査当時 (2000年) は学校等での団体受験がまだ一般的でなく、ビジネス英語のニーズが比較的高かった壮年層がTOEIC受験の中心だったことによると考えられる。

性の影響を統制したとしてもなお「英語話者」であることが政治意識に影響を与えうるか、重回帰分析・ロジスティック回帰分析で検討したい。この手法は、結果変数（ここでは政治意識）を原因変数（ここでは英語力）でどれだけ説明できるか、その影響力の度合いを明らかにする手法である。特に原因変数を複数設定した場合には、他の変数が一定だと仮定した場合の影響力を取り出すことができ、属性等による擬似的な効果を除去することが可能である。

　JGSS に含まれる設問は非常にバリエーションに富んでおり、政治意識に関する設問も多数含まれている。本書ではそのなかから次の 7 つの変数を検討する。つまり、頻繁に政治的な争点となるトピック（「憲法 9 条改正」「死刑制度」「貧富解消政策」）に対する賛否、回答者の保守・革新政治意識、支持政党（「保守系政党支持」「左派系政党支持」）、性別規範意識（とくに性役割意識）のリベラル度である。変数の具体的な作成方法は、分析結果を示した表 1.5 の注にまとめたので参照されたい。

　以下、表 1.5 の「英会話力」の効果に注目して議論したい。9 条改正や死刑に対する賛否には有意な効果が見られなかった一方、貧富解消政策については有意な負の効果があった。これは、英語ができる人ほど貧富解消政策に反対していたことを意味しており、この面においては英会話力と政治的リベラルさに負の関係があることになる。ただし、政治的革新度（自己評価）や性別規範意識に関しては英語話者のほうがリベラルだった。

　支持政党との関係も複雑である。英語話者には、保守政党・左派政党いずれの支持も有意に低かった。事後的に分析した限りでは、英語話者には民主党・旧自由党などの中間的な政党の支持者が多く、英語力と左派政党・リベラル系政党の支持が直線的に結びついているわけではないようである。

　以上の結果が示すように、英語話者であることと政治的態度の間には複雑な関係がある。変数によって、英語話者のほうがリベラルな態度を示す場合、反リベラルな態度を示す場合、そして、際立った関係が見いだせない場合がある。このような複雑な結果に一貫性のある説明を与えるのは現段階ではなかなか難しい。この点は今後の課題である。

　なお、上記を因果関係──たとえば「英語ができるようになると、よりリベラルな性別規範意識を持つようになる」──と即断すべきではない。なぜなら、英語力と政治意識の両方に影響を与える「第 3 の変数」が真の原因

表 1.5 政治意識

	(1) 9条改正反対 [b]	(2) 死刑反対 [b]	(3) 貧富解消賛成 [a]	(4) 政治的革新 [a]	(5) 保守政党支持 [b]	(6) 左派政党支持 [b]	(7) 性規範リベラル [a]
(定数)	1.38***	−2.76***	2.93***	3.01***	−3.37***	−5.95***	−0.01
	(0.41)	(0.65)	(0.09)	(0.08)	(0.24)	(0.57)	(0.07)
年齢	−0.01	0.01	0.00**	−0.01**	0.03***	0.03***	−0.01***
	(0.00)	(0.01)	(0.00)	(0.00)	(0.00)	(0.01)	(0.00)
女性	0.94***	0.55**	−0.07*	−0.01	−0.21**	−0.11	0.23***
	(0.13)	(0.19)	(0.03)	(0.02)	(0.07)	(0.17)	(0.02)
就学年数	−0.05*	0.01	−0.03***	0.02***	0.01	0.07*	0.05***
	(0.02)	(0.04)	(0.01)	(0.00)	(0.01)	(0.03)	(0.00)
正規ホワイト	−0.11	0.01	−0.10*	0.01	−0.01	0.21	0.10**
	(0.20)	(0.30)	(0.04)	(0.04)	(0.13)	(0.26)	(0.03)
経営・管理	−0.85*	−0.11	−0.52***	−0.01	0.47**	−0.11	−0.15*
	(0.34)	(0.59)	(0.09)	(0.07)	(0.20)	(0.47)	(0.07)
非正規	−0.31	−0.11	0.01	0.01	−0.21	−0.21	−0.01
	(0.27)	(0.37)	(0.06)	(0.05)	(0.17)	(0.36)	(0.04)
自営	−0.42*	0.01	−0.12**	−0.01	0.34**	−0.41	−0.12***
	(0.20)	(0.33)	(0.05)	(0.04)	(0.12)	(0.29)	(0.03)
主婦	−0.31	−0.31	−0.01	0.01	0.11	−0.31	−0.08*
	(0.22)	(0.32)	(0.05)	(0.04)	(0.13)	(0.29)	(0.03)
学生	0.01	0.71	−0.01	−0.21*	0.41	−12.11	−0.26**
	(0.54)	(0.53)	(0.11)	(0.10)	(0.37)	(249.96)	(0.09)
無職	−0.11	0.11	0.01	−0.01	−0.01	−0.74*	−0.14**
	(0.21)	(0.32)	(0.05)	(0.04)	(0.12)	(0.29)	(0.03)
英会話力	−0.21	0.31	−0.19***	0.18***	−0.38*	−1.30*	0.12**
	(0.24)	(0.32)	(0.06)	(0.05)	(0.17)	(0.59)	(0.04)
AIC	2399.42	1260.52			8117.57	2118.86	
−2対数尤度	2375.42	1236.52			8093.57	2094.86	
調整済み R^2			0.03	0.03			0.15
観測数	1932	1749	8866	8669	8889	8889	8841

***p<0.001, **p<0.01, *p<0.05. [a]重回帰分析. [b]ロジスティック回帰分析.

[1]「あなたは、戦争を放棄し、軍力を持たないことを決めている憲法第9条を改正する必要があると思いますか、それとも改正する必要はないと思いますか」という設問に対し、「ないと思う」を選択した人に1を、「あると思う」と回答した人に0をあてた(分析にはJGSS-2010のみ使用)。[2]死刑制度に賛成ですか、反対ですか。死刑には賛成、反対と回答した人に0をあてた人に1を、「賛成」を選んだ人に0をあてた(分析にはJGSS-2006のみ使用)。[3]「政府は、裕福な家庭と貧しい家庭の収入の差を縮めるために、対策をとるべきだ」という意見に、あなたは賛成ですか、反対ですか、という設問への回答を「賛成=4」、「どちらかといえば賛成=3」、「どちらかといえば反対=2」、「反対=1」とコーディングした。[4]「政治的な考え方で、保守的か革新的かといえば、あなたはどれにあてはまりますか」という設問に対し、革新的なほうが数値が大きくなるように1から5までの整数を与えた。[5]支持政党に関する設問で、「自民党」「保守新党」を選択した人を「保守政党支持=1」、それ以外の日本人を「保守政党支持=0」とした。[6]支持政党に関する設問で、「共産党」「社民党」「国民新党」を選択した人を「左派政党支持=1」、それ以外を「左派政党支持=0」とした。[7]次の3つの設問「夫は外で働き、妻は家庭を守るべきだ」(賛成~反対の4段階スケール)を利用。「反対」である方が大きな値になるように1~4の数値をあたえ、標準化のうえ平均値をとった。

かもしれないからである。したがって、本結果は「日本人英語話者」に共通する政治意識を反映したものと考えておくのが無難だろう。

1.4 「日本人英語話者」の特徴 (2) ——情報への接触

次に、情報接触との関係を検討してみたい。英語ができたほうができないよりも、様々な情報にアクセスできるようになるだろう。人がどれだけの量・質の情報に接しているかを測定することはかなり難しいが、情報機器をどれだけ使用しているかという基準で見るならば検討可能である。以下、情報機器使用の観点から、英語話者の特徴を概観してみよう。

注目したのは次の7つの変数である。つまり、「インターネットによる情報検索をしているかどうか」「パソコンからのメール送信の頻度」「携帯電話での通話の頻度」「携帯電話からのメールの頻度」「1ヶ月の読書冊数」「1日のテレビ視聴時間」「新聞を毎日読むかどうか」である。これら7つの変数をそれぞれ結果変数として、「英会話力あり」がどれだけ説明できるかを重回帰分析・ロジスティック回帰分析で検討する。前節の分析と同様、年齢・ジェンダー・教育レベル・ライフスタイルは統制する。

その結果が表1.6である。ネット検索、パソコンメール、読書については、英語話者の接触頻度が有意に高い。その一方で、携帯電話（通話およびメール）やテレビ視聴、新聞購読にそのような関係は認められない（テレビ視聴頻度に対してはむしろ負の効果である）。

この結果から、インターネットやパソコン、書籍など能動的なアクセスが必要な情報メディアを英語話者は頻繁に利用している傾向が見てとれる。もちろん、前節と同様、情報接触に関しても「第3の変数」が介在している可能性は高い。したがって、たとえば「英語ができると本をよく読むようになる」といった因果関係としてではなく、「日本人英語話者」に共通の行動的特徴として理解しておくべきだろう。

1.5 まとめ

本章では、JGSS と WPS-2000 に含まれる英語力設問に注目して「日本人」の英語力の分布・特徴を検討した。明らかになった点をまとめると、以下の

表 1.6 情報への接触

	(1) ネット検索[b]	(2) PCメール頻度[a]	(3) 携帯通話頻度[a]	(4) 携帯メール頻度[a]	(5) テレビ視聴時間[a]	(6) 読書冊数[a]	(7) 新聞を毎日読む[b]
定数	0.21 (0.34)	-4.53*** (0.33)	1.99*** (0.33)	2.50*** (0.33)	1.28*** (0.06)	-3.98*** (0.12)	-3.58*** (0.22)
年齢	-0.08*** (0.00)	-0.03*** (0.00)	-0.06*** (0.00)	-0.11*** (0.00)	0.00*** (0.00)	0.01*** (0.00)	0.05*** (0.00)
女性	-0.59*** (0.11)	-0.76*** (0.10)	-0.52*** (0.10)	0.66*** (0.10)	0.01 (0.02)	0.01 (0.04)	-0.70*** (0.06)
就学年数	0.33*** (0.02)	0.25*** (0.02)	0.18*** (0.02)	0.19*** (0.02)	-0.04*** (0.00)	0.17*** (0.01)	0.17*** (0.01)
正規ホワイト	1.08*** (0.17)	1.56*** (0.16)	0.01 (0.16)	0.44*** (0.16)	-0.13*** (0.00)	0.43*** (0.06)	0.27*** (0.10)
経営・管理	1.04** (0.32)	2.59*** (0.29)	0.79** (0.30)	0.31 (0.30)	-0.15* (0.06)	0.80*** (0.11)	0.73** (0.27)
非正規	0.21 (0.21)	-0.01 (0.20)	-0.79*** (0.20)	-0.21 (0.20)	0.11** (0.04)	0.35*** (0.07)	0.01 (0.12)
自営業	0.21 (0.16)	0.41* (0.16)	0.21 (0.16)	-0.36* (0.17)	0.01 (0.03)	0.24*** (0.06)	0.40*** (0.11)
主婦	0.37* (0.17)	0.11 (0.17)	-0.34* (0.17)	0.11 (0.17)	0.20*** (0.03)	0.25*** (0.06)	0.56*** (0.10)
学生	0.81 (1.03)	-0.11 (0.37)	-1.80*** (0.38)	-0.82* (0.38)	-0.01 (0.07)	0.77*** (0.15)	-0.41 (0.24)
無職	-0.01 (0.17)	-0.11 (0.17)	-1.42*** (0.17)	-0.54*** (0.17)	0.28*** (0.03)	0.38*** (0.06)	-0.11 (0.10)
英会話力	0.86*** (0.25)	1.94*** (0.19)	-0.21 (0.20)	0.21 (0.20)	-0.24*** (0.04)	0.48*** (0.07)	-0.01 (0.14)
AIC	3746.25						9318.59
-2対数尤度	3722.25						9294.59
調整済み R^2		0.28	0.29	0.45	0.12	0.11	
観測数	4341	4063	4308	4252	8857	8879	8897

***$p<0.001$, **$p<0.01$, *$p<0.05$. [a]重回帰分析. [b]ロジスティック回帰分析.

[1]「あなたは、パソコンまたは携帯電話（PHS を含む）のインターネットを利用して、次のことを行なっていますか」という設問に対し、「情報検索」に丸をつけた人に 1 を、それ以外の人に 0 を当てはめた。[2]「パソコンからのメール送信」の頻度に関する設問を利用。[3]「携帯電話（PHS を含む）での通話」の頻度に関する設問を利用。コーディング方法は PC メールの場合と同様。[4]「携帯電話（PHS を含む）からのメール送信」の頻度に関する設問を利用。コーディング方法は PC メールの場合と同様。各選択肢を 1 週間当たりの使用回数にコーディングし（「まったく利用していない」には 0 を当て、それ以外の人に 0.1 を代入）、その対数値を使用。[5]「平均して 1 日に何時間くらいテレビを見ますか」という設問に対する回答（ただし「0 時間」には 0.1 を代入）の対数値を使用。[6]「あなたは、1 ヶ月に何冊くらい本を読みますか（マンガ、雑誌を除く）」という設問に対する回答（ただし「ほとんど読まない」には 0.1 を代入）の対数値を使用。[7]「新聞を毎日読むか否か」。「あなたは、どのくらいの頻度で新聞を読みますか」という設問に対し、「ほぼ毎日」を選択した人に 1 を、それ以外の人に 0 を当てはめた（「ほぼ毎日」の人が 7 割以上存在し、頻度を推定するモデルは不適当と判断したため）。

とおりである。

(1) どの英語力設問を分析しても、高度な英語力を持った「日本人」は人口のごくわずかである。
(2) 英語力は年齢・ジェンダー・学歴・ライフスタイル・職種・居住地などによって左右される。
(3) 政治意識や情報接触行動のなかには、英語話者に特徴的なものが存在する。

本章の結果を踏まえ、次章以降、具体的な英語言説の検証を行っていきたい。

補節　自己評価型設問の使用について

回答者の英語力の指標として自己評価型設問を用いることについて若干の注記を付しておく。結論から言うと、本書の目的を考慮すれば大きな問題は生じないと考えられる。以下、その理由を述べる。

第1に、選抜や成績評価を目的としたテストに求められる厳密さ・信頼性を社会調査にも求めるのは少々過剰な要求と考えられる点である。受験者個人の能力が評価され、そして場合によっては人生まで左右される選抜テスト等とは異なり、社会調査の関心は回答者個人の能力ではなく集団の能力平均値である。平均値に基づいて議論する以上、人によって自己評価にぶれがあったとしても、そのぶれがランダムに起きている場合、平均値は正しい値に収束していく（ただし、この「ランダムに起きている」という仮定の真偽の程はわからないので、ある程度幅をもった解釈——有意性の有無だけで実質的な相違があると判断しない等——をすべきではある）。

第2の理由が、自己評価は客観的テストで測定された「能力」とある程度の相関がある点である。自己評価型の第2言語能力測定をレビュー・メタ分析した Blanche & Merino (1989) や Ross (1998) によれば、主観的な設問でも客観的な第2言語能力レベルをある程度予測することが可能だという。彼らによると、測定方法にもよるものの、第2言語能力の主観的測定と客観的測定の間の相関係数は平均しておよそ 0.50～0.60 程度であり、特に相

関が高まるのは、設問・選択肢が行動ベースの記述になっている場合だという。つまり、「英会話能力が高い／やや高い／あまり高くない...」のような抽象的な測定項目ではなく、「何々ができる／できない」といった具体的な行動を前提とした測定項目で相関が高くなるのである。たしかに、具体的な行動に基づいた自己評価が、自身の客観的な能力をまったく反映しないとは考えにくい。実際、本書で用いるデータセットの多くが、行動ベースの自己評価設問を採用しており、その点でもある程度の信頼性が担保されていると考えられる。

　なお、そもそも論として、客観的なテストの実施がほぼ不可能なのは大規模社会調査の「宿命」である。社会調査のように回答者が全国に点在している場合、調査員が回答者一人一人にテストをすることはきわめて困難である。また、回答者の負担の大きいペーパーテスト等を設問に含めると、脱落者が多数生じるため、大きなバイアスを生みかねない（たとえば PISA のような学力調査でテストが行えるのは、調査対象に選ばれた学校単位で一斉に実施できるからこそである）。したがって、自己評価型能力評価を全否定するよりも、自己評価に起因する種々のバイアスをいかに小さくできるか考えたほうが生産的である。

第2章

教育機会
──英語話者になれたのはどのような人か？

英語達人たちの英語習得機会

　中公新書に『英語達人列伝──あっぱれ、日本人の英語』（斎藤兆史 2000）という書籍がある。『中央公論』の連載をまとめたものであり、英語関係者でなくとも読んだことのある人は多いはずである。同書では、近代（明治〜戦後初期）に活躍した英語達人の英語学習法が、その横顔とともに描かれている。

　著者の斎藤兆史は、序文において、彼らをとりあげる意義を次のように述べる。

> 日本の英語達人たちの英語学習がほとんど注目されなかったのは、その多くが若いときに外国人教師の授業を受けたり、長い年月を英語圏で過ごした例外的な人たちだと考えられてきたためであろう。だが、その一人一人をつぶさに見れば、それぞれ我々と同じような、あるいはさらに劣悪な条件の下で、いろいろと工夫をしながら英語の勉強をしてきたことがわかる。例外的な部分があるとすれば、それは彼らの意志の固さと努力の才だけである。日本人にとって、彼らほど格好のお手本はない。(p. ii)

　つまり、現代の私たちよりもはるかに恵まれていない条件にもかかわらず、英語達人の域にまで登りつめた人々の努力と工夫に学ぼうという趣旨である。この部分だけ読めば、劣悪な英語学習条件にあえぎながら、苦心して英語修行に身を投じ、その語学力を武器に歴史に名を残すような「偉人」になっていったという物語に見えなくもない。明治30年代以降、貧しい階層の出身者は学問で身を立てるべく大量に「苦学」に参入していったことが知られているが（竹内 1991：5章）、それをパラフレーズすれば、いわば「語学版・苦学」の物語である。

[34]

英語達人は士族ばかり？

しかしながら、英語達人たちの顔ぶれを見れば、苦学の物語などとは簡単に言えないことがわかるはずである。同書に登場する英語達人を列挙してみよう。新渡戸稲造、岡倉天心、斎藤秀三郎、鈴木大拙、幣原喜重郎、野口英世、斎藤博、岩崎民平、西脇順三郎、そして白洲次郎の計 10 名である。

この達人たちの顔ぶれを見て気付くことはないだろうか。それは、彼らのほとんどが、社会の「上層」の出身である点である[*1]。上記の 10 名中 8 名が、士族や経営者、豪農、外交官の子息であり、庶民階層出身者と見なせるのは、野口英世と岩崎民平くらいである。「苦学」から遠い位置にいた人々が、英語達人になっていたことになる。

このメッセージは少々ショッキングである。英語達人への道は社会的に高い階層の者（しかも、男性）だけに開かれていたことを意味し得るからである。このメッセージは果たして事実を反映しているのだろうか。それとも、同書の登場人物がたまたま高階層の出身者だっただけなのか。もう少し一般的に表現するならば、英語習得へのアクセス機会はどれほど不平等だったのか。これが本章で挑む問いである。

戦後の教育機会の開放

ところで、多くの人は現代ならば英語習得の機会はもっと開かれていると考えるのではないだろうか。実際、英語学習人口は終戦を契機に大きく変化している。戦前には義務教育課程に英語科が存在せず、英語学習は「国民」すべてに開かれたものではなかった。しかも、中等教育進学者の一部しか英語を学ぶことができなかった時代である（江利川 2006）。

一方、戦後は、新制中学校の義務教育化をうけて、1950 年代にほぼすべての中学生が一度は英語を学ぶ状況になる（寺沢 2014a）。こうした事実をもって、戦後、英語教育の機会が一挙に開放的になったとする論者も多い。たとえば、Sasaki (2008: p. 67) は、1945 年の終戦を契機に、英語教育は大衆化し、ほとんどすべての人々に英語を学ぶ機会が与えられたと指摘している。太田 (1995) にも同様の記述がある。太田によれば戦前の英語は「一部

[*1]　もっとも、多くの人は上述の英語達人がすべて男性である点にまず気がつくと思われる。ジェンダー格差についても本章でとりあげる。

の数少ないエリートが学ぶもの」(p. 224) だったが、戦後になって国民のすべてが学ぶ機会を得たという。

　もちろんこの「開放」は、機会均等があくまで形式的・制度的に保障されたことを意味するに過ぎない。したがって、英語学習に投入できるリソースの量までもが平等になったことを意味しない。恵まれた環境のおかげで学校外でも存分に英語を学ぶことのできた子どももいれば、英語学習の機会が学校だけに限定されていた子どももいたはずである。この「恵まれた子ども」と「恵まれていない子ども」の間の格差は、戦前から戦後にかけて、どのように推移したのかという点も本章の検討課題としたい。

2.1　英語力の獲得機会

格差研究の手法

　具体的な分析方法を見ていこう。どのような手法を使えば、「恵まれた環境」がどれだけ英語力を左右するかがわかるのだろうか。本章の分析が下敷きにするのは計量社会学における格差研究の手法である。

　基本的な考え方はいたってシンプルである。Y という能力・資格・資質 (たとえば、英語力) を持っている人と持っていない人がいる。同時に、X という環境 (たとえば、出身家庭の裕福さ) に育った人と育たなかった人がいる。2 つの変数を組み合わせれば、表 2.1 のようになる。

		Y	
		英語力なし	英語力あり
X	貧乏だった	A	B
	貧乏ではなかった	C	D

表 2.1　機会格差の考え方

　ここで重要なのは、表の A, B, C, D にそれぞれ何人いるかではない。「AとBの比」と「CとDの比」の比、つまり比の比が重要である。

　たとえば、貧乏だった人々のなかに英語が話せる人が 1% しかいなかったとわかったとしよう ($\frac{B}{A+B}$)。これを見て、「やはり貧乏だと英語ができるようにならないのか」と早合点してはならない。ひょっとしたら、貧乏でなかった人々に占める英語が話せる人の割合 ($\frac{D}{C+D}$) も、1% かもしれないから

2.1 英語力の獲得機会　37

である。つまり、後者の人々の割合が前者の割合よりも大きいことがわかってはじめて、Y にアクセスする機会には X に起因する格差があったと結論付けられる。

教育格差に関する先行研究

　日本社会における英語力の獲得機会の格差を計量的に明らかにした先行研究はない[2]。もちろん、計量的な研究を行うまでもなく英語格差が自明な地域は存在する。実際、英語格差は旧植民地地域では有名な現象であり、たとえば（ある時期の）フィリピンのように、「エリート＝英語を話す」「一般人＝現地語を話す」という構図がある社会では出身階層と英語力が強固に結びついている（Tollefson 1991）。

　一方、日本のような「英語を外国語として使う」地域における格差は、旧植民地地域ほど自明なものではない。ただ、教育格差に関する先行研究を念頭におけば、日本にも英語力獲得の機会に格差があることは容易に予想がつく。英語力と学歴の高さには正の相関があり、学歴は出身階層によって規定されていることが多くの研究で明らかになっているからである（例、Ishida 1993；苅谷 1995, 2001, 2009；吉川 2006；小林 2008）。この点を踏まえるならば、英語力と出身階層に関係があってもおかしくない。

　したがって、英語力獲得の機会に格差があったか否かという問いには、おそらく「イエス」という答えがでるだろう。現に、次節以降の分析では厳然たる格差の存在が明らかになる予定である。こうした点を踏まえて、単に「格差があったかどうか」という問いをもう一歩発展させて、格差はどのように推移したかという問いを検討したい。これは、戦前と戦後で英語力の獲得機会はどう変化したかという問いとも大きく関連している。

---

[2]　もちろん英語教育研究者や応用言語学者が教育機会・格差の問題にまったく無関心であるわけではない。むしろ、クリティカル系の応用言語学者にとって、教育機会の格差は重要なテーマである（Kubota 2012：p. 62）。じじつ、他国については先行研究が存在する。たとえば、韓国について検討したカレイラ（2012）や、中国を対象とした Zou & Zhang（2011）や Butler（2013）がそれにあたる。また、計量分析ではないが、日本における第 2 言語の教育機会格差を扱ったエスノグラフィ に Kanno（2008）がある。

2.2 データ

使用するデータは JGSS-2002/2003/2006/2010 である。同データには回答者の英語力に関する設問および出身階層に関する設問が含まれている。

分析モデルは、前述のとおり、結果変数に英語力を、原因変数に出身階層（親の教育レベル、出身家庭の職業階層・裕福さ、生育地域）を設定したものである。また、出身階層ではないが、格差を検討するうえで重要な要因であるジェンダーも分析に含める。各変数とその再コード方法は表 2.2 のとおりである。

	対応する JGSS 設問	再コードの方法
英語力	英語読解力（5 段階）	ある／なし*
	英会話力（5 段階）	ある／なし*
親の教育レベル	父親の最終学歴	高等教育／中等教育／義務教育
	母親の最終学歴	高等教育／中等教育／義務教育
出身家庭の職業階層	15 歳ごろの父親の職種	専門管理／事務販売／ブルー
出身家庭の裕福さ	15 歳ごろの世帯収入レベル	上＆中の上／中／中の下＆下
生育地域	15 歳ごろの居住都市規模	大都市／その他の市／町・村
	15 歳ごろの農村居住の有無	そのまま使用
ジェンダー	男性／女性	そのまま使用

*：詳細は 1.1 節

表 2.2 分析に使用する変数

各世代の特徴

世代別の分析を行うため、サンプルを出生年をもとに 6 つのグループに分割した（表 2.3 参照）。およそ 10 年ごとに区切り、計 6 つのサブグループを作成する[3]。

表 2.3 には出生年以外にも各世代の特徴を何点か掲載している。第 1 の世代は旧制の中等教育を経験した世代である。第 2 の世代は戦後初期に新制中学校を経験した世代である。当時、英語は名実ともに選択科目であり、資格を持った英語教員の不足など、教育条件も概してまだ劣悪だった時代である（寺沢 2014a）。第 3 の世代は 1950 年代後半～1960 年代前半に中学生時

---

[3] なお、最も高齢の世代および最も若い世代は、十分なケース数が得られなかったことから、10 年より長い幅をとった。

	出生年	中学入学時	15歳時新制高校進学率	18歳時新制大学進学率
1	1913–34	1925–46	—	—
2	1935–44	1947–56	43%〜55%	7%〜10%
3	1945–54	1957–66	58%〜79%	12%〜22%
4	1955–64	1967–76	82%〜94%	23%〜25%
5	1965–74	1977–86	94%〜95%	24%〜26%
6	1975–89	1987–2001	95%〜98%	28%〜47%

表 2.3　各世代の特徴

代を過ごした世代である。事実上の必修化——つまり、ほぼすべての中学生が英語を学ぶ状況が完了したのがこの頃である。第4の世代は事実上の必修化が完了した中学校英語を経験した世代、第5の世代はほぼ義務教育化した高等学校を経験した世代である。そして、第6の世代は大学進学が大衆化していく時代に育った世代である。

2.3　英語ができる人の割合、その推移

　まず、基本的な特徴を確認するため、出身階層の変数ごとに「英語ができる」と回答した人のパーセンテージを算出した。その結果が、表2.4・表2.5である。

　全体的に見れば、英会話力（表2.4，40頁）と英語読解力（表2.5，41頁）は、似たような推移を示している。そこで、以下、会話力の推移に注目したい。なお、表では煩雑さを避けるため省略したが、以下で「影響がある」「差がある」と論じた部分の統計的有意性はすべて確認済みである[4]。

　まず、親の学歴の影響である。表の父親・母親の学歴別パーセンテージを見ると、かなり明確に階層化していることがわかる。高等教育経験者の母を持つ最年長世代の0.0%はケース数の小ささに起因すると考えられるので例外だが[5]、それ以外のグループでは親の教育レベルが高いほど「英会話力あ

---

[4]　ケース数が潤沢なこともあり、ほとんどのグループで有意な影響が見られた。有意でなかったのは若い世代の農村居住とジェンダーのみである。

[5]　1913–34年出生世代は1139人いるが、そのうち母親の学歴が高等教育以上だった回答者はたった13人だった。この13人中「英語力あり」と回答した人はひとりもいなかった。

第2章　教育機会──英語話者になれたのはどのような人か？

	出生年					
	1913–34	1935–44	1945–54	1955–64	1965–74	1975–89
父最終学歴						
義務教育	1.5	2.0	2.1	2.9	2.6	5.0
中等教育	3.0	3.7	4.6	3.8	5.0	5.0
高等教育	10.2	9.9	10.3	12.4	12.8	12.6
母最終学歴						
義務教育	1.6	1.7	2.2	2.5	3.3	2.2
中等教育	7.7	6.0	5.8	6.0	5.4	5.8
高等教育	0.0	12.1	10.0	12.2	16.2	13.7
父親職業						
ブルー	0.8	1.5	1.6	2.3	4.1	5.2
事務販売	3.3	4.2	4.3	6.4	5.9	6.3
専門管理	8.4	9.7	12.0	11.5	11.5	15.1
15歳時世帯収入						
下／中の下	1.6	1.3	2.1	2.4	4.6	5.0
中の中	1.5	3.8	3.7	4.1	4.8	6.8
中の上／上	4.9	6.3	5.9	9.8	11.1	10.9
生育地域都市規模						
町村	0.6	1.8	1.2	2.4	4.4	5.9
中小都市	1.9	3.1	5.1	4.4	5.8	5.9
大都市	9.2	6.0	5.0	11.4	11.6	13.1
生育地域農村						
農村	0.7	1.9	2.2	2.0	3.0	4.9
非農村	4.6	3.9	4.3	6.2	7.2	7.9
ジェンダー						
男性	4.2	5.1	4.7	5.7	6.2	6.3
女性	0.7	0.7	2.0	3.6	6.1	7.8

数値：パーセンテージ

表2.4　「英会話力あり」の割合の推移

り」の割合が高いという関係は一貫している。

　同様の傾向は父親の職業の影響にも言える。たとえば、最も高齢の世代（1913–34出生世代）では、父親がブルーカラー職であった場合、「英会話力あり」はわずか0.8％で、英語習得への機会はほぼ閉ざされていたと言える。一方で、専門職・管理職の父親を持っていた人に占める「英会話力あり」の割合は8.4％とかなり高い。たしかにいずれのグループでもその割合は世代が下るにつれて高くなっており、その点で、英語力獲得の機会は全体的には拡大したとも言えるが、各職種の上下関係は維持されたままである。

	出生年					
	1913–34	1935–44	1945–54	1955–64	1965–74	1975–89
父最終学歴						
義務教育	1.2	2.0	2.1	2.9	2.8	6.3
中等教育	4.5	5.9	5.1	4.5	5.9	6.9
高等教育	13.6	10.6	11.3	16.1	13.5	17.7
母最終学歴						
義務教育	1.4	2.0	2.0	2.7	2.8	2.9
中等教育	10.1	7.5	6.0	7.2	6.9	8.3
高等教育	0.0	10.3	14.4	17.4	14.9	18.4
父親職業						
ブルー	0.8	1.4	1.6	2.8	4.6	7.6
事務販売	3.7	5.6	3.8	7.8	7.3	8.6
専門管理	9.3	12.0	13.2	15.5	11.0	20.5
15歳時世帯収入						
下／中の下	1.4	1.3	2.3	3.8	5.3	7.1
中の中	1.2	4.8	3.8	4.4	5.4	9.1
中の上／上	6.3	5.6	6.5	12.2	11.4	15.9
生育地域都市規模						
町村	1.1	1.7	1.7	3.3	4.4	8.2
中小都市	2.1	3.7	4.7	5.0	6.5	8.3
大都市	6.8	7.7	6.5	13.9	13.4	18.1
生育地域農村						
農村	1.2	1.7	2.1	2.5	4.5	5.7
非農村	4.0	4.6	4.8	7.3	7.4	11.3
ジェンダー						
男性	4.8	5.7	5.2	6.5	7.1	11.4
女性	0.3	0.9	2.0	4.6	6.3	8.5

数値：パーセンテージ

表 2.5　「英語読解力あり」の割合の推移

　15 歳ごろの世帯収入レベルにも同様の傾向が見てとれる。「中の中」と「下／中の下」のパーセンテージはかなり近接しているように見えるが，一方，「中の上／上」グループとの階層性は維持されている。

　地域差も同様の構図で理解できる。大都市や非農村地域出身者のほうが中小都市・町村・農村出身者よりも英語力獲得にアクセスしやすかったことがわかる。最も高齢の世代に注目してみよう。町村出身者で英会話ができると答えた人がわずか 0.6%，農村地域出身者で 0.7% という数値が示しているとおり，当時，地方出身者の英語力へのアクセス機会はほぼ閉ざされていた

ことがわかる。

　もちろん戦前および戦後初期における教育の地域格差が現代とは比較にならないほど大きなものだったことを考えれば（菊池 2003）、この結果は不思議ではない。しかしながら、地域格差が大幅に縮小されたと言われる高度経済成長期以後に生まれた世代であっても、英語力獲得機会の格差がはっきりと維持されていた点は重要である。たとえば、最も若い世代の 1975–89 出生世代の英会話力保持者で言えば、町村と中小都市出身者がいずれも 5.9% だったのに対し、大都市出身者は 13.1% と、実に 2 倍以上の差がある。

　以上の結果と異なる構図が見いだせるのがジェンダーに起因する差である。というのも、年齢が比較的高い世代で見られる「男＞女」の階層関係は、若い世代になると逆転するからである。この点は図示したほうがわかりやすいだろう。図 2.1 は、出生年と英会話力保持者の割合の関係を男女別に示したものである（なお、図のパーセンテージはケース数を稼ぐために前後 2 年のサンプルも含めて平滑化したものである）。

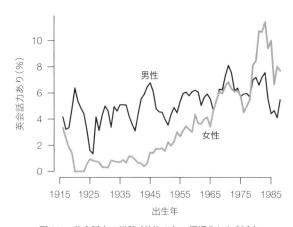

図 2.1　英会話力の推移（前後 2 年で平滑化した割合）

　男性の英語力保持者の場合、戦前から戦後にかけての上昇はごくゆるやかで、だいたい 5% 前後を推移している。一方、女性の場合、戦前生まれの世代は基本的に 1% 未満とごくわずかだったものが、戦後生まれ世代から急激に上昇する。その結果、最も若い世代では、男性のパーセンテージを超える[*6]。

以上の結果から、英語力は社会環境・家庭環境による影響を受けており、しかも、この格差は戦前世代だけに関係するものではなく、現代の私たちにも確認できることがわかった。

2.4 英語教育機会のメカニズム

この結果は、英語習得はすべての子どもに平等に開かれており、したがって、英語力の差はすべて努力の差だと思っていた人にとっては衝撃的な結果だったかもしれない。しかし、前述のとおり、教育社会学の観点からすれば必ずしも驚くものではない。なぜなら、苅谷（2001：2章）や吉川（2006：6章）が明らかにしたとおり、学力・学歴への出身階層の影響は戦前から現代まで一貫して存在しており、その点で、教育機会の格差は維持されてきたからである。学歴と英語力の間に密接な関係がある以上（1章参照）、教育機会の格差が英語力獲得機会の格差としても現れると考えるのは自然である。

このメカニズムを図示してみよう（図2.2）。図のとおり、社会環境・家庭環境は、学歴・学力を経由した間接的な影響と、直接的な影響に区別できる。直接的な影響はもちろん、間接的な影響も、その程度が大きければ英語力獲得の機会に格差があったと判断できる。プロセスはともかく、結果的に英語力に差が生じていることは事実だからである。その一方で、学力・学歴を経

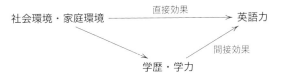

図2.2　出身階層・英語力・本人の学力／学歴

---

*6　さらに、英会話力と英語読解力との間にやや異なる構図が見られるのも、ジェンダーに特徴的な点である。図は省略するので、表2.4・表2.5を見比べてほしい。若年世代以外では、両者の構図は基本的に同じである。しかし、若年世代の読解力を見ると、女性だけでなく男性も大きくパーセンテージが上がっていることがわかる。この結果、会話力の「若い世代：女＞男」という逆転関係は、読解力には見られない。

由した間接的な影響ではなく、より直接的な影響を検討することにも意義があるだろう。英語学習に固有の格差があるかもしれないからである。そこで次に、学歴の影響を統制した分析を行ってみよう。

具体的には以下の方法を用いる。「英語力あり／なし」を結果変数に、出身階層・ジェンダーの計 7 変数を原因変数にしたロジスティック回帰分析を行う。このモデルに本人の教育レベル（就学年数）を統制変数として投入する。この分析によって得られたオッズ比[7]を世代別に比較し、その影響の程度がどのように推移してきたかを検討する。なお、結果の解釈のしやすさに配慮して、出身階層の変数も 2 値化している。表 2.4・表 2.5 を参照しながら、大きな断層があると考えられる部分で変数を再コード化した。父母学歴は高等教育卒か否か、父の職種は「専門管理」か否か、15 歳ごろの世帯収入レベルは「上・中の上」か否か、そして、出身都市規模は大都市出身か否かで区別した。

以下では、英会話力への影響を中心に見ていこう。図 2.3 は、上述のロジスティック回帰分析で得られたオッズ比を図示したものである。黒い線は、就学年数による統制をしていないモデルでのオッズ比を指す（「統制前」）。つまり、各属性のみを原因変数として投入したもので、図 2.2 でいえば、直接効果と間接効果を総合した影響である。一方、グレーの線は、就学年数の統制後のオッズ比であり、直接効果に相当する。ここで各線が「オッズ比＝1 倍」を示す点線から大きく外れていれば格差があったことを意味する。なお、オッズ比の大きさを示す縦軸の目盛り幅は、見やすさの関係で対数化している。

図 2.3 の左側のグラフは父母学歴および父の職業による影響を表したものである[8]。まず、父親学歴・母親学歴に起因する差の推移を見てみよう。図からまずわかるのは、世代が下っても、格差は確実に残っているという点である。いずれのモデルのオッズ比も同水準あるいは漸減的に推移しており、

---

[7] オッズ比とは、ある現象の出現確率にグループ間でどれだけ差があるかを倍数で示す指標である。オッズ比＝1 であれば「1 倍」を意味し、格差がないことを意味する。オッズ比＝2 は「2 倍起きやすい」、オッズ比＝0.5 であれば「2 倍起きにくい」ことを意味する。

[8] 注 5 でも述べたとおり、1913–34 年出生世代では、ケース数の小ささのため、母学歴の影響が適切に推定できなかった。よって、グラフでは割愛している。

2.4 英語教育機会のメカニズム

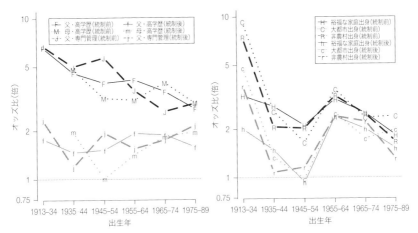

図2.3 格差の推移

急激に減少しているわけではない。

また、これら3変数は、他の変数に比べて、比較的大きな格差を生んでいたことが読み取れる。とりわけ、就学年数を統制しない場合の差が顕著で、戦前生まれ世代はもちろんのこと最も若い世代でも、3倍近い格差を示している。教育レベルを統制すると、こうした大きな差は縮小するが、それでもいずれも1倍を超えており、とりわけ若い世代では統計的に有意な差が見られる。

図2.3の右側のグラフは出身家庭の裕福さおよび出身地域の影響を表したものである。これら3変数のオッズ比の推移は、親学歴・父職種に比べると上下動が大きい。1913–34出生世代に存在した10倍近い非常に大きな格差は、2番目・3番目の世代で2倍前後と大きく減少するが、4番目の世代で少し増大し、5番目・6番目の世代で再び減少し始める。

一方、上記の6つの変数と好対照をなしているのが、ジェンダーである（図2.4）。戦前生まれの世代にとって、英語力へのアクセスは圧倒的に男性が有利だった。この点は他の変数と大差ない。しかし、男性優位は戦後生まれの世代で一気に減少していく。その結果、若い世代においては男性よりもむしろ女性のほうが英語力を獲得するようになるのである。

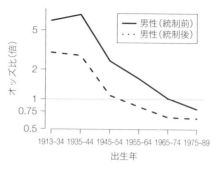

図 2.4 格差の推移（ジェンダー）

2.5 まとめ

以上の結果を要約しよう。データ分析から以下の3点がわかった。

(1) 英語力にはいつの時代にも大きな出身階層差があり、とりわけ戦前の格差は大きかった。
(2) ジェンダー差を除き、格差は同水準あるいは漸減的に推移してきた[*9]。
(3) 本人の学歴を統制しても依然有意な影響を示すものも多く、英語習得に固有の影響を示唆している。

以上を踏まえるならば、本章冒頭で紹介した英語達人たちが、社会の「上

[*9] この点は統計的にも裏付けられる。次のように、誕生年と上述の出身階層変数の間に交互作用があるモデルを設定するとき、交互作用項の回帰係数 (b_3) が有意にマイナスの値をとるならば、出身階層の影響力は、世代が下るにつれてマイナスになっている、つまり徐々に格差が縮小している、と結論付けられる。

logit（英会話力ありの確率）= 定数 + b_1 誕生年 + b_2 出身階層 + b_3 誕生年 × 出身階層

分析の結果、すべての出身階層変数で 交互作用項の係数 (b_3) はマイナスの値をとったが、95％ 水準で有意だったものは、「父親の職業：専門管理」「大都市出身」「男性」の3変数のみだった。たしかに、これらの変数は、図 2.3・図 2.4 を見ると、オッズ比が全体的に右下がりになっていることがよくわかる。一方、それ以外の変数では、世代全体にわたって格差が縮小しているとは必ずしも言えない。

層」の出身者ばかりだったことも偶然ではないだろう。

ここで、イメージしやすいように極端な例で考えてみたい。ここにA氏とB氏という対照的な2人がいるとしよう。2人の簡単なプロフィールは図2.5のとおりである。要は、本章で明らかにした、英語習得上有利な要因をすべて持っているのがA氏、ひとつも持っていないのがB氏ということになる。これを、本章で用いたモデルで分析してみた。その結果、A氏はB氏に比べて、実に71.8倍も英会話力を獲得するオッズが高くなることがわかった[*10]。これは驚くべき格差ではないだろうか。もちろんこの格差には学歴達成を介したものも含まれる。A氏はB氏よりも高い学歴を圧倒的に得やすく、その結果、英語力も獲得しやすくなった面がある。しかしながら、就学年数が同一だという仮定のもと同様の計算をしても、依然、A氏はB氏より7.9倍もオッズが高かったのである。

父母はいずれも高等教育卒の学歴。父親は専門職あるいは管理職。「中の上」以上の裕福さの家庭に育つ。大都市(非農村)出身。男性。

父母はいずれも義務教育卒か中等教育卒の学歴。父親はブルーカラー職。「中の下」以下の裕福さの家庭に育つ。町村(農村地域)の出身。女性。

図2.5　対照的な社会背景を持つ2人

余談ながら、B氏の条件にさらに「戦前生まれ」という条件を足してみよう。すると、NHK朝の連続テレビ小説「花子とアン」(2014年)のヒロイン・

[*10] 7つの原因変数をすべて投入したロジスティック回帰分析の結果、以下の式を得た。これらの係数を足しあわせ、その逆対数を計算すると、71.8(倍)になる。なお、以下の式にもあるとおり、世代の効果を除去するため、誕生年(西暦)を統制している。

logit（英会話力ありの確率）＝－20.52＋0.01 誕生年＋0.57 父高学歴＋0.41 母高学歴＋0.39 父事務販売＋0.84 父専門管理＋0.32 中の中の裕福さ＋0.75「中の上」以上の裕福さ＋0.41 中小都市出身＋0.90 大都市出身＋0.21 非農村出身＋0.59 男性

花子と重なる。「花子」は、教育格差・ジェンダー格差の大きかった戦前に、貧乏な農家の出身でありながら努力して著名な翻訳家にまで登りつめた。その点で、「花子」はきわめて大きな逆境を跳ね除けたことになる。ただし、「事実は小説より奇ならず」と言うべきか、実際の村岡花子の境遇はもっと恵まれていた。ドラマで描かれていたほど貧乏な家庭の出身ではなく、家庭の知的水準も当時の平均から見ればかなり高かったことが知られている (cf. 村岡 2011)。

戦前と戦後の連続性

　英語力獲得機会の格差は、戦前から戦後にかけて、一貫して存在し続けており、現代の若者世代ですら無縁ではない (ただし、ジェンダー格差は例外的であるが)。その意味で、前述の Sasaki (2008) や太田 (1995) のように、戦前 (旧学制) と戦後 (新学制) を教育機会の大転換のように記述するのは少々ミスリーディングであると言える。新学制世代の格差が急激に縮小しているような結果は示されていないからである。たしかに、戦後の学制改革によって、誰でも英語を学べるようになったことは間違いない。しかし、誰もが同質・同量の英語教育機会を享受できるようになったわけではなく、むしろ、その状態からはほど遠かった。「高階層」の出身者や都市出身者のほうが明らかに有利だったからである。

語学における「努力」の意味

　なお、最後に注記しておきたいのは、生まれによって英語力を得る機会に格差があったとしても、それは生まれによって英語力が決定づけられることを意味しないという点である。英語力獲得の機会格差を——というよりも近代産業社会における様々な機会格差を——出身階層によって上昇移動がまったく許されないような強固な身分制のように理解するべきではない (cf. 竹内 1995; 直井 2008)。

　この点を理解するために、一例として、1913–34 出生世代の出身都市規模別英会話力を見てみよう (表2.4)。大都市出身者のうち 9.2% が英会話力を獲得していたのに対し、町村出身者は 0.6% に過ぎず、その差は圧倒的なものだった。しかしながら、重要な点は、町村出身者で英語力を得たのは決して 0.0% ではなかった点である。この 0.6% のなかには、恵まれない条件

のなかで、「努力」して英語話者になった人もいたことだろう。逆に、恵まれた環境を持て余し、結局、英語ができるようにならなかった人も多いはずである。この意味で、格差があることと「努力」の重要性は問題なく両立するのである。

それればかりか、ある程度の格差があったほうが「努力」はいっそう輝きを増す。なぜなら、機会が完全に閉じてもいなければ開いてもいない、つまり部分的に開放されている状態だからこそ、その狭い隙間を通り抜けるべく、「努力」の重要性が強調されるからである。

なるほど、語学において「努力」は重要である。外国語学習は一朝一夕に完了するものではなく、マスターするまでには非常に長い時間がかかる。その意味で、まったく「努力」をせずに外国語をマスターしたなどという人はそもそも存在しないだろう。英語教育学者のなかに「努力」「根性」の意義を強調し、簡単に英語がマスターできるような言説に対し警鐘を鳴らす人がいることも納得できる (例、大津ほか 2013: p. 157)。

しかしながら、それが行き過ぎて、「努力決定論」になってしまうのなら、これは大きな問題である。前述のA氏とB氏の間に71.8倍もの格差があったことを思い出して欲しい。これほど大きな差があったということは、B氏の前に「努力」したくても「努力」できないほどの逆境が立ちはだかっていたと考えてもおかしくない。

たしかに、「努力すれば何でもできる」という言葉は魅力的である。そう言って学習者の心に火を付けられる指導者がいるとすれば尊敬に値するだろう。しかしながら、「努力すれば何でもできる」は「できなかったのは努力しなかったからだ」も同時に意味することに注意したい (論理学上の対偶である)。

これは、本章で見たとおり、明らかにナイーブ過ぎる社会観である。それればかりか、他者に対する想像力を欠いているという意味で、不誠実ですらある。「努力」をするためのスタートラインにすら立てない人が存在するという事実を初めから無視しているからである。

補節　東アジア4地域の場合

当然ながら、英語教育機会の格差は日本だけの問題ではない。むしろ、本

50 第2章 教育機会──英語話者になれたのはどのような人か？

章の先行研究（2.1節）の部分で論じたとおり、クリティカル応用言語学で大いに注目を集めているテーマである。現に、中国や韓国をはじめとした日本以外の地域においても、英語教育機会の問題が実証的に検討されてきていることはすでに紹介したとおりである（Butler 2013；Zou & Zhang 2011；カレイラ 2012）。

　日本・中国・韓国・台湾を対象にしたランダム抽出調査に東アジア社会調査（East Asian Social Survey: EASS）がある。この2008年版調査（EASS-2008）では回答者の英語力が尋ねられているので、本節ではこのデータを用いて東アジア地域の英語力獲得機会の格差を比較してみたい[*11]。

分析方法・変数

　分析方法は前節までと同様である。つまり、回答者の出身階層を原因変数に、回答者の英語力を結果変数にして、前者が後者に対して有意な効果を持っていれば英語習得へのアクセスに格差があったと判断する。

　しかし、残念なことに、EASS-2008には出身階層に関する変数がそれほど豊富ではなく、入手可能だったのは父母の学歴のみである。本研究では、ケース数が潤沢だった父学歴を出身階層の代理指標として分析を行う。また、英語力については、「読解力」「会話力」「ライティング能力」の3設問（各5段階尺度）を因子分析にかけ、その因子スコアを用いる（以下、このスコアを括弧つきの「英語力」と表現する）[*12]。

　以下、父教育年数が英語力をどれだけ左右するか、回帰分析によって検討する。なお、サンプルをおよそ10歳ごとに分割し、その格差の度合いの世代間推移もあわせて検討する。

[*11]　EASSは、中国・日本・韓国・台湾の4地域で定期的に実施されている調査である。各地域ですでに行われている社会調査にEASS共通の設問を付加することで国際比較可能なデータセットを構築している（その点で、完全にゼロから立ち上げた調査プロジェクトというわけではない）。日本調査はJGSSが担当している。本節の分析で用いるのは、英語力に関する設問が含まれている2008年版調査である。各地域の成人男女からランダムに標本が抽出された大規模社会調査であり（標本サイズは、2500～6300）、回収率はどの地域も5割前後である。詳細は、EASSのウェブサイト（http://eassda.org/）を参照されたい。

[*12]　回答者は、「英字新聞の短い記事を読む」「英語でおしゃべり」「英語で手紙

補節　東アジア4地域の場合　51

分析結果

　分析結果を章末の表2.6に整理した。モデル1は本人の教育年数を統制していないモデル、モデル2は統制したモデルである。また、表に示した係数は非標準化回帰係数であり、父親の教育年数が1単位増加した時、「英語力」がどれだけ上昇するかを意味している。

　父教育年数の総合的な効果を確認してみよう（表2.6のモデル1）。どの地域・どの世代においても父教育年数は「英語力」をある程度（0.03〜0.14）左右しており、またいずれの効果も有意である。日本と同じく、中国・韓国・台湾にも出身階層に起因する英語力の獲得機会の格差が厳然と存在することがわかる。

　世代間推移も確認していこう。直感的に理解できるように父教育年数の影響力（モデル1の効果）を図示したのが図2.6である。図から明らかなとおり、格差減少の傾向はどの地域にも確認できず、むしろ日本・中国の若い世代では格差が上昇している可能性すら示唆されている。

　以上の英語力獲得機会の格差の大部分は、進学機会の格差を反映したものであると考えられる。なぜなら、本人の教育年数を統制すると格差の度合いが大きく減少するからである（表2.6のモデル2参照）。つまり、父親の学歴によって進学機会が左右され、その結果、英語力の差が生まれた面が大きいと考えられる。日本だけでなく中国・韓国・台湾においても、英語は「国際ビジネス・国際交流の言語」であると同時に、進学のための選抜手段でもある。その点で、英語習得機会の格差は、各地域に固有の進学機会格差を大いに反映したものであると言える。

　このように、英語教育機会の格差は、日本だけでなく中国・韓国・台湾にも明確に見られる現象であることがわかった。そればかりか、英語が母語と

を書く」という3種の英語使用について、それぞれどれだけできるか自己評価し、5段階の選択肢（「非常によくできる」「よくできる」「少しはできる」「あまりできない」「ほとんど／まったくできない」）のいずれかを選んだ。各選択肢にそれぞれ「5」「4」「3」「2」「1」という数値を与えた上で、因子数を1、推定方法を最尤法に設定した因子分析を行った（なお3変数の相関はどれも十分高く、ピアソンの積率相関係数はどのペアにおいても0.80を超えていた）。分析の結果、因子の累積寄与率は85％で、3つの英語力変数の因子負荷量はいずれも0.90を超えていた。この因子の因子スコアを、本分析の「英語力」と見なした。この「英語力」変数の平均値は0.00、標準偏差は0.97.

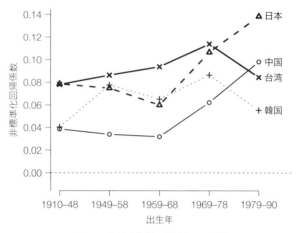

図2.6　父教育年数の英語力への影響

して用いられていない地域ではどこでも普遍的に存在すると考えられる（たとえば、英語が準公用語のインドにも家庭環境や出身地、そしてカーストに起因するきわめて大きな英語力格差が存在している（Azam et al. 2013））。なぜなら、このような地域での英語習得は教育機関の役割が大きいからである。教育機会が家庭環境・生育環境に左右されることはほぼ普遍的な現象である以上、英語教育機会の格差が生じることもほぼ必然的である。

		1910–48 モデル1	1910–48 モデル2	1949–58 モデル1	1949–58 モデル2	1959–68 モデル1	1959–68 モデル2	1969–78 モデル1	1969–78 モデル2	1979–90 モデル1	1979–90 モデル2
中国	(定数)	−0.51*** (0.03)	−0.71*** (0.05)	−0.58*** (0.03)	−0.75*** (0.04)	−0.51*** (0.03)	−0.94*** (0.05)	−0.54*** (0.05)	−1.14*** (0.07)	−0.33** (0.12)	−1.60*** (0.15)
	父教育年数	0.04*** (0.01)	0.01 (0.01)	0.03*** (0.01)	0.02* (0.01)	0.03*** (0.01)	0.01 (0.01)	0.06*** (0.01)	0.02*** (0.01)	0.10*** (0.01)	0.01 (0.01)
	本人教育年数		0.04*** (0.01)		0.03*** (0.01)		0.06*** (0.01)		0.09*** (0.01)		0.16*** (0.01)
	調整済み R²	0.03	0.10	0.05	0.11	0.04	0.16	0.08	0.23	0.08	0.27
	観測数	443	439	554	554	692	690	739	739	582	582
日本	(定数)	−1.04*** (0.08)	−1.89*** (0.12)	−0.79*** (0.16)	−2.77*** (0.30)	−0.71** (0.21)	−2.41*** (0.37)	−1.16*** (0.30)	−3.51*** (0.39)	−1.59*** (0.38)	−3.31*** (0.49)
	父教育年数	0.08*** (0.01)	0.04*** (0.01)	0.07*** (0.02)	0.04** (0.01)	0.06** (0.02)	0.01 (0.02)	0.11*** (0.02)	0.01 (0.02)	0.14*** (0.03)	0.07* (0.03)
	本人教育年数		0.10*** (0.01)		0.18*** (0.02)		0.16*** (0.03)		0.25*** (0.03)		0.19*** (0.04)
	調整済み R²	0.12	0.24	0.07	0.21	0.04	0.13	0.06	0.24	0.10	0.20
	観測数	600	600	309	306	259	258	300	298	208	204
韓国	(定数)	−0.50*** (0.05)	−0.90*** (0.06)	−0.52*** (0.09)	−1.27*** (0.16)	−0.11 (0.11)	−2.10*** (0.24)	−0.45*** (0.12)	−2.46*** (0.28)	0.11 (0.18)	−0.61 (0.42)
	父教育年数	0.04*** (0.01)	0.01 (0.01)	0.08*** (0.01)	0.05*** (0.01)	0.07*** (0.01)	0.01 (0.01)	0.09*** (0.01)	0.05*** (0.01)	0.06*** (0.01)	0.05*** (0.01)
	本人教育年数		0.06*** (0.01)		0.08*** (0.02)		0.17*** (0.02)		0.17*** (0.02)		0.06* (0.03)
	調整済み R²	0.07	0.28	0.20	0.30	0.09	0.27	0.14	0.28	0.05	0.06
	観測数	262	258	182	182	309	308	334	334	285	284
台湾	(定数)	−0.59*** (0.05)	−0.96*** (0.05)	−0.44*** (0.07)	−1.20*** (0.11)	−0.29** (0.09)	−2.14*** (0.16)	−0.38** (0.12)	−2.57*** (0.21)	−0.01 (0.15)	−2.36*** (0.31)
	父教育年数	0.08*** (0.01)	0.03** (0.01)	0.09*** (0.01)	0.04** (0.01)	0.09*** (0.01)	0.02* (0.01)	0.11*** (0.01)	0.05*** (0.01)	0.08*** (0.01)	0.05*** (0.01)
	本人教育年数		0.08*** (0.01)		0.10*** (0.01)		0.19*** (0.01)		0.20*** (0.02)		0.19*** (0.02)
	調整済み R²	0.17	0.37	0.17	0.32	0.14	0.41	0.16	0.39	0.07	0.20
	観測数	374	374	364	364	394	394	376	376	479	479

上段：非標準化回帰係数．下段（括弧内）：標準誤差．モデル1：本人教育年数統制なしのモデル．モデル2：本人教育年数統制ありのモデル．
***$p<0.001$, **$p<0.01$, *$p<0.05$

表 2.6　父教育年数の英語力への影響（回帰分析）

第3章

英語力の国際比較
──「日本人」は世界一の英語下手か？

「アジアで英語をしゃべれないのは日本人だけ」

　政治家にとって──とりわけ地方議員・地方公共団体の首長にとって──英語教育政策は「金のなる木」らしい。英語教育の改革を公約で訴えることで、有権者に大きくアピールできるからである（金谷 2008: pp. 115–16）。そのような事情もあってか、政治家はしばしば「日本人と英語」に関する様々な言説を再生産する。

　橋下徹・大阪市長（2014 年 11 月現在）も、2012 年 12 月、福岡市内の街頭演説で次のように発言した。

> アジアで英語をしゃべれないのは日本人だけ。僕も国際会議に呼ばれる。中国人も韓国人もベトナム人もタイ人も英語べらべら。僕だけ通訳がついている。みんなゲラゲラ笑いながら英語で会話している。僕は通訳入っているから 1 分後にゲラゲラ笑う。何でこんな人間になってしまったのか。日本の英語教師が英語をしゃべれないからだ。総入れ替えしたらいいが、教員組合は認めない。放置していたのは自民党政権じゃないか。（自民党政権に）もう一度戻すのか。僕は嫌だから、日本維新の会を立ち上げた。[*1]

　橋下の当時のポジションは、日本維新の会代表代行だった。そうした背景もあり、「話せない英語教育を再生産し続ける自民党 vs. 英語教育改革を推し進める我ら日本維新の会」という構図を前面に押し出した発言である。

　本章が注目するのは、橋下の発言にもある「日本人は英語力が低い」という言説である。もちろん、これはよく知られた「通説」である。上記の橋下

[*1] 「僕の英会話『放置したのは自民政権』　維新・橋下氏」朝日新聞デジタル
http://www.asahi.com/senkyo/sousenkyo46/news/OSK201212120173.html

[54]

の認識に対し、違和感を抱かなかった人も多いと思われる。

しかしながら、厳密に解釈するならなかなか疑わしい発言に思えてこないだろうか。橋下は、「アジアで英語をしゃべれないのは日本人だけ」、つまり、日本人の英語力はアジアで——そしておそらく世界的に見ても——最も低いと言っているからである。「最も低い国のひとつ」ではなく、「最も低い」と言っている点が重要である。

実際、論理的に考えて、「日本人の英語力は国際的に最も低い」という発言には根拠が薄い。その理由は第1に、「アジア（あるいは世界）の平均的英語力」と「日本人の平均的英語力」を、おおざっぱにせよ比較できる人はかなり限られるという点である。アジア・世界の様々な国を偏りなく訪問し、その国の色々な階層の人々と偏りなく英語で話した経験がある人は、おそらくほとんど存在しないだろう。したがって、もし専門家でない人のなかに「日本人の英語力は世界的に見て最低レベル」だと信じている人がいるとすれば、何らかの偏った経験を一般化しているか、すでに流通している「日本人の英語力」言説を再生産しているかのどちらかである可能性が高い。

第2に、そもそも日本以外にも英語が話せない人々は多数いる。非英語圏地域の人で、ごく短い期間しか学校教育を受けていない人ならば、英語が話せないのは当然である。したがって、教育水準が高くない国は多数の「英語ができない層」を抱え込んでいるはずである。しかしながら、このような事情は、橋下発言にあった「X国民は国際会議で英語が話せる／日本人は話せない」のような「素朴統計学」には絶対に反映されない。なぜなら、国際会議に出るような人々は、どの国の出身であれ、高い教育を受けているはずだからである。

もちろん、「素朴統計学」は推論の仕方が素朴なだけであって、それだけで「日本人は英語下手」言説が間違っているとは言えない。素朴な直感が実態を正確にとらえていたことが結果的にわかる可能性もある。では、この言説はデータからも支持されるのかどうか。本章はこの問いに挑むことにしたい。

3.1 「日本人は英語下手」言説

「日本人は英語下手」言説を簡単に整理しておこう。この言説は、「日本人」

は外国人よりも英語ができない——極端な場合には、世界で最も英語ができない——とする言説である。そして、自他ともに「英語下手」と認識されているところが、この言説の特徴である。つまり、「我々日本人は英語が苦手だ」とする自意識だけでなく、外国人によってもそう認識されているのである。実際、こうした「悪評」は海外の研究者の耳にも入っている（Seargeant 2009: Chapter 8）。

「わが国の人々は外国語が得意だ」

この「自意識」に関する実証的な研究もある。それは、応用言語学における学習者ビリーフ（言語学習者の素朴な信念・価値観）の研究者によって行われている。学習者ビリーフ研究では BALLI（Beliefs About Language Learning Inventory）という質問紙が頻繁に用いられてきた。この質問紙には「"わが国の人々は外国語が得意だ"という意見に同意するか？」という設問が含まれている（つまり、もし回答者が「日本人」なら、「"日本人は外国語が得意だ"という意見に同意するか？」となる）。選択肢は一般的に「強く同意—同意—どちらとも言えない—不同意—強く不同意」のようなリッカート尺度であり、回答者はこのうちのひとつを選ぶ。

では、日本及び他国の人々の自意識はどのようなものだろうか。表3.1 は、東アジアの大学生を対象にしたいくつかの先行研究に基づき、上記設問への同意度を整理したものである。この整理からわかるとおり、日本の大学生が「わが国の人々は外国語が得意だ」という意見に同意する度合いは、他国の学生よりもかなり低い。もちろん上述の調査はいずれもランダム抽出をして

	回答者	同意度[1]	ケース数
Yang (1999)	台湾の大学生	4.9	505
Peacock (2001)	香港の教育実習生（大学生）	4.7～5.0	146
Kim (2001)	韓国の大学生（ESL 経験者）	6.2	24
	韓国の大学生（EFL 経験者）	4.9	60
Sakui & Gaies (1999)	日本の大学生	2.8	1296
糸井 (2003)	日本の大学生	2.8	146
中山 (2010)	日本の大学生	3.6	110

[1]:「強く不同意」に 0 点、「強く同意」に 10 点をつけ、その間の選択肢は等間隔スケールとして、平均値を算出する。

表 3.1 「わが国の人々は外国語が得意だ」に対する同意度

おらず、上記の結果から各国の国民レベルに一般化することは慎むべきである。しかしながら、東アジア各国の大学生の間には、社会階層の面できわめて大きな差異があるわけではないと考えられる。したがって、日本の大学生に「我々は英語下手だ」という信念・信仰が浸透していることの一傍証にはなるだろう。

TOEFL・TOEIC の国別スコア

「日本人は英語下手」言説は素朴な信念として述べられるだけではなく、何らかのデータに基づいて主張されることもある。その代表格が、TOEFL・TOEIC の国別スコアである。

たとえば、株式会社「楽天」の社長・三木谷浩史の発言を見てみよう。楽天は、2012 年に社内公用語を英語に転換したことで大きな話題になった。この決定を下した三木谷は、TOEIC スコアを引きながら、日本人の英語力の低さを指摘している。

> 2005 年のデータですが、中国の TOEIC スコアの平均は 573 点。それに対して日本の平均は 457 点です ... これは大きな問題です。ですから、楽天が英語化を率先して進めることによって世の中を変えていかなければなりません。(三木谷 2012: p. 97)

TOEIC の受験者は東アジアに偏っているためか、世界的な比較には TOEFL のほうが頻繁に引用される。たとえば、『国民生活白書』(経済企画庁 1996, 1999) や、『通商白書』(経済産業省 2002, 2010, 2013) では、TOEFL スコアを引きながら、「日本人」の英語力が世界的に見ても低いこと、それは日本の経済発展において大きなマイナスであることが論じられている。同様の主張は、内閣総理大臣の私的諮問機関「21 世紀日本の構想」懇談会でも述べられていた (「21 世紀日本の構想」懇談会 2000: Chapter 1, p. 4)。

こうしたレトリックを重宝しているのは政策サイドの人間だけではなく、研究者でも同様である。有名な研究者に限定したとしても、たとえば、大谷 (2004)、小池 (2010: pp. 20–29)、McVeigh (2002)、Yoshida (2003) などは、「日本人は英語下手」論を補強するために、TOEFL スコアを持ちだしている。

たしかに、TOEFL スコアに関する限り、日本は世界的にもアジア内でも、最低レベルである。図 3.1 は、最近の *TOEFL Test and Score Data Summary* (各

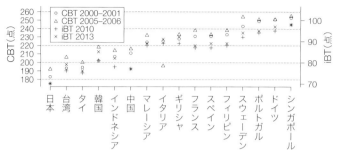

図 3.1　国別 TOEFL スコア

年版）に記載された国別平均スコアを図示したものである。この図を見れば、しばしば「英語が通じにくい」と評される東アジアや南欧の国々よりも、日本はさらに低い位置にいることがわかる。

　しかしながら、以上の議論は、TOEFL・TOEIC の本来の目的を誤解している。なぜなら、TOEFL・TOEIC は個々の受験者の英語力を測定するためのものであって、特定のグループの英語力を調査するテストではないからである。よく知られているように、TOEFL は英語圏（主に北米）の大学教育に対応可能な英語力を、TOEIC はビジネスコミュニケーションに必要な英語力を測定するテストである。その点で、TOEFL・TOEIC のスコアを、OECD「PISA」や文部科学省「全国学力・学習状況調査」（通称、全国学力テスト）のような調査型テストの点数と同一視することはできない。

　とりわけ、TOEFL は非英語圏全体に満遍なく受験者が存在することから国際比較に頻繁に持ちだされるが、上記のような事情を考慮するならば、「国民の英語力」の指標として利用するのはかなり危うい代物である。TOEFL の数値には留学をしない（あるいはその予定のない）人々がごっそり抜け落ちているからである。TOEFL の受験者層がどの国でもほとんど変わらないと考えるのはかなり無理がある。したがって、TOEFL スコアと「国民の平均的英語力」は、実際には大きく乖離していてもおかしくない。TOEFL スコアを利用した国際比較はあまり筋の良い方法ではないのである。

　もちろん、この点は統計学や社会調査法の基礎中の基礎である。したがって、多くの「心ある」研究者は、TOEFL スコアによる国際比較の不適切さをすでに指摘している（例、山田 2003：p. 108）。では、「日本人が英語下手」言説の真偽は、結局、まったくの藪の中なのか。必ずしもそのようなことは

ない。各国の人々からランダムに回答者を選び出した調査のなかに英語力を問うたものが存在するからである。以下、このタイプの調査を 2 次分析することで「日本人が英語下手」言説を検証したい。

3.2 データ

用いるデータは、2000 年に行われた「アジア・ヨーロッパ調査」（以下、ASES-2000）である。データの概要は序章を参照されたい。

調査対象国として、アジアから 9 ヶ国（中国、インドネシア、日本、韓国、マレーシア、フィリピン、シンガポール、タイ、台湾）、ヨーロッパから 9 ヶ国（ドイツ、スペイン、フランス、ギリシャ、アイルランド、イタリア、ポルトガル、スウェーデン、イギリス）の計 18 ヶ国が選ばれている。本書では、アイルランドとイギリスを除外した 16 ヶ国を分析する。

ASES-2000 が TOEFL・TOEIC の国別スコアに比べて明らかに優れている点が、ランダム抽出調査である点である。国によって例外はあるものの[2]、調査回答者は各国の国民からそれぞれ約 1000 名ずつランダムに抽出されているため[3]、「国によって対象者が異なる」というバイアスは比較的低減されている。

英語力設問

では、英語力に関する設問を確認しよう。ASES-2000 の設問は、英語版の調査票を下敷きにして、各言語に翻訳されている。日本語版の英語力設問は以下である[4]。

---

[2]　フランスは「割り当て抽出」というランダム抽出に準じる抽出がなされている。

[3]　ただし、中国・マレーシア・インドネシアの 3 国は国全体からの抽出ではない。中国は大都市のみ、マレーシアはマレー半島のみ、インドネシアはジャワ島のみで、この 3 国のサンプルは、都市部住民が比較的多い点に注意が必要である。

[4]　英語版における英語力設問は以下のとおりである。

Q. How well can you speak English? (Circle one answer)──1. None/not at all; 2. Enough to understand signboards, etc. but cannot speak; 3. Enough to speak basic expressions required in daily life; 4. Enough to understand generally what is written; 5. Enough to read books with ease; 6. Native fluency

あなたは、どのくらい英語が理解できますか。（1つだけに◯印）
　1．まったく理解できない
　2．案内表示や商品ラベルがわかる程度。但し、話せない
　3．日常生活に必要なきまりきった表現だけ話せる程度
　4．書かれたものの内容の見当がつく程度
　5．書物が不自由なく読める程度
　6．母国語と同じように、完璧に理解できる

　多くの人が、この選択肢には問題が多いと感じると思う。というのも、明らかに順序関係に迷う選択肢が含まれているからである。それが、上記の3番と4番である。3番は比較的低いレベルの会話能力に関する選択肢であり、4番は比較的低いレベルの読解能力である。したがって、3番・4番いずれにもあてはまる回答者が、どちらに◯をつけたらよいか悩んだことは想像に難くない。たしかに、そのような人でも、選択肢の並び方を考慮して4番に◯をつけていそうだとも言えるが、4番には「読めるが話せない」回答者も含まれている。したがって、3番と4番に順序関係を想定することは不可能である。

　このような問題点があるため、上記の選択肢をそのまま使うことはできない。そこで、表3.2のように再コード化する。

　再コードに際し、4段階の「再コード1」と、2段階（2値変数）の「再コード2」の2種類を用意した。再コード1は、オリジナルの選択肢のなかで区別が困難だった3番目と4番目を統合し、また、ケース数がごくわずかだっ

オリジナル	再コード1	再コード2
1．まったく理解できない	Ia 英語力なし	I 英語力なし
2．案内表示等だけがわかる	Ib 英語力なし（ごく基本的なリテラシーあり）	
3．日常に必要なきまった表現のみ	IIa 英語力あり（基礎的な英語力）	II 英語力あり
4．書かれたものの内容の見当		
5．書物が不自由なく読める	IIb 英語力あり（高度な英語力）	
6．母国語と同じように理解できる		

表3.2　再コード方法

た6番目の選択肢を5番目と統合したものである。再コード2は、再コード1のうち、少なくとも基礎的な英語力は持っていると見なせる3番目の選択肢を基準にして、英語力あり／なしという2値変数に変換したものである(3〜6を選んだ人が「英語力あり」、1と2を選んだ人が「英語力なし」)。以下、この英語力定義に基づいて分析を行っていく。

3.3 各国の英語力保持者

では、各国の英語力保持者の割合を確認しよう。図3.2は、国別にパーセンテージを算出し、「IIb 高度な英語力」の割合が多い順に右から左に並べ替えたものである。したがって、全体的に見れば、左側に英語力が低い国、右側に英語力が高い国が並んでいると考えてよい。

図の左端に注目してみよう。東アジアの国々（韓国・日本・中国・台湾）が固まっていることがわかるはずである。つまり、東アジアの人々はどの国であれ概して英語力が低いのである。本章冒頭で「アジアで英語が話せないのは日本だけ」という橋下徹の発言を紹介したが、このデータを見る限り、「日本人」だけが際だって英語ができないわけではなさそうである。

一方、英語話者が特に多いのは、イギリスの植民地だったシンガポールと北欧のスウェーデンである。これらの国では回答者のおよそ半数が高度な英

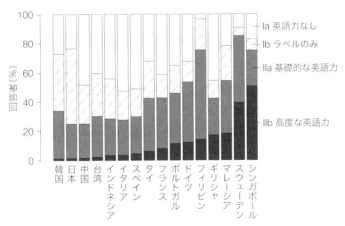

図 3.2 英語力保持者の割合

語力を持っていると答えている。

　ところで日本には他国には見られないユニークな特徴がある。それは、英語の案内表示や商品ラベルがわかる程度の人（英語力 Ib）の割合が他国と比較してもかなり多いことである。このレベルは、前述のとおり、話せはしないが案内表示や商品のラベルならば理解できる、いわば「ごく基礎的な英語リテラシー」である。日本には英語運用能力がある人が少ないのと対照的に、ごく基礎的なリテラシーを持った人ならば多数いることになる。

　逆に言うと、国際的に見ても日本には英語がまったく理解できない人が特に少ないということである。「Ia 英語力なし」、つまり英語がまったく理解できないという日本人回答者の割合は 23.6% であり、英語が公用語のシンガポール（17.1%）と同水準である。たしかに、日本国内にはごく基礎的な英語リテラシーならば習得・維持する条件が揃っている。たとえば、調査時点において義務教育課程に英語教育が導入されて 50 年以上がたっており、「日本人」のほとんどが程度の差こそあれ、英語学習を経験済みである。また、英語を目にする機会も多数ある。「日本人」向けのサービス・商品ですら、英語の看板・ラベルが添えられているからである（cf. Seargeant 2009: Chapter 8; Takashi 1990; 庄司ほか 2009）。

3.4　年齢構成による差

　ただし、上記の結果は、少々ミスリーディングである。なぜなら、図 3.2 には各国の社会構造の相違が反映されていないからである。もちろん、図 3.2 が各国の平均的な英語力を示していることは間違いない。しかし、単なる平均値だけでは、英語力が高い国と低い国が生じた原因が各国固有の要因によるものなのか、それとも、各国の社会構造上の差異によるものなのか判断できない。

　社会構造を構成する要因のなかでも特に重要なものが各国の年齢構成である。若ければ若いほど英語話者の割合が増えるのはほぼ普遍的に見られる傾向である。したがって、全人口に占める若年者の割合が多い国ほど「国民」の英語力平均値は高くなるはずである。実際、ASES-2000 の回答者の平均年齢は国によってかなり幅があり、最も若いのがフィリピンの平均 36.7 歳、最も高齢なのが日本の平均 49.0 歳である（全回答者の平均年齢は、41.7 歳）。

	年齢[1]	定数
シンガポール	−0.095 (0.007)	1.390 (0.092)
ポルトガル	−0.080 (0.006)	−0.186 (0.075)
台湾	−0.078 (0.007)	−1.077 (0.086)
スウェーデン	−0.078 (0.007)	2.707 (0.160)
ギリシャ	−0.077 (0.005)	−0.130 (0.074)
中国	−0.065 (0.006)	−1.299 (0.088)
韓国	−0.064 (0.006)	−0.805 (0.076)
スペイン	−0.059 (0.005)	−0.793 (0.076)
タイ	−0.054 (0.005)	−0.410 (0.070)
イタリア	−0.054 (0.006)	−0.949 (0.075)
ドイツ	−0.051 (0.005)	0.353 (0.070)
マレーシア	−0.048 (0.005)	0.104 (0.068)
フランス	−0.041 (0.004)	−0.137 (0.068)
日本	−0.039 (0.005)	−0.842 (0.074)
インドネシア	−0.029 (0.006)	−1.030 (0.076)
フィリピン	−0.024 (0.005)	1.067 (0.074)

数値：ロジスティック回帰係数（カッコ内：標準誤差）．
[1] 40 歳が 0.0 になるように中心化

表 3.3　年齢と「英語力あり」の人の割合

各国の年齢構成にこれだけ差がある以上、その点を考慮した分析が必要である。以下、回帰分析を用いて、年齢構成が一定と仮定した場合の各地域の英語力を推定したい。

　分析結果は表 3.3 である。年齢のロジスティック回帰係数が年齢の効果を、定数の係数が年齢を一定にした場合の各国の「英語力あり」の度合いを示している。なお、年齢は 40 歳を基準に中心化している（つまり、40 歳であれば 0.0 になり、60 歳ならば +20.0 に、30 歳ならば −10.0 になる指標である）。

　この結果をもとに、各国の平均年齢が 40 歳だったと仮定したときの「英語力あり」の割合を推定したものが、図 3.3 である。年齢を一定とした結果、日本のように高齢層の回答者が多い国の順位が相対的に上昇し、インドネシアのように若年層の回答者が多い国の順位は下落している。この結果を見ても、日本はたしかに英語が苦手な人々の多い国だとは言えるものの、「英語力が最も低い」とは言い難いことがわかる。

　ところで、表 3.3 を見てあらためて気付くのは、年齢の効果が国によって幅があることである。年齢による変動が最大のシンガポールを例にとろう。係数は −0.095 であり、年齢が 1 歳上がると英語力を獲得する対数オッズが

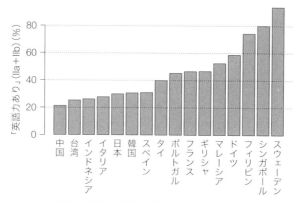

図 3.3 平均年齢を 40 歳とした場合の英語力

0.095 だけ低くなることを意味している。逆に言えば、1 歳若くなれば、英語話者の割合がその分だけ増えるということである。

この結果が示しているのは、シンガポールが若年者と高齢者の間で英語力の格差が大きい国のひとつであるという点である。前節で見たとおり、シンガポールには、英語が公用語であるにもかかわらず、英語をまったく理解しない回答者が 17.1% もいた。この結果を奇妙に感じたかもしれないが、シンガポールでは世代によって英語話者の割合が大きく異なると考えれば不思議ではない。実際、シンガポールでは、家庭や学校教育で用いられていた人々の母語(中国語・マレー語・タミル語)が、独立(1965 年)から現代にかけて、着実に英語に置き換わり続けているという(Ng 2012; Vaish et al. 2010)。

対照的に、日本は年齢による変動が最も小さい国の一つである。たしかに、係数はマイナスであり、若いほど英語力が高くなるという傾向は存在するが、その度合いは、フィリピン、インドネシアに次いで、3 番目に低い。その意味で、「日本人」は、老いも若きもみな「平等」に英語が苦手であると言えそうである(一方、フィリピンは、年齢に関係なく、みな「平等」に英語ができる国と形容できる)。

この点を直感的に理解するために、年齢ごとの「英語力あり」(IIa+IIb) のパーセンテージをグラフ化してみよう。図 3.4 は東アジア 4 ヶ国にシンガポールを加えた 5 ヶ国の状況である。なお、前後 2 歳で平滑化したパーセンテージを用いている。

3.4 年齢構成による差

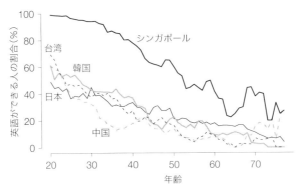

図 3.4　年齢別・英語ができる人 (IIa+IIb) (前後 2 歳で平滑化)

　図を見ると、シンガポールの世代間格差があらためてよくわかる。ほぼ 100% に近かった「英語力あり」の割合は、40 代以降の世代 (1960 年より前に生まれた世代) から急激に低下するからである。同様に、シンガポールほどのスケールではないが、中国・韓国・台湾も右下がりの傾きは比較的大きい。

　一方、日本は英語力の世代間格差が相対的に小さい国であることがよくわかる。というのも、60 代以上でも 20% 前後を維持しており、中国・韓国・台湾のような大きな落ち込みは見られないからである。同様に、中韓台に見られる若年層の急上昇も日本には確認できない。

　この「若年層は他国ほど英語力が伸びていない」という点が、「日本人は英語下手」言説の流通において非常に重要である。なぜなら、この言説は日本社会の状況を単に中立的に記述した言説ではなく、むしろ明らかな未来志向・改革志向の言説であり、その点で、未来を担う世代 (つまり若年層) に多大な関心を寄せているからである。たとえば、本章冒頭で紹介した橋下徹の発言の意図は、「英語ができない日本人」の現状を憂い、危機感を煽り、そして、英語教育改革を訴える主張である。また、政府の白書が日本の TOEFL スコアの低さを指摘したのも日本の存在感の低下に警鐘を鳴らすためのものだった。

　このように、「日本人は英語下手」言説は若年層の英語力に大きなウェイトを置いている。そして、だからこそ、若年層の英語力に対する危機感——もちろんそれは統計データを精査したうえでの危機感ではないが——を背景

に、「日本人は英語下手」言説が増幅されている面があるのである。

3.5 教育レベル・職業階層・裕福さ

各国の英語力の差を生み出す要因は、年齢構成だけではない。日本の場合、たとえば、教育レベル、職業、裕福さ、都市度などが英語力に影響を与えていたことはすでに第2章で確認したが、同様のメカニズムは他国にも当てはまる。上記の社会的要因によって、「英語力あり」の人の割合がどのように変化するかひとつひとつ見ていくことも可能だが、紙幅の制約上、本書では、図3.5のようなモデルを設定し、各要因の効果をまとめて検討する*5。

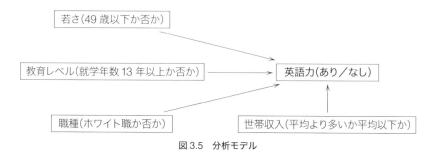

図3.5　分析モデル

　図3.5のモデルを簡単に説明しておこう。若さ（49歳以下か否か）、教育レベル（就学年数が13年以下か否か）、職種（ホワイト職か否か）、世帯収入（平均より多いか平均以下か）が英語力の有無を左右するというモデル（ロジスティック回帰モデル）である*6。なお、原因変数をすべて2値に変換しているのは、変数の種類を統一することで解釈を容易にするためである。

　分析結果の詳細は、情報量が膨大なので章末に載せた（表3.5、75頁）。ここでは、各変数の効果の度合い（ロジスティック回帰係数）を棒グラフで

---

*5　Terasawa (2012) では、個々の社会的要因ごとに、英語力保持者の割合の変化を検討している。

*6　居住地の都市度も検討に値する変数だが、ASES-2000には、国際比較可能な居住地設問が含まれていないため、本書では割愛する。なお、Terasawa (2012) では、次善の策として、各国の都市規模ランキングを用いた分析を行っている。その結果、居住地の都市規模が大きいほど英語ができる人の割合が増えることがわかった。

3.5 教育レベル・職業階層・裕福さ

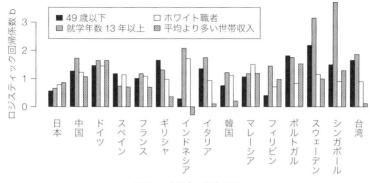

図 3.6　英語力の規定要因

図示する（図 3.6）。この棒が長いほど、その変数が英語力に与える影響が大きいことを意味している。この点を、図中で最も目立つシンガポールを例に説明しよう。「就学年数 13 年以上」の効果は 3.71 であり、他の変数を一定にすると 13 年以上就学していた人はそうでない人よりも exp (3.71) = 40.85 倍、英語を獲得するオッズが高まることを意味している。また、シンガポールでは教育レベル以外の変数にも比較的強い効果が見いだせる。「49 歳以下」「ホワイト職」「世帯収入」の棒は、他国と比較しても長い。このように、シンガポールは社会階層によって英語力の有無が大きく左右される国であると言える。

シンガポールと対照的なのが日本である。たしかに、いずれの変数にも有意な効果は見られるものの、効果は比較的小さい。じじつ、4 変数の係数の総和は 16 ヶ国中最も小さい。つまり、日本は国際的に見て社会階層に起因する英語力の差が特に小さい国なのである。前節で、日本は老いも若きも英語力が低く、ある意味で「平等」な国だと述べたが、これは社会階層についても当てはまると言える。言い換えれば、日本では、「エリートは英語ができる／非エリートは英語ができない」という分断線がそれほど明瞭ではないことを意味している。

3.6 「恵まれた」人々の英語力

　日本は社会階層による英語力の差が比較的小さいという点を別の角度から確認してみよう。社会要因ごとに、「英語力あり」の人の割合と 16 ヶ国中の順位を整理したものが、表 3.4 である。

　表中の○が付されているのが、「英語力あり」の確率が最も高いグループ、言わば最も「恵まれている」グループである。一方、●は最も「恵まれていない」グループである。

　まず、○の最も「恵まれている」グループに注目しよう。「18 歳〜35 歳」「就学 13 年以上」「ホワイト職」「平均より多い世帯収入」という各グルー

		日本	最高・最低・平均
世代	○18 歳〜35 歳	40.8%（15 位）	最高: 96.3%（スウェーデン） 最低: 33.6%（インドネシア） 平均: 60.9%
	●65 歳以上	13.9%（9 位）	最高: 66.0%（フィリピン） 最低: 5.1%（台湾） 平均: 22.3%
学歴	○就学 13 年以上	39.7%（16 位）	最高: 99.2%（スウェーデン） 最低: 39.7%（日本） 平均: 73.3%
	●就学 13 年未満	16.5%（14 位）	最高: 77.7%（スウェーデン） 最低: 7.8%（イタリア） 平均: 33.5%
職種	○ホワイト職	33.2%（15 位）	最高: 91.4%（スウェーデン） 最低: 29.2%（中国） 平均: 56.0%
	●ブルー職[1]	14.4%（11 位）	最高: 76.5%（スウェーデン） 最低: 6.3%（中国） 平均: 28.0%
世帯収入	○平均より多い	43.3%（14 位）	最高: 93.4%（スウェーデン） 最低: 40.6%（インドネシア） 平均: 63.8%
	●平均より少ない	22.0%（8 位）	最高: 86.2%（スウェーデン） 最低: 9.9%（インドネシア） 平均: 28.5%

[1]: タイを除く 15 ヶ国

表 3.4　社会要因別に見た日本の英語力と順位

プで「英語力あり」の割合を算出すると、日本は 16 ヶ国中かなり低いところに位置しており、順位を見てもほぼ最下位クラスである（それぞれ、15 位、16 位、15 位、14 位）。対照的に、日本の低迷振りは、●の最も「恵まれていない」グループを見ると、だいぶ目立たなくなる。「65 歳以上」「就学 13 年未満」「ブルー職」「平均より少ない世帯収入」の各グループで見ると、日本の順位はそれぞれ 9 位、14 位、11 位、8 位であり、中位グループに位置している。

　この結果が意味しているのは、日本は、「恵まれている」グループの英語力はたしかに最低レベルだが、「恵まれていない」グループの英語力はそれほど低くないため、両者が相殺されていることである。その結果、3.3 節で述べたとおり、全体的に見れば必ずしも最下位にはならないのである。

　一方、教育レベル・経済レベルの高いヨーロッパ諸国を含め、諸外国では英語力に社会階層の差がかなり鮮明に現れる。その結果、国民全体で見た場合、日本とたいした差はない国でも、若年層や高学歴者、高階層者で比較すると、日本よりも英語ができる人が多い場合がある。

「日本人は英語下手」イメージの形成される文脈

　上記の特徴は、「日本人は英語下手」言説の流通に都合がよい。日本人と外国人の接触はまったくランダムに起きるわけではない。どこの国でも国際コミュニケーションに参加する確率が高い人々とそうでない人々が存在する。前者の筆頭が、政治家や官僚、海外に顧客や支社を持つ大企業の社員などいわゆる「エリート層」である。このタイプの人々は、当然ながら、学歴が高く、ホワイトカラー職者であり、そして、富裕層である可能性が非常に高い。「エリート層」だけに限定しなくとも、国際コミュニケーションの大半は、高学歴者・ホワイト職者・相対的富裕層の間で行われると言えるだろう。

　つまり、人々が「国民の英語力」を素朴に比較するとき、実際には、「国民の平均的イメージ」を比較しているのではなく、「その国の高階層者の平均的イメージ」に基づいて比較していると考えられる。なるほど、マスメディアで流暢に英語を話すアジア人は政治家や企業経営者など、高階層者が多い。あるいは、英語を自在に操る在日外国人ビジネスパーソンも高学歴・ホワイト職者であり、おそらく経済レベルも高いだろう。それにひきかえ日本の高階層者はまったく英語を話せないのではないか——こういった素朴な比較が

「日本人は英語下手」言説の根底にあると考えられる。そして、こうした素朴な比較は、高階層者比較という当初の文脈を超えて、国民国家のメンバー全体へ素朴に一般化される。このようなメカニズムが「日本人の英語下手」言説の浸透を促したと考えられる。

　もちろん、これを「日本人は英語下手」言説の起源であるとまで主張することはできない（起源の検討のためには、この言説が流通し始める時点にまでさかのぼった歴史的な分析が必要だろう）。しかしながら、既存のイメージを少なくとも維持・増幅させる効果はあると考えられる。

3.7　TOEFL スコアは実態をとらえているか

　ところで、「日本人は英語下手」言説でしばしば持ち出される TOEFL スコアは実際どれだけ信頼性のある指標なのだろうか。簡単に検討しておこう。

　分析方法は次のとおりである。ASES-2000 をもとに算出した「英語力あり」の割合を TOEFL の国別平均スコア（2000–2001 の CBT スコア）でどれだけ予測できるか、回帰分析を用いて検討する。なお、分析モデルは 2 種類用意する。モデル 1 が、国民全体に占める英語力保持者の割合を TOEFL スコアで予測するものである。前節までの検討の連続性から、このモデルは、英語力を IIa および IIb，つまり、基礎的なレベル以上の英語力とする。そして、モデル 2 が、高学歴かつ若年者に占める「高度な英語力」（IIb）を持った人の割合を TOEFL スコアで予測するモデルである。こちらのモデルのほうが TOEFL の文脈により近い。というのも、TOEFL は英語圏の大学へ留学可能な高度な英語力を測定するものであり、受験者は、若年層・高学歴層に偏っているからである。

　では、分析結果を見てみよう。図 3.7 は、横軸に TOEFL スコア、縦軸に「英語力あり」の割合をとり、16 ヶ国を配置したものである。左図がモデル 1，右図がモデル 2 の結果である。また、図中のグレーの線は回帰分析の結果得られた近似曲線である[7]。

　図を見ると、全体的には TOEFL スコアが高ければ「英語力あり」の割合も高くなる傾向がある。しかしながら、その予測力は必ずしも優秀というほ

---

[7]　原因変数（「英語力あり」の割合）はロジット変換を施しており、近似曲線はロジスティック曲線である。

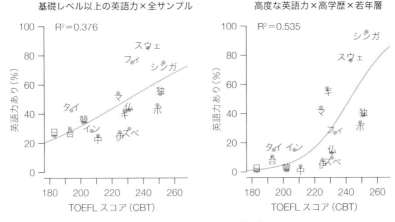

図 3.7　TOEFL スコアの説明力

どではない。たとえば、モデル 1 の決定係数は $R^2=0.376$ であり、全分散の 37.6％しか TOEFL スコアで説明できないことを意味している。これは、TOEFL の文脈に近いモデル 2 になると $R^2=0.535$ と多少改善するものの、それでも説明力は 53.5％、つまり半分程度である。実際、図中にも、近似曲線から大きく外れている国がいくつもある（特に、イタリアとスペインの乖離が大きい）。

　もちろん、全体的な相関関係を説明するという用途であれば、$R^2=0.376$ という説明力はじゅうぶん実用に値するレベルだと思われる。しかしながら、それはあくまで全体的な関係・平均的な傾向をめぐる議論に限られる[8]。逆に、日本より数十点だけ高い国 X をとりあげて、「X 国民は日本人よりも英語ができる」と結論付けたりすれば、それはあきらかに言い過ぎである。本章冒頭で、TOEFL スコアを引きながら「日本は最低レベル」という結論を導き出していた議論を紹介したが、シンガポールやスウェーデンと比較するならまだしも、スコアの近い東アジアの国々と比較するのは正しい統計の使い方とは言い難い。

---

[8]　実際、応用経済学の実証研究には TOEFL スコアを国民の英語力の代理指標に用いた研究があるが（Kim & Lee 2010; Snow 1998）、この種の研究が目指しているのも世界の国全体をできるだけよいモデルで説明することであり、個々の国同士の比較ではない。

3.8　まとめ

　最後に、本章の知見を整理しよう。まず、ランダム抽出データの分析によれば、日本と世界の平均的英語力の関係について、次の点がわかった。

(1)「日本人」の英語力が国際的に見て低いレベルにあることは事実だが、日本だけが突出して低いわけではなく、東アジアや南欧の国々も日本と同水準である。

(2) 日本の特徴は、英語の運用能力を持った人も、まったく英語が理解できない人もいずれも相対的に少ない点である（案内やラベルを読める程度のごく限定的なリテラシーを持っている人が相対的に多い）。

(3) 日本は他国に比べて英語力の世代間格差が小さい——いわば「老いも若きも英語ができない」状況にある。

(4) 同様に、日本は英語力の社会階層差も相対的に小さい。高学歴者・ホワイト職者間で比較すると日本は最下位クラスだが、ブルー職者・非富裕層間で比較すると、日本は平均レベルである。

　以上の結果から、政治家や官僚が——場合によっては研究者までもが——持ち出す「日本人は英語下手」言説は、全体的に見れば正しいものの、東アジアや南欧のような典型的な非英語圏の国との比較にはあまり意味がないことがわかった。これは、TOEFL の国別平均スコアを根拠にしていたとしても同様である。TOEFL は個々の国同士の比較（特にスコアが比較的近い国同士の比較）に使えるほど社会調査としての妥当性は高くないからである。

「世界語」の真の意味

　最後に、日本の話から離れて、世界に目を転じてみよう。近年、「世界語としての英語（English as a world/global language）」ということがしきりに言われる。なるほど、いまや英語話者は世界の至る所に存在する。その大半が非英語圏の英語使用者であり、ノンネイティブの英語使用者人口はネイティブをはるかに上回っている（Crystal 2012）。

　一方で、本章の分析結果を目の当たりにして、他国にもまだこれほど英語を解さないひとがいるのかと驚いた人もいるかもしれない。実のところ、こ

れはデータ分析をするまでもなく自明である。以前「英語を話せると10億人と話せる」という英会話教室のキャッチコピーがあったが、裏を返せば残りの60億人とは話せないことを意味するからである——そんなに多くの人と話したい人がいるかどうかはさておき。

たしかに、英語が世界中の人々を国境を越えて結びつけているのは事実である。しかしながら、あらゆる階層の人々が英語で結びついているわけではない。本章の分析で明らかになったとおり、あくまで各国の特定のグループの人々が「世界語」でコミュニケーションできているに過ぎないのである。

世界の人口のほんの一部の人が英語話者であり、しかも話者の社会階層に著しい偏りがあるにもかかわらず、私たちが英語を「世界語」とイメージできるのはなぜだろうか。言い換えれば、きわめて多くの話者を持つ中国語ではなく英語にこそ「世界語」のイメージがあるのはなぜなのか。それは、英語の話者の国籍には一応の多様性が見られるからにほかならない。つまり、「国境を超えたコミュニケーション」というイメージが「世界語」イメージの源泉なのである。しばしば、ヒューマニズムにあふれた英語教員によって「世界語としての英語」の教育は国民国家の枠に縛られない「地球市民」の育成と同一視されることがある（例、樋口・行廣 2001）。しかしながら、国民国家の枠組みに縛られているからこそ「世界語」のイメージがリアリティを持つというのは皮肉である——そもそも国境がなければ、「国境を越えたコミュニケーション」などイメージできないのだから[9]。

国境——つまり、国民国家——が存在しない世界を想像してみよう。その世界では、おそらく英語は「世界語」とは呼ばれず、「エリート語としての

---

[9] このような「世界語」表象に対する批判にはすでに多くの蓄積がある。たとえば、英語帝国主義論の先駆者であるロバート・フィリプソンの以下の批判は傾聴に値する。

世界のほとんどの国のごく限られた人口だけが実際に英語を話している。これは、アフリカやアジアのしばしば「英語国」と称される国ですら当てはまる。この意味するところは、「世界語としての英語」といった用語によってかきたてられるイメージが世界のほとんどの人々が経験するコミュニケーションからきわめてかけ離れているということである。しかも、いっそう深刻な問題は、そのような用語によって、... 英語使用から大きな利益を得る人々とそうではない人々が存在するという事実が隠蔽されている点にある。（Phillipson 2009: p. 28. 引用者訳）

英語」「高学歴者語としての英語」「ホワイトカラー語としての英語」などといったラベルを貼り付けられたかもしれない。

　もしカール・マルクスが生きていれば、「ブルジョワ語としての英語」などと呼んだのではないだろうか。「世界語」といえども、英語に「万国の労働者」を団結させる力はまだなさそうである。

	日本	中国	ドイツ	スペイン	フランス
（定数）	−1.77***	−2.76***	−0.98***	−1.47***	−1.54***
	(0.24)	(0.27)	(0.17)	(0.17)	(0.22)
49歳以下	0.56**	1.27***	1.46***	1.18***	1.01***
	(0.22)	(0.28)	(0.18)	(0.22)	(0.18)
就学13年以上	0.66**	1.72***	1.65***	0.73***	1.18***
	(0.22)	(0.21)	(0.27)	(0.19)	(0.17)
ホワイト職	0.79***	1.22***	1.45***	1.14***	1.08***
	(0.24)	(0.30)	(0.19)	(0.19)	(0.22)
平均より多い世帯収入	0.86**	1.07**	1.64***	0.70*	0.70**
	(0.30)	(0.34)	(0.24)	(0.33)	(0.25)
AIC	588.68	631.63	860.43	749.57	889.07
−2対数尤度	578.68	621.63	850.43	739.57	879.07
観測数	554	761	844	695	774

	ギリシャ	インドネシア	イタリア	韓国	マレーシア
（定数）	−0.47**	−2.51***	−2.36***	−1.89***	−0.39**
	(0.17)	(0.34)	(0.25)	(0.35)	(0.15)
49歳以下	1.65***	0.21	1.35***	0.75*	1.07***
	(0.23)	(0.26)	(0.25)	(0.35)	(0.28)
就学13年以上	1.31***	2.07***	1.74***	1.21***	1.17***
	(0.27)	(0.26)	(0.24)	(0.23)	(0.32)
ホワイト職	0.98***	1.71***	0.93***	1.12**	1.50***
	(0.23)	(0.35)	(0.25)	(0.36)	(0.23)
平均より多い世帯収入	0.31	−0.21	0.11	0.21	1.19**
	(0.28)	(0.38)	(0.30)	(0.35)	(0.39)
AIC	527.76	599.31	640.41	480.83	523.88
−2対数尤度	517.76	589.31	630.41	470.83	513.88
観測数	506	571	695	416	491

	フィリピン	ポルトガル	スウェーデン	シンガポール	台湾
（定数）	0.46**	−0.90***	2.02***	0.66***	−1.17***
	(0.16)	(0.19)	(0.23)	(0.18)	(0.18)
49歳以下	0.41	1.81***	2.18***	1.50***	1.66***
	(0.24)	(0.25)	(0.27)	(0.22)	(0.41)
就学13年以上	1.45***	1.75***	3.15***	3.71***	1.86***
	(0.34)	(0.31)	(0.73)	(1.01)	(0.28)
ホワイト職	0.71***	0.83***	1.16***	0.90***	0.89***
	(0.20)	(0.21)	(0.25)	(0.22)	(0.24)
平均より多い世帯収入	0.91	1.53*	0.99**	1.29*	0.11
	(0.63)	(0.67)	(0.34)	(0.56)	(0.54)
AIC	636.66	737.61	490.31	522.14	448.15
−2対数尤度	626.66	727.61	480.31	512.14	438.15
観測数	604	659	763	647	422

数値：ロジスティック回帰係数（カッコ内：標準誤差）.
***$p<0.001$，**$p<0.01$，*$p<0.05$

表3.5　英語力の規定要因（国別）

第4章

英語使用
── どんな人が英語を使っているか？

英語が必要な人は、「国民の多数」vs.「ごくわずか」

さっそくだが、以下にきわめて対照的な発言を引用しよう。

> 日本の多くの人々の英語識字能力を高めることができれば、日本の中に英語によって世界とつながり、世界と対話する広範な市民を生み出すことができます。... 一握りの日本人ではなく多数の日本人がそうした能力をつけ、「世界へアクセス」する能力をつけることが必要です。（船橋 2000: p.23）

> 日本人で英語を本当に必要とする人は、たったの1割しかいない。残りの9割は勉強するだけムダである。... 今、日本に必要なのは、国民全員が英語ペラペラになることではない。本当に必要としている1割の英語力を向上させることが、大事なのである。（成毛 2011: pp.27–30）

ひとつめの発言主は、元朝日新聞社主筆で小渕恵三内閣総理大臣（当時）の私的諮問機関「21世紀日本の構想」懇談会のメンバーだった船橋洋一である。同懇談会は、2000年に「英語第2公用語論」を提案し物議をかもしたことでも記憶にあたらしいが、その議論の中心的なメンバーが船橋であった。船橋か自身の英語公用語化論を詳しく展開した書籍が『あえて英語公用語論』（船橋 2000）であり、上記の引用はその一節である。船橋は英語を日常的に運用する「日本人」が大多数になるべきだと述べ、その方策として英語を日本の第2公用語にするべきだと主張した。

一方、2番目はマイクロソフト日本支社元取締役の成毛眞の発言である。成毛は2011年、『日本人の9割に英語はいらない』を著し、外資系企業での経験をもとに、独自の英語学習論・英語教育政策論を展開した。上記の引用にもあるとおり、英語使用を必要とする人の割合は少ないのだから英語教育・

[76]

英語学習に過度のリソースを割くのは合理的ではないという主張である。

　両者の現状認識は真っ向から対立している。特に、その必要性をめぐる認識は正反対だと言ってよい。船橋は大多数の「日本人」に英語が必要であるとする一方で、成毛はその割合は 1 割にも満たないという。こうした認識の違いが異なる英語教育構想を生んでいる。すなわち、船橋は「国民」大多数を巻き込んだ普遍的な英語教育振興策を提案し、対照的に、成毛は一部の者に徹底的な英語教育を施す、ある意味でエリート主義的な英語教育プログラムを構想している。

4.1　英語使用の必要性と英語教育論

　もちろん船橋も成毛も外国語教育関係者から見れば「外部」の人間であり、彼らの発言だけを「英語使用の必要性」論の代表とすることは無理がある。しかしながら、明治以来幾度となく繰り返されてきた「英語使用の必要性」論のほとんどが「船橋説」と「成毛説」の間のどこかに該当するのも事実である。たとえば、本格的な英語教育目的論のうち日本英語教育史上最初期のものにあたる岡倉由三郎『英語教育』（岡倉 1911）でも、英語運用能力の社会的必要性は議論の重要な出発点となっている。同書の中で岡倉は、英語使用の必要性はごく限定的なものであり、英語教育を「国民教育」として行うのは妥当性が低いと述べている。この点で、岡倉の主張は「成毛説」に近い。また、有名な英語教育論争である平泉渡部論争（平泉・渡部 1975）でも、論争の当事者である平泉渉（当時参議院議員）も渡部昇一（当時上智大学教授）も英語のニーズを持つ国民はごくわずかしかいないという認識で一致していた（cf. 寺沢 2014a: 2 章；森 1979）。

　一方、2000 年代の政府の英語教育政策には、「船橋説」と同様の必要性認識を示しているものが頻繁に見られる。たとえば、船橋も深く関係していた前述の「英語第 2 公用語論」はまさにその典型である。また、2003 年に文部科学省より示された「『英語が使える日本人』の育成のための行動計画」では、「国民全体」が一定レベル以上の英語力を身につけることの必要性を訴えている[*1]。

[*1]　同行動計画は、「国民全体に求められる英語力」として「英語でコミュニケーションができる」ことを設定し、「日本人全体として ... 世界平均水準の英語力を目指すことが重要である」（文部科学省 2003: p. 1）と述べている。

当然ながら「日本人」には乳幼児や超高齢者も含まれる以上、「日本人」の全員に英語使用が必要だということは論理的にありえない。その点で、「船橋説」や「行動計画」の必要性認識は、「レトリック」の類として理解すべきものである。ただし、そのようなレトリックを使っている以上、英語使用を多くの人々に関係あるものとして捉えていることは明らかだろう。「行動計画」以外にも、近年のグローバル化の進展とともに、とりわけビジネス業界などで、これからの時代には英語が不可欠なスキルであるとセンセーショナルに喧伝されることがある。実際、大学生・大学教員を対象とした意識調査でも、「英語ができれば良い仕事につける」という見解が回答者の6割以上に支持されている（Matsuura et al. 2004: pp. 480–81）。

では、実際のデータを見たとき、英語使用の必要性は日本社会にどの程度浸透しているのだろうか。この問題を扱った先行研究は存在しないが*2、現在公開されているデータを2次分析することで、ある程度のことは明らかにできるはずである。こうした問題意識から、本章では日本社会における英語使用の必要性の実態を検討したい。

なお、分析の前に、本章で焦点をあてる「英語使用の必要性」について定義しておこう。「必要性」と一口に言っても多岐にわたるが、本章の分析対象とする変数は、「英語使用」である。一見すると、英語使用と英語使用の必要性には概念上乖離があると思えるかもしれないが、「客観的な必要性」の代理指標として、「英語使用の有無」は利用可能であると言える。

英語使用の必要性は客観的なものと主観的なものに大別できる。前者は、ある人をとりまく社会条件、つまり外的なニーズによって、英語使用が必要になる場合である。一方、後者は、人々の主観に依拠した必要性であり、「必要感」とも言い換えられるものである。この点で、「英語使用の有無」は前者に近い。なぜなら、ある人が英語を使っていればその人は何らかの必要性

---

*2　外国語教育研究における「ニーズ分析」（needs analysis）と呼ばれる領域では、外国語学習者・使用者の必要性が検討されており、相当数の研究蓄積がある（例、井上・津田 2007；清水・松原 2007；内藤ほか 2007）。ただし、ニーズ分析は一般的に特定の学習者・使用者にどのようなニーズがあるのかを比較的小規模の調査に基づいて多面的に分析する手法で、日本社会全体にどれだけニーズがあるかという問いが検討されることは稀である。例外的に、内藤ほか（2007）による大規模なニーズ調査はそのような推計も一部しているが、回答者はインターネットの調査モニターであり、ランダム抽出ではないため、一般化可能性は高くない。

に迫られている可能性が高いと言えるからである。

　もちろん例外はあり得る。たとえば、客観的に見て英語使用が必要な状況であっても英語力不足などのために英語が使えない状況は想定できるし、また、その逆、つまり必要性が一切ないにもかかわらず個人の意志で英語を使用する場面もあり得る。しかしながら、両者には相当程度の連関は想定でき、あくまで代理指標として考えるのであれば、客観的な必要性を「英語使用」変数をもとに議論することは許容されると思われる。ただし、誤解を避けるため、以下の分析では「必要性」という言葉を原則として用いず、「英語使用」とそのまま表記する。

4.2　データ

　本章で用いるデータは JGSS-2002, JGSS-2003, JGSS-2006, JGSS-2010 である。いずれの調査でも回答者の英語使用が尋ねられているが、設問の言葉づかいは JGSS-2002/2003 と JGSS-2006/2010 とで大きく異なるため注意を要する。以下、調査票に記載された設問と選択肢をそのまま記載する。

JGSS-2002/2003
あなたは、日常生活や仕事で英語を使いますか。あてはまるものすべてに○をつけてください。
　　1. ほとんど使う機会はない
　　2. 仕事で時々使う
　　3. 仕事でよく使う
　　4. 外国人の友人や知人との付き合いで使う
　　5. 家族とのコミュニケーションに使う
　　6. 趣味・娯楽・海外旅行などで使う
　　7. その他（具体的に　　　　）

JGSS-2006/2010
あなたは過去1年間に、以下のことで英語を読んだり、聴いたり、話したりしたことが少しでもありますか。あてはまるものすべてに○をつけてください。
　　1. 仕事

2. 外国人の友人や知人とのつき合い
3. 映画鑑賞・音楽鑑賞・読書
4. インターネット
5. 海外旅行
6. その他（具体的に　　　）
7. まったく使ったことがない

　以上のとおり、JGSS-2002/2003 は現在の使用状況を聞いているのに対し、JGSS-2006/2010 は過去 1 年間の使用経験を聞いている。しかも、JGSS-2006/2010 では「少しでもありますか」と、JGSS-2002/2003 にはなかった念押しがある。このような問い方である以上、JGSS-2006/2010 にはごく限定的な英語使用も含まれ、したがって、選択者のパーセンテージは高くなるはずである（実際、その傾向はデータからも確認できる）。以下、設問が同一の調査（つまり、前半の 2 つと後半の 2 つ）は、それぞれのデータセットを統合したうえで分析を行う。

　まず、各英語使用をどれだけの人が経験している（経験していた）と回答したのか確認しよう。図 4.1・図 4.2 は、各選択肢の選択者のパーセンテージを棒グラフで示したものである。

　いずれの調査でも、高いパーセンテージを示しているのは、趣味や娯楽のカテゴリに属する英語使用である。JGSS-2002/2003 では「趣味・娯楽・海外旅行などで使う」が 6.8% と最も高率であり、同様に JGSS-2006/2010 で

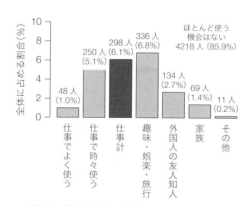

図 4.1　英語使用者の割合（JGSS-2002/2003）

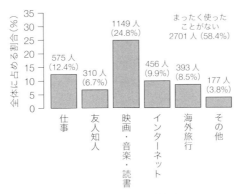

図 4.2　過去 1 年間の英語使用経験者の割合（JGSS-2006/2010）

は「映画鑑賞・音楽鑑賞・読書」が 24.8% と最大である。一方、「ほとんど使う機会はない」、「（過去 1 年間で）まったく使ったことがない」と回答した人々の割合も注目に値する。前者は 85.9% だが、これは裏返せば、何らかの目的で英語を使用していた人は 14.1% に過ぎなかったことになる。一方、「過去 1 年間」に「少しでも」英語を使ったか否かというように、より緩やかな意味で使用経験を尋ねている JGSS-2006/2010 ですら、まったく英語使用経験がない人は 58.4% にのぼっており、逆に言えば、1, 2 回の英語使用を含めても、過去 1 年間に使用経験があると答えた人は 4 割程度である。

以上を踏まえて、英語使用設問を次のようにコーディングする。まず、解釈が難しい「その他」を両データセットから除外する。また、JGSS-2002/2003 の「仕事でよく使う」はケース数が極端に小さいので「仕事で時々使う」に統合し、「仕事で使う」という変数を新たに作成する。その結果、本章で検討する変数は、JGSS-2002/2003 の場合、(1) 仕事、(2) 外国人の友人・知人とのつき合い、(3) 家族とのコミュニケーション、(4) 趣味・娯楽・海外旅行、(5) 使用機会なしの計 5 つ、一方、JGSS-2006/2010 では、(1) 仕事、(2) 外国人の友人・知人とのつき合い、(3) 映画・音楽・読書、(4) インターネット、(5) 海外旅行、(6) 使用機会なしの計 6 つである。

4.3　英語使用と世代

英語使用を左右する最も重要な要因のひとつが年齢である。直感的にも若

第4章 英語使用——どんな人が英語を使っているか？

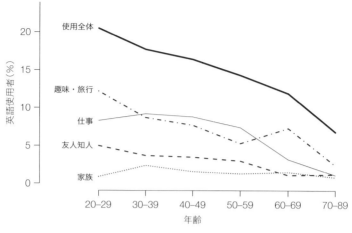

図4.3 世代別・英語使用者（JGSS-2002/2003）

年層のほうが中高年層よりも英語になじみが多そうな気がするが、それはJGSS データの分析によっても裏付けられた。以下、世代と英語使用の関係を確認しよう。

　JGSS-2002/2003 における5種類の「現在の英語使用」の世代別使用率を示したものが、図4.3 である。「使用全体」、つまり、何らかの使用があると回答した人の割合、および「趣味・娯楽・海外旅行など」の使用率は、若ければ若いほど高いという明らかな傾向があることがわかる。同様に、図ではわかりづらいが、「外国人の友人や知人とのつき合い」にも有意かつ無視できない大きさの世代効果が認められる（$\chi^2=32.400$, $df=5$, $p<0.001$, クラメールの $V=0.081$）。

　一方、「家族とのコミュニケーション」には、明確な世代差は認められない（$\chi^2=8.523$, $df=5$, $p=0.130$, クラメールの $V=0.042$）。親族間での英語使用はそれ以外の変数に比べれば偶然の要因に左右されやすいため、世代の効果が相対的に弱くなったと考えられる。また、仕事での使用も、60代以降になると急激に減少するが、これはこの世代の就労者の割合が減ったことが主因だと考えられる。実際、就労者に限定した場合、若ければ若いほど仕事での英語使用率が高いという傾向は見られず、むしろ30代・40代にピークがある（詳細は8章で検討する）。以上のように、全体的に見れば「若い

4.3 英語使用と世代

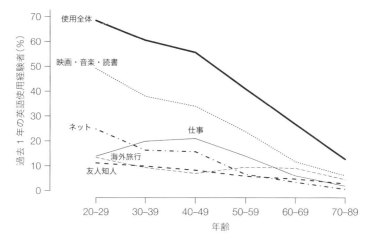

図 4.4　世代別・過去 1 年間の英語使用経験者（JGSS-2006/2010）

ほど英語使用度合が高い」という傾向は見いだせるが、各英語使用を個別に見ればその内実は様々であることがわかる。

つぎに、JGSS-2006/2010 の世代別英語使用率も確認したい。過去 1 年間の英語使用経験者の割合を世代別に示したものが図 4.4 である。JGSS-2002/2003 に比べ、どのパーセンテージも数倍になっているが、これは前述のとおり、JGSS-2006 から「英語使用」の定義が広くなったことが原因だと考えるのが自然である。

問題の世代効果については、いずれの英語使用においても有意な効果が確認できる[*3]。効果の大きな英語使用を、効果量（クラメールの V：変動の大きさを表す標準化された尺度）の大きい順に並べると、「映画鑑賞・音楽鑑賞・読書」（$V=0.324$）、「インターネット」（$V=0.259$）、「仕事」（$V=0.214$）となる。ただし、「仕事」に関しては、図にも表れているとおり、単純な右肩下がりではなく、むしろ 30 代・40 代がピークの山型である。英語使用を必要とする比較的高度かつ責任を伴う業務を担当するのはおそらく 30 代・

[*3] 「友人・知人とのつき合い」「海外旅行」はパーセンテージが比較的小さいため、図では世代効果はわかりづらいかもしれないが、両者とも有意な効果は確認できる。友人知人：$\chi^2=57.402$, $df=5$, $p<0.001$, $V=0.111$。海外旅行：$\chi^2=34.347$, $df=5$, $p<0.001$, $V=0.086$。

40代の壮年層が中心で、20代のような経験が少ない就労者が配属されることは比較的少ないためであると考えられる。一方、50代以降は管理職的業務が中心となり、仕事の「前線」から退くことが多くなるため、使用率が低下すると考えられる。仕事以外の英語使用の場合、本人の意志や好みが反映されるのに対し、仕事での使用は職場の方針など外在的な条件によって左右されやすいことを物語っている。

　以上、英語使用の多くに世代効果は認められるものの、必ずしも「若ければ若いほど英語を使う」という単純な傾向ではないことがわかった。むしろ、世代効果の表れ方は英語使用のタイプによって異なるのである。もう1点、本章の問題関心にとって重要な結果は、英語使用が特に一般化している世代があるわけではないことである。たしかに上記の結果では、20代が比較的使用率が高かったが、だからといってその世代の大多数に英語使用が浸透しているとは言い難い。たとえば、図4.4の結果では、何らかの英語使用が過去1年間に少しでもあったという人が20代では7割近くおり、全世代中最も高いが、逆に言えば、まったく使用しなかった人が3割も存在するということを意味する。この回答はごく簡単な接触も含み得るので、たとえば「日常的な英語使用」のように定義をさらに狭めれば、仕事であれ趣味であれ、使用者は大幅に少なくなるだろう。最近のデータを見ても、英語使用——そしてそれが含意する「英語使用の必要性」——が若年層に一般化しているという事実は見いだせない。

4.4　英語使用とジェンダー

　もうひとつ重要な要因は、ジェンダーである。日本社会におけるジェンダーと英語との関係（特に女性性との関係）の関わりを扱った研究はすでに数多くなされている（例、Bailey 2006；Kelsky 2001；Kobayashi 2002, 2007a；Piller & Takahashi 2006；Takahashi 2013；北村　2011）。いずれの研究でも、英語学習や英語使用をめぐる日本女性のユニークな行動・態度に焦点があてられている。

　たしかに、5章でも詳しく検討するとおり、「女性は英語好き」という言説を耳にすることはしばしばある。もちろん、だからと言って、女性は英語をよく使うだろうと推論するのは単純に過ぎる。この点は分析の結果を見た

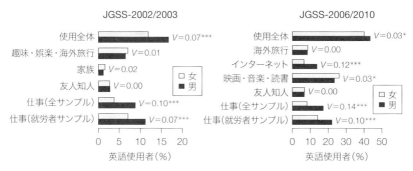

図 4.5 ジェンダー別 英語使用者の割合

ほうが早いだろう。図 4.5 は、JGSS-2002/2003 と JGSS-2006/2010 それぞれの英語使用者の割合を男女別に示したものである。

図から明らかなとおり、多くの英語使用にジェンダー差は見られない。5% 水準で男女間に有意な差があったのは、JGSS-2002/2003 の場合「仕事」と「使用全体」のみであり、また、JGSS-2006/2010 では「仕事」「映画・音楽・読書」「インターネット」そして「使用全体」である。しかも、これらは、「映画・音楽・読書」を除きいずれも男性の使用率のほうが高い。以上を踏まえると、2000 年代の日本社会において、平均的に見るならば女性のほうが男性よりも英語を使っている傾向はないと言ってよいだろう。

しかしながら、ジェンダーと英語使用はまったく無関係というわけではない。というのも、世代・学歴・ライフスタイルなど他の属性との交互作用のうえでジェンダー差は明確に現れるからである（英語学習の目的についても同様の結果が示されている。5 章参照）。この点を、ジェンダー別・基本属性別の英語使用率から確認してみよう。次頁の表 4.1 は JGSS-2002/2003 における現在の英語使用者の割合、87 頁の表 4.2 は JGSS-2006/2010 における過去 1 年の英語使用者の割合を示している。

表の数値を丁寧に比較検討していけば、ジェンダーと特定の英語使用が結びついていることが見てとれるはずである（ボールドで強調した、特に高いパーセンテージに注目すれば一定の傾向が見いだせるだろう[*4]）。しかしな

[*4] たとえば、表 4.1 で言えば、趣味・娯楽・海外旅行関連の英語使用は、若年層の女性に特に多く、また、仕事での英語使用は 30 代・40 代の中年層の男性に多い。

第 4 章　英語使用──どんな人が英語を使っているか？

		仕事	友人知人	家族	趣味・娯楽・旅行	使用計	n
サンプル全体		6.1	2.7	1.4	6.8	14.1	4910
女性	20–29	6.1	5.4	1.1	**16.4**	20.7	280
	30–39	6.8	4.4	2.7	9.8	15.9	410
	40–49	4.7	3.7	1.3	7.5	12.3	465
	50–59	3.9	2.8	1.7	6.4	10.9	532
	60–69	2.6	0.4	2.2	6.0	10.2	501
	70–89	0.2	1.0	0.4	1.2	6.2	486
男性	20–29	10.5	4.7	0.7	8.0	20.3	276
	30–39	**12.3**	2.7	2.0	7.3	20.3	300
	40–49	**14.5**	3.2	2.1	8.0	22.1	339
	50–59	**11.1**	3.2	0.8	4.0	18.0	494
	60–69	3.9	1.9	0.6	8.6	13.8	464
	70–89	2.2	1.4	1.4	3.9	7.7	363
女性	義務教育	1.2	0.3	1.2	0.7	5.6	675
	中等教育	2.5	1.5	1.5	4.9	9.0	1259
	高等教育	8.4	6.8	2.1	**17.0**	23.0	722
男性	義務教育	2.3	0.2	0.9	2.5	7.9	530
	中等教育	7.3	2.2	0.9	4.6	13.9	951
	高等教育	**15.2**	5.3	1.8	11.9	26.4	742
女性	学生	8.7	8.7	0.0	**26.1**	34.8	23
	経営・管理	**42.9**	**14.3**	0.0	**28.6**	71.4	7
	自営・家族従業	2.9	1.2	2.5	7.9	8.8	240
	主婦	1.6	2.1	1.6	5.1	9.1	1401
	正規ブルー	7.6	0.0	2.2	0.0	9.8	92
	正規ホワイト	**12.0**	5.2	2.3	15.9	22.4	308
	非正規	**11.8**	7.3	0.0	13.6	21.8	110
	無職	0.3	1.1	0.5	3.2	8.9	371
男性	学生	7.7	**15.4**	0.0	7.7	38.5	13
	経営・管理	**19.4**	2.8	1.4	9.7	26.4	72
	自営・家族従業	7.5	3.9	1.1	5.6	15.6	360
	正規ブルー	7.8	1.2	0.7	3.6	12.9	412
	正規ホワイト	**18.3**	2.8	0.8	8.8	25.8	399
	非正規	9.6	5.1	1.3	8.3	18.6	156
	無職	2.2	1.5	1.5	6.8	10.6	603

数値：英語使用者の割合（％）
ボールド：サンプル全体の使用率よりも 5 ポイント以上高い数値

表 4.1　現在の英語使用、ジェンダー・基本属性別（JGSS-2002/2003）

がら、表の情報量はきわめて膨大であり、一見して傾向を理解するのは困難
である。そこで、クロス表の情報を直感的に提示できる対応分析という手法
を用いて議論していきたい（なお、以下に示す対応分析に基づく結果の解釈
は、筆者が統計学的検定を含めて詳細に同表を検討して得られた解釈と矛盾
しないことを申し添えておく）。

各英語使用と属性（ジェンダー、世代、学歴、ライフスタイル）の集計表
をもとに対応分析を行い、その結果を図示したものが 88 頁の図 4.6 である。

	仕事	友人知人	音楽・映画・読書	ネット	旅行	使用計	n
サンプル全体	12.4	6.7	24.8	9.6	8.5	41.6	4626
女性 20–29	10.9	12.6	**52.5**	16.8	15.5	**67.6**	495
30–39	14.4	11.2	**43.0**	13.0	9.8	**61.6**	807
40–49	14.3	8.3	34.0	9.0	6.7	**53.1**	866
50–59	7.9	5.0	24.7	3.3	10.9	38.5	931
60–69	3.1	4.4	10.6	1.9	8.3	23.8	995
70–89	0.2	1.9	4.8	0.0	3.1	9.1	876
男性 20–29	17.2	9.6	**45.5**	**34.0**	11.0	**69.4**	414
30–39	**26.7**	8.4	31.7	20.3	8.7	**59.0**	677
40–49	**29.4**	8.4	34.0	24.2	7.5	**58.8**	647
50–59	20.3	6.7	22.6	10.1	8.1	43.3	821
60–69	8.9	5.0	12.9	5.0	9.8	29.8	926
70–89	3.7	3.7	7.5	1.3	6.1	16.8	802
女性 義務教育	1.0	2.0	4.4	0.2	2.2	8.3	825
中等教育	6.8	4.1	22.5	3.6	6.1	35.0	2531
高等教育	14.1	13.2	**43.0**	14.0	15.8	**64.3**	1585
男性 義務教育	5.2	1.9	5.7	0.5	1.9	13.9	753
中等教育	13.5	5.1	20.9	10.0	7.2	38.3	1855
高等教育	**26.5**	10.2	33.9	23.5	12.6	**61.8**	1660
女性 学生	0.0	15.4	**73.1**	**46.2**	23.1	**88.5**	45
経営・管理	12.5	12.5	12.5	0.0	12.5	50.0	12
自営・家族従業	7.6	7.6	24.4	7.1	8.0	38.7	486
主婦	5.1	5.5	22.9	4.8	7.3	36.6	2579
正規ブルー	6.8	5.4	25.7	8.1	5.4	33.8	170
正規ホワイト	22.0	11.6	**39.9**	10.2	14.0	**60.6**	689
非正規	13.1	10.3	37.4	11.2	14.0	54.2	217
無職	2.3	3.6	12.4	1.6	4.9	18.6	630
男性 学生	10.0	13.3	**56.7**	**43.3**	13.3	**76.7**	61
経営・管理	**39.5**	7.0	30.2	20.9	24.4	**64.0**	169
自営・家族従業	14.0	7.0	23.2	11.2	8.2	40.5	765
正規ブルー	15.9	6.1	23.8	11.3	5.6	41.9	777
正規ホワイト	**32.6**	7.5	31.7	23.7	8.4	**60.1**	805
非正規	16.0	8.0	18.7	10.0	4.7	45.3	330
無職	3.7	4.8	13.8	6.4	7.7	24.5	1139

数値：英語使用者の割合（%）
ボールド：サンプル全体の使用率よりも 10 ポイント以上高い数値

表 4.2　過去 1 年の英語使用、ジェンダー・基本属性別（JGSS-2006/2010）

対応分析では回答傾向が近い項目同士は似たような場所に配置されるのが普通である。また、回答傾向が特徴的なものは原点から離れた位置に配置され、反対に、原点付近には一般的な回答傾向の項目が位置する（Clausen 1998）。

　図の縦軸（第 1 軸：寄与率 76.1 %）は、図の上側に女性、下側に男性が多数配置されていることを考えると、ジェンダーを反映していると考えられる。また、図の横軸（第 2 軸：寄与率 12.6 %）は、世代（右にいくほど若年層）・教育レベル（右にいくほど高学歴）を反映していると言える。

第 4 章 英語使用——どんな人が英語を使っているか？

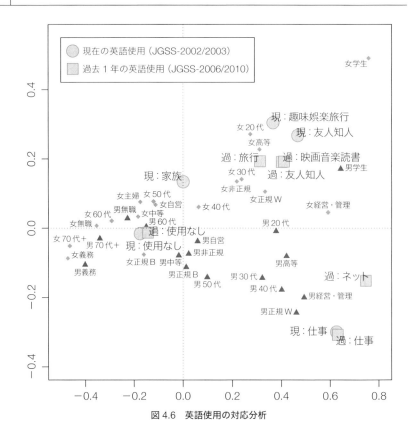

図 4.6 英語使用の対応分析

　注目すべきは、英語使用の各項目との連関である。図の右上を見てみよう。「現在の使用：趣味・娯楽・旅行」「現在の使用：外国人の友人・知人」「過去 1 年の使用：海外旅行」「過去 1 年の使用：外国人の友人・知人」「過去 1 年の使用：映画鑑賞・音楽鑑賞・読書など」が並んでいる。そして、この周囲に、女性のうち若年者・高等教育卒者・非正規職者・正規ホワイト職者が並んでいる。つまり、このような女性には、友人知人との付き合いや趣味、旅行等のために英語を使う度合いがとりわけ高いことを意味している。逆に言えば、それ以外の女性の場合、英語使用は決して多くないことになる。
　一方、男性の場合は対照的な結果が現れている。男性のうち、若年者・高学歴者・経営管理職者・正規ホワイト職者と、「現在の使用：仕事」「過去 1 年の使用：仕事」「過去 1 年の使用：インターネット」は近い位置に並んで

いる。そして、それ以外の属性の男性では英語使用が少なくなる点も女性の場合と同様である。

この男女の差をショッキングな結果だと感じる人もいるかもしれない。なぜなら、「仕事での英語使用」から女性が大きく排除されているように見え得るからである。じじつ、計算の元となる数値（表4.1・表4.2）を見ても、「高等教育・女性」は、「仕事」「ネット」以外では最も高い使用率であるにもかかわらず、「仕事」の使用率だけは男性よりもずっと低い。もちろん、高学歴女性・若年層女性の「趣味としての英語使用」への積極性を反映している側面もあるだろうが、以下の先行研究の知見を参考にすれば、「排除」の側面があるのも確かだと考えられる。

たとえば、女性が日本社会の構造的不平等によって英語使用の面でも不利な状況に置かれることは Kobayashi（2007b）や北村（2011）といった研究者がすでに指摘していることであり、実際に本書の11章ではその存在が一部実証されている。近年は多少緩和されたとはいえ、大卒者の新卒採用は伝統的に女性差別的であった（cf. 鹿嶋 1989；川口 2008）。同程度の学歴・大学歴であっても、女性には一般職を、男性には総合職を前提にした採用方針をとっていた企業は数多い。総合職が、企業の「前線」で活躍する人材であることを考えると、仕事での英語使用機会に男女差が生じていることは充分考えられることである。

就労者サンプルの分析

以上を聞いて次のような疑問を抱く人もいるかもしれない——「女性の仕事での英語使用率が低かったのは、女性には主婦など無業者が多く就労者がそもそも少なかったせいではないか？」と。こうした疑問はもっともだが、以下のように就労者に限定した分析でも結論に大きな変化はない。

サンプルを就労者に限定し、男女別・世代別・職種別に各英語使用の経験者の割合を算出した。なお、世代は「20–44歳」と「45–89歳」の2カテゴリ、職種は「管理職」「専門職」「事務職」「販売職」「ブルーカラー職」の5カテゴリである。その結果が、表4.3である。

こちらの表も情報量が膨大なので、直感的にわかりやすい対応分析で結果を提示してみたい。なお、JGSS-2002/2003・JGSS-2006/2010のいずれかのデータセットにおいてケース数が10人に満たなかったカテゴリは除外した。

			仕事	友人知人	家族	趣味・娯楽・旅行	使用計	n
女性	ブルー	20–44 歳	4.3	1.4	2.8	4.3	11.3	141
		45–89 歳	2.7	0.0	1.2	1.2	5.6	338
	管理	45–89 歳	60.0	20.0	0.0	40.0	100.0	5
	事務	20–44 歳	9.4	5.5	3.0	16.6	19.6	235
		45–89 歳	6.5	2.2	1.6	8.1	11.3	186
	専門	20–44 歳	12.2	5.7	0.8	16.3	24.4	123
		45–89 歳	17.4	8.1	3.5	15.1	24.4	86
	販売	20–44 歳	8.0	5.7	2.3	9.2	16.1	87
		45–89 歳	4.4	3.5	0.0	3.5	10.5	114
男性	ブルー	20–44 歳	5.3	2.0	1.7	5.0	10.6	302
		45–89 歳	6.5	1.9	0.8	2.9	13.2	477
	管理	20–44 歳	28.6	14.3	0.0	28.6	28.6	7
		45–89 歳	22.4	3.5	1.2	12.9	32.9	85
	事務	20–44 歳	14.4	1.7	0.0	7.2	23.3	180
		45–89 歳	8.0	2.5	0.6	7.4	16.0	163
	専門	20–44 歳	27.7	8.9	0.0	13.9	39.6	101
		45–89 歳	29.7	6.6	3.3	14.3	39.6	91
	販売	20–44 歳	8.2	7.1	2.4	5.9	18.8	85
		45–89 歳	7.8	3.5	1.7	3.5	12.2	115

数値: 英語使用者の割合（%）
ボールド: 就労者サンプルの使用率よりも５ポイント以上高い数値

			仕事	友人知人	音楽・映画・読書	ネット	旅行	使用計	n
女性	ブルー	20–44 歳	5.5	9.2	37.6	9.2	7.3	50.5	249
		45–89 歳	5.3	3.9	14.1	1.8	5.3	25.8	595
	管理	20–44 歳	50.0	50.0	0.0	0.0	0.0	100.0	2
		45–89 歳	0.0	0.0	0.0	0.0	0.0	0.0	5
	事務	20–44 歳	18.3	12.8	45.0	11.0	16.5	65.6	435
		45–89 歳	12.9	8.0	30.4	8.0	11.2	50.0	414
	専門	20–44 歳	23.8	13.6	51.0	17.0	7.5	70.1	288
		45–89 歳	24.2	7.1	26.3	6.1	14.1	48.5	209
	販売	20–44 歳	23.4	9.6	47.9	12.8	8.5	63.8	179
		45–89 歳	9.6	0.0	16.5	1.7	8.7	31.3	236
男性	ブルー	20–44 歳	19.3	8.6	34.5	9.6	6.3	54.1	566
		45–89 歳	0.0	0.0	15.2	4.3	4.7	28.7	864
	管理	20–44 歳	50.0	8.3	33.3	50.0	33.3	83.3	23
		45–89 歳	31.9	2.9	23.2	11.6	21.7	55.1	136
	事務	20–44 歳	28.8	4.5	32.1	23.1	8.3	60.9	278
		45–89 歳	22.1	8.7	24.1	14.9	8.7	46.7	367
	専門	20–44 歳	47.9	10.6	39.4	36.2	11.7	79.8	202
		45–89 歳	33.3	9.1	30.3	21.2	8.3	62.1	218
	販売	20–44 歳	22.9	10.4	32.3	20.8	12.5	64.6	202
		45–89 歳	21.8	9.2	20.2	8.4	10.1	41.2	215

数値: 英語使用者の割合（%）
ボールド: 就労者サンプルの使用率よりも 10 ポイント以上高い数値

表 4.3　就労者の英語使用（上段: JGSS-2002/2003，下段: JGSS-2006/2010）

4.4 英語使用とジェンダー

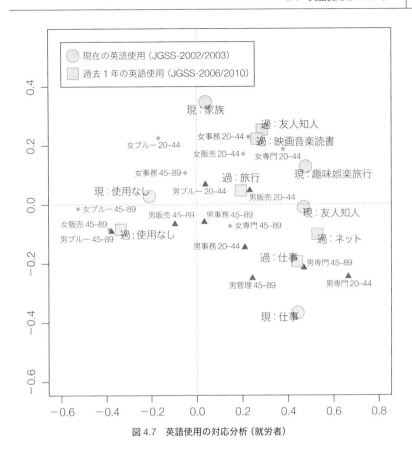

図 4.7 英語使用の対応分析（就労者）

対応分析の結果を図示したのが図 4.7 である。縦軸（第 1 軸：寄与率 68.1%）はジェンダー（上が女性、下が男性）を、横軸（第 2 軸：寄与率 13.6%）は職種や世代（右がホワイトカラー・若年層、左がブルーカラー・高齢層）を反映していると考えられる。

ここで、ジェンダーと各英語使用の対応関係に注目してみよう。ホワイトカラー職の男性は仕事での英語使用に親和的であり、一方、女性のホワイトカラー職者は「現在の使用：趣味・娯楽・海外旅行」や「過去 1 年間の使用：映画鑑賞・音楽鑑賞・読書など」など趣味的な英語使用に近い。そして、ブルーカラー職者・販売職者になると、男女ともに英語使用は低い。

このように、就労者に限定したとしても女性が仕事での英語使用から「排

除」されている傾向を見いだすことができる。こうしたジェンダー差は専門職・事務職のように仕事での英語使用が特に高い職種（8章参照）においても同様である。あらためて表4.3の特に多いパーセンテージ（ボールドで強調した部分）に注目してみれば、専門職・事務職の女性には趣味的な英語使用が多いにもかかわらず、仕事での英語使用はそれほど高くないことがわかる[5]。この結果を踏まえれば、「男性―仕事で使用 vs. 女性―趣味で使用」という構図は女性就労者の少なさだけが原因ではないことは明らかである。

4.5　まとめ

本章は、日本社会の英語使用の必要性に関する知見を得るため、「日本人」の英語使用を計量的に検討した。その結果を今一度まとめると次のとおりである。

(1) 全体的に見ると英語使用者の割合はごく小さい。JGSS-2002/2003で現在英語を使っていると回答した人は、どのタイプの使用であれ、「日本人」全体から見ればごくわずかであり、英語使用の定義を大幅に緩めたJGSS-2006/2010でも過半数には至らない。
(2) 英語使用率は若いほど高くなるが、若年層であっても世代全体に英語使用が浸透しているわけではない。
(3) 英語使用のパタンには男女で大きな違いがある。若年層・高学歴層の女性は外国人の友人・知人との付き合いのためや趣味的な英語使用と親和的であり、同男性は仕事やネットでの英語使用が特に多い。
(4) 女性が仕事での英語使用から「排除」されている構図は、就労者に限定した分析でも同様である。仕事での英語使用は専門職の男性に特徴的に見られる一方で、女性の専門職就労者とは相対的に遠い場所に位置し

---

[5]　図4.7では、45歳以上の女性専門職者だけは例外的に、図の下側の「男性寄り」の領域に位置しており、その結果、「仕事」に若干近接している。しかしながら、表4.3に示されているとおり、45歳以上専門職女性の仕事での英語使用率は際立って高いというほどではない。このグループの女性が男性ホワイト職者に近接したのは、趣味的な英語使用率が他の女性に比べて低く、その結果、男性ホワイト職者と似たような回答パタンになったためだと考えられる。

ている。

　注意すべきは、本稿の推算はあくまで調査時（2002 年〜2010 年）の状況
を反映したものに過ぎない点である。つまり、本稿の推計値には、今までに
英語を使用したことがあるが現在（あるいは過去 1 年間）は使っていない、
および、現在（あるいは過去 1 年間）は使っていないがこれから使うことに
なる人は含んでいない。したがって、「英語を仕事でよく使う」と回答した
人が 1.0% だったからといって、日常的な英語使用が必要な人口も 1.0% だ
と主張することはできない。経験がライフコースに大きく規定されるような
もの（たとえば育児経験）の場合、現在の経験率が低かったとしても、過去
の経験者および今後経験する人を含めるとはるかに大きな人数になるはずで
ある。しかしながら、英語使用に関してはそうしたライフコースによる大き
な変動が想定しにくく、世代別の推算（図 4.3・図 4.4）を見てもそうした傾
向は見いだせない（ただし、仕事での使用は 30 代・40 代に小さなピークが
あるので、この辺りを目安に考える必要はあるかもしれない）。
　以上、本章では、日本社会に英語使用の必要性がどれほど浸透しているの
か／していないのかを検討した。その結果、日本社会で生活する人のうち英
語を日常的に必要とする人は、まだかなり限定的であるということがわかっ
た。この英語使用者の少なさに驚いた人もいるかもしれない。たしかに、英
語教育関係者や政府関係者、あるいは国際的なビジネスに日常的に携わる人々
であれば、ざっと周囲を見回すだけで多くの日本人英語使用者を思い浮かべ
ることができるだろう。ただし、それはあくまで「類は友を呼ぶ」の結果だ
と考えられる。つまり、職務の性質上も学歴的な面でも、そして文化的嗜好
の点（ブルデュー 1990）ですら、英語使用者の周りには英語使用者の友人・
知人・同僚が集まる以上、英語使用者の素朴な直感が社会統計上の推計値か
ら乖離するのは当然である。
　「素朴な直感」に基づいて英語教育政策が論じられることは多くの不幸を
生むはずである。それを避けるためにも、社会の実態を適切に踏まえ、その
うえで妥当性の高い英語教育政策および教育目的論を構築することが今後切
に求められる。

補節　英語使用の必要性から見た英語教育政策論

　日本社会における英語の必要性の程度が明らかになった。この実証結果が英語教育政策論にいかなる示唆を与えるか考えてみたい。

　ごく穏当な示唆としては「日本社会における英語使用の必要性はまだそれほど高くない。この現状を考慮して、英語教育の政策立案をするべきである」といったものになるだろう。ただし、厳密に言えば、これは自動的に導かれるものではなく、ある前提を採用して初めて示唆となり得る。その前提とは、「学校教育は社会統計的実態を前提にするべきである」という考え方である。なぜわざわざこの点を強調するかと言うと、社会統計的実態をあまり重視せずとも英語教育の目的を論じることは可能だからである。じじつ、以下に見るように、そのような主張を展開する論者は存在する。

　英語教育目的論の中にはなぜ社会統計的実態を軽視するものが存在するのだろうか。この事情は、図4.8のようなトリレンマ（trilemma）を前提とするとうまく理解できる。なお、トリレンマとは、3つの事項のうち2者が成り立つともうひとつが成り立たない状態を指す。

　学校英語教育の目的論——とりわけ義務教育に英語教育が導入された戦後英語教育——の正当化に用いられてきた重要な原理として、3つの価値が指摘できる。図では、三角形のそれぞれの頂点がこれに相当する。その第1が社会統計的実態の考慮（SR:「英語を必要とする人は少数である」という実

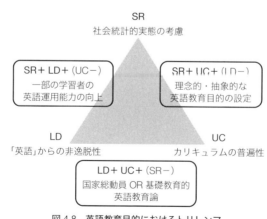

図4.8　英語教育目的におけるトリレンマ

態を深刻に受け止める）、第2が「英語」からの非逸脱性（LD：「英語学習」のコアイメージを重視して「英語」から距離のある理念を前提にしない）、そして、第3がカリキュラムの普遍性（UC：学習者に同質・同量の教育内容を提供することが望ましい）である。

しかしながら、前述のとおり、これらは2者が成り立つともうひとつが成り立たない。三角形の3つの頂点に同時に接する辺が存在しないのと同様である。では、なぜこれらはトリレンマとなるのだろうか。以下、過去の英語教育論・英語教育政策を素材に説明したい。なお、「＋」の記号は原理を重視していること、「－」は重視しないことを意味する。

第1は、英語使用の必要性が社会に浸透していないことを認めたうえで（SR＋）、英語力を育成するという英語科固有の意義を重視した立場（LD＋）である。しかしながら、これを普遍的なカリキュラムに乗せようとすると、必要ない人にまで学習を押し付ける事態になるため、「普遍的なカリキュラム」を正当化するのは不可能となる（UC－）。この立場に立った論者は一部の生徒に集中的な特訓を課すことを主張し、したがって、エリート主義とも受け止められる教育論を展開する*6。代表的な論者は、冒頭で引用した成毛（2011）や、1950年代半ばに中学校英語の義務教育化に反対した加藤（1955,1956）、1975年の平泉渡部論争（平泉・渡部 1975）における平泉渉である。

第2の立場は、第1の立場と対照的に、学校英語教育（特に義務教育段階の英語教育）がすべての学習者にとって意義（relevance）を持つことを最重要視する（UC＋）。しかし、同時に、英語の社会的ニーズがごくわずかであることも認めるため（SR＋）、すべての学習者に関わるカリキュラムとして英語力育成に特化した目的論を展開することはできず（LD－）、したがって、抽象的・理念的な目的論を提示する。代表的なものとして、「教養上の目標」を英語科教育の「終極の目標」とした戦後初期（1951年）の学習指導要領試

---

*6　ただし、この「エリート主義」はあくまで英語教育カリキュラムの編成方法に限ったものである。たとえば、加藤周一（1955, 1956）の教育一般に対する考え方は「エリート主義」のむしろ対極に位置する。なぜなら、民主主義の担い手として「大衆」に大きな期待を寄せていたからこそ、加藤は「大衆」教育である中学校教育での英語必修化に反対したからである。英語の必修を廃し、空いたリソースで日本語や社会科の授業を充実させるべきだとした。詳細は寺沢（2014a:2章）を参照されたい。

案や、前述の平泉渡部論争（平泉・渡部 1975）における渡部昇一の主張を
あげることができる[*7]。また、日本教職員組合の教育研究集会で外国語教育
分科会が提示した「外国語教育の四目的」も、英語の4技能育成だけでな
く異文化理解や日本語への認識を深めることを学校英語教育の重要な意義と
して強調しており、この立場を代表する主張である（新英研 1968；寺沢
2014a：終章；林野・大西 1970；柳沢 2012）。

　第3の立場が、「英語」のコアイメージを維持したまま（LD＋）、すべて
の生徒に英語教育を提供することが正当である（UC＋）と主張する立場で
ある。しかし、そうすると必然的に、社会統計的実態を無視ないしは軽視せ
ざるをえなくなる（SR−）。この立場はさらに、英語の社会的必要性に対す
る態度にしたがって下位分類される。ひとつは「多くの人に英語は必要」論
のように、現状とは乖離した認識——好意的に表現するなら「現状が大転換
するという未来予測」——を前提にする立場である。この立場には、冒頭で
引用した船橋（2000）や「行動計画」（文部科学省 2003）が該当する。つまり、
社会統計的実態の正確な把握を前提にしないからこそ、いわば「国家総動員」
的な英語教育論が展開できるのである。

　もうひとつは、学校英語教育固有の価値を社会統計的実態に大幅に優越さ
せる立場である。つまり、英語使用の必要性がわずかであることは認めつつ
も、たとえば「学校英語教育には独自の意義があり、社会のニーズに100％
応える必要はない」というように、学校英語教育の自律性を強調する立場で
ある。この立場の典型的な主張が「必要性は小さくとも将来的な必要性が生
じたときのための基礎として英語を教えるべきだ」というものである。たと
えば茂木（2005：p. 49）は、義務教育は「すぐ役立つなどということを目的
とするものではない」のだから、「全員に基礎力としての英語を教え、実際
に必要性を感じるようになったときに、より高度の英語力をつけられるベー
スを作っておくべき」だと述べている。この立場の論者は社会的ニーズと独

[*7]　若干複雑な話だが、同論争で英語科教育には「知的訓練」という普遍的な意
義があると強調していた渡部昇一は、論争からおよそ四半世紀後、著書『国民の
教育』（渡部 2001）で明確に「転向」している。同書で渡部は、エリート主義的
な英語教育を全肯定しており、その結果、1975年当時の平泉の主張と大差ない
ものとなっている。したがって、2000年前後のいわば「後期渡部」は、第2の
立場ではなく第1の立場に分類するのが妥当である。

立した「英語能力の基礎」を仮定し、その教育の徹底を強調しており、その意味で、「基礎教育」としての学校英語教育の意義を理論化している山田（2005）の議論もこの系譜に含められる[8]。

日本の英語教育目的論における「必要性」という制約

　以上、日本の英語教育目的論にとってトリレンマがいかに不可避であるか示した。ここで気づくのは、もし英語使用の必要性が日本社会全体に浸透してしまえばトリレンマは解消されることである。英語の技能習得がすべての（そうでなくとも多数の）生徒の必要性に合致していれば、それを普遍的なカリキュラムとして提供すればよいからである。このような状況は、英語が公用語（あるいは事実上の公用語）として使われている社会では一般的に見られる現象だろう（たとえば、英米における移民やその子どものための英語教育、シンガポールにおける英語教育など）。日本の英語教育がトリレンマを抱え込まざるを得なかったのは、日本の社会的条件ゆえである。

　英語使用の社会的必要性をどう考えるか。この点は今後も当分のあいだ、日本の英語教育政策にとって重要な問題であり続けるだろう。少なくとも短期的には日本社会全体に英語が一斉に浸透するような変化は考えにくいからである。その意味で、このトリレンマはまだしばらくのあいだ日本の学校英語教育に必然的についてまわるはずである。トリレンマを完全に解決することは理論的に不可能である以上、考えるべきは、構成する3つの原理（SR/LD/UC）のうちどれを重視して、どれをどれに優越させるかという点である。この優先順位を決める作業は、本章の問いである「日本社会に英語使用の必要性はどれだけ存在したか」といった過去志向かつ経験的^{エンピリカル}な問いとは違い、基本的に未来志向かつ規範的な問いである。したがって、どの原理を重視／軽視することが最も正当性が高いか、哲学的・倫理学的な議論が今後求められる。

---

[8]　なお、「英語力の基礎」を学校英語教育の目的に位置づける議論の問題点については、寺沢（2014a: 終章）を参照されたい。

第 II 部

語　学

第 5 章 ▶ **英語学習熱**
　　　　　──「語学ブーム」は実際どれだけのものなのか？

第 6 章 ▶ **英語学習者数の推移**
　　　　　──どれだけの人が英語を学んできたか？

第 7 章 ▶ **英語以外の外国語の学習に対する態度**

第5章

英語学習熱
──「語学ブーム」は実際どれだけのものなのか？

「英語ブームを叱る！」

　近年、「英語・英会話ブーム」「英語熱」ということがしきりに言われる。なるほど、街に出れば至る所に語学産業の広告を目にするし、ある程度の規模の書店ならばどこでも語学書が充実している。じじつ、市場も順調に拡大しているようである。矢野経済研究所によれば、英会話・語学学校市場は2005年度に3650億円に達した。その後、不況の影響により一時的に大きく落ち込んだが、2010年代になるとグローバル化や小学校英語必修化の影響により再び上向き、2013年度には3327億円にまで回復したという（矢野経済研究所 2013; 2014）。

　こうした英会話ブーム・英語熱を、語学産業が歓迎するのは当然だが、その外部の人々からすると愛憎半ばというのが実情だろう。いや、実際には「憎」の極に大きく偏っているかもしれない。というのも、英語熱は、多くの場合、英語に対する「日本人」の節操のなさや見識の欠如として否定的に言及されるからである。英会話ブーム・英語熱をテーマとした書籍のタイトルを列挙してみよう。『英語下手のすすめ──英語信仰はもう捨てよう』（津田 2000）、『それでも英語やりますか──英語病を克服しないと英語も上達しない！』（藤田 2002）、『英語力幻想──子どもが変わる英語の教え方』（金森 2004）、『英語を学べばバカになる──グローバル思考という妄想』（薬師院 2005）、『「教えない」英語教育』（市川 2005）、『目にあまる英語バカ』（勢古 2007）、『英語教育熱──過熱心理を常識で冷ます』（金谷 2008）。「英語信仰」「英語病」「英語力幻想」「英語バカ」。なかなか過激な言葉が並んでいる。

　書名から想像できるように、上記の本はいずれも日本社会の英語熱に対して批判的なスタンスを堅持している。しかし、単に社会病理を告発して事足

れりというわけではない。著者らの意図は、英語ブームに踊る大衆をいましめ、「健全」な英語学習に「善導」することにある。実際、著者のほとんどが広義の語学関係者であることを考えても、排外主義的な英語排斥が目的ではなく、「健全」な態度の啓蒙を意図していることは明らかだろう。

応用言語学・英語教育研究において、「英語熱」を実証的に検討した先行研究はほとんどない。ただし、現象自体への注目がなされていないわけではなく、むしろ、理論的・思索的な研究は多数ある。

その代表が、いわゆる「英語帝国主義論」である。英語帝国主義論とは、英語国・英語話者・英語関係者・英語産業の持つ権力性を相対化し、それに批判を行っていく議論の総称である。日本の英語帝国主義論者の多くに共通するのが、英語熱を日本社会の深刻な「病理」としてとりあげ、それに毒されるべきではないと警告するスタイルである（大石 2005；津田 1991；中村 2004）。たとえば、英語帝国主義論の代表的な論者である津田幸男によれば、「日本人」は「英会話中毒」「英会話症候群」に冒されており、それゆえ英語話者・英語国・英語圏文化に対して適切な距離を維持できないのだという（津田 1993）。ここで気付くのは、英語帝国主義論者が英語熱を「日本人」全体の問題、そこまでいかなくとも日本人の多くにかかわる問題として捉えていることである。もし、英語ブームが「日本人」のほんの一部のみにかかわる現象であれば、「英語熱に浮かされる日本人を憂う」といった論理展開はできないはずだからである。つまり、英語帝国主義論では「日本人総体」としての英語熱が概念化されていると言える。

こうした日本社会観を持つのは日本人研究者だけではない。海外の応用言語学研究にも頻繁に見られるものである。たとえば、「日本社会と英語」の代表的な研究者である Seargeant（2009: p. 9）は、「日本人」は英語に強烈に魅惑されていると形容している。また、日本の英語教育を痛烈に批判している McVeigh（2002: p. 150）も、日本社会には「国民的な英語に対する強迫観念」が満ちていると述べている。どうやら、「日本人」をソトから眺めたとしても、やはり「日本人総体」が英語熱を持っているように映るらしい。

では、こうした日本社会像ははたして実態に即しているのだろうか。本章および次章ではこの英語熱という現象に注目し、データ分析を通じてその特徴を明らかにしたい。ただし、「英語熱」という言葉は大きなあいまいさを含む。そこで、以下の分析では、「日本人」ひとりひとりの英語学習行動（つ

まり実際に学んでいるかどうか）と英語学習意欲（学びたいと思っているかどうか）がある程度の規模で存在することを英語熱の指標として考える（したがって、政府・行政の英語教育熱、経営者の従業員に対する英語教育熱、あるいは、保護者の我が子に対する英語教育熱は——これはたとえば上掲書・金谷（2008）の主題であるが——ここでは扱わない）。

5.1 英語学習者の規模

では、どれだけの英語学習者・学習意欲を持った人が現代の日本にいるのだろうか。さっそく確認してみよう。

JGSS-2003/2006 では、回答者の英語学習意欲が尋ねられていた。回答者は、「あなたは今後、英語を学習するつもりですか」と聞かれ、「積極的に学習するつもり」「機会があれば学習したい」「しかたなく学習する」「学習するつもりはない」という4つの選択肢から一つを選んだ。その結果は、図 5.1 である。

「積極的に学習するつもり」と回答した人は全体の 3.1% と、ほんのわずかしかいない。ここに「機会があれば学習したい」「しかたなく学習する」を含めても 4 割に届かない。むしろ、英語を学ぶつもりはないと明言している人が 63.7% もいる事実を踏まえるなら、「日本人総体が英語熱を抱いている」といった過剰な戯画化は慎むべきだろう。

また、内閣府「生涯学習に関する世論調査」（2005 年）でも語学関連の設問がある。回答者は過去 1 年の生涯学習の経験を尋ねられ、13 個の選択肢

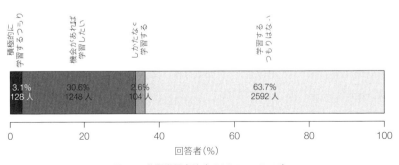

図 5.1　英語学習意欲（JGSS-2003/2006）

からあてはまるものをすべて選択することを求められた。その選択肢の一つに「語学 (英会話など)」があり、これを選んだ人は全体の 3.3% だった。また、同調査には「あなたは、どのような学習や活動をしてみたいと思いますか」と今後の意欲を問う設問もある。この設問に対し「語学 (英会話など)」を選択した回答者は 7.6% だった。この 7.6% という数値は、JGSS-2003/2006 の「機会があれば学習したい」の 30.6% よりもはるかに低い。むしろ「積極的に学習するつもり」の 3.1% に近い数値だと考えたほうがよいだろう。13 個の選択肢からわざわざ○印を付けるタイプの質問紙だったため、学習意欲が比較的強い人だけが選択したと考えられる。

SSM-2005 にも語学経験を問う設問がある。「最近の 5, 6 年の間に、あなたはつぎの活動をしたことがありますか」という設問に対し、「外国語の学習 (学校の授業以外)」をしたことがあると答えた回答者は有効回答者計 2915 人中 336 人であり、その割合は 11.5% だった[*1]。前述の内閣府世論調査の「過去 1 年の語学経験＝3.3%」に比べるとかなり高い数値だが、SSM-2005 の設問は「過去 5, 6 年」の学習経験であり、内閣府調査よりも幅がある点、および、SSM の回答者は 20 歳から 69 歳までの男女であり、70 歳以上の高齢者が抜けている点が原因だと考えられる。

もうひとつ、英語学習そのものではないが、英語力を身につけることの有用感も英語熱の一指標となるだろう。JGSS-2010 には「あなたの趣味や人づきあいにとって、英語の力を高めることはどのくらい役に立つと思いますか」と問う設問がある。結果は図 5.2 のとおりであり、この問いに対して 6 割以上の人は英語力は役に立たないと答え、「とても役立つ」と回答した人は 1 割に満たなかった[*2]。

上記の調査結果を見る限り、前述の論者が警鐘をならす英語熱は「日本人」全体の現象ではなく、そのごく一部がかかわるものに過ぎないようである。もちろん、「機会があれば学習したい」や「英語力は少しは役立つ」を選択した人を含めれば、数割程度にはなるが、そのような比較的弱い意欲・有用

[*1]　なお、「したことがない」に○印をつけた者が 2462 人、いずれにも○をつけていない者が 117 人いた。無回答者を除外すると、過去 5, 6 年の語学経験者の割合は 12.0% になる。

[*2]　なお、仕事での英語力の有用性を感じている人の割合もこの程度である。8章参照。

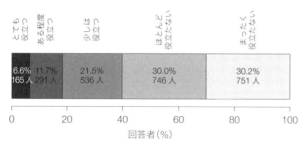

図5.2 英語力の有用感（JGSS-2010）

感まで「英語熱」に含めてよいかはかなり微妙だろう。

5.2 「女性は英語好き」言説

ところで、「日本人」の英語学習の実態を検討するうえで忘れてはならない要因がジェンダーである。なぜなら、語学に関する言説やマスメディアでのイメージはしばしばジェンダー化（女性化）されているからである（Takahashi 2013）。実際、多くの人が「女性は英語好きだ」といった類の主張を一度は耳にしたことがあるだろう。

学界にも「女性は英語好き」言説は浸透している。前節でもとりあげた英語帝国主義論者の津田幸男は、『英語下手のすすめ』（津田 2000）のなかで、一章分を割いて、日本女性がいかに英語帝国主義に侵されているか、様々な根拠をあげながら論じている（「第3章 日本女性の英語信仰」）。

津田が提示した根拠は、津田の個人的経験の他には、欧米志向の日本女性を取り扱ったノンフィクション・文学作品、語学留学にハワイにやってきた日本人女性へのインタビューなど多岐にわたるが、なかでも象徴的なのが日本人留学生へのアンケート調査である。この調査は、ハワイ大学の語学プログラムに在籍中の日本人男女（62名）に、彼ら・彼女らの英語観を尋ねたものである。調査結果を整理したうえで、津田は次のように結論付ける。

> 英語信仰志向の質問では、男女ともに高い肯定的回答が示されたが、女性の肯定的回答が89％であるのに対して、男性は76％にとどまっている。「英語志向」「英語信仰」の度合いが女性のほうが高いといえるだろう。

5.2 「女性は英語好き」言説 | 105

　この2つのアンケート調査は、回答者の数が少なく、あまり断定的なことはいえない。そういった限定つきではあるが、... 女性のほうが男性よりも「英語信仰」「ガイジン信仰」「アメリカ信仰」が強いという傾向があることがうかがえると思う。(津田 2000: p. 109)

　回答者数が少ないため断定的なことは言えないと譲歩しているが、真の問題はそこではない。いっそう深刻な問題は、このアンケートの回答者が「日本人女性」の平均像からおそらくかなり乖離している点にある。序章で詳しく論じたとおり、特定の集団しか調べていない調査ならば、回答者を何千人・何万人集めたところで「日本人」全体に一般化することはできない。留学をするような人は日本人全体から見たらかなり特殊なグループに属するはずで、この調査では日本人女性の「傾向をうかがう」ことすら難しいだろう。

　津田の方法論に違和感を抱く人は多いと思われるが、その反面、「女性が英語好き」という結論自体には同意する人も少なくないかもしれない。たしかに、女性の英語志向を裏付けるようなデータは他の研究者によってもしばしば提示されている。たとえば、Morizumi (2002) では、女性の語学志向を支持する根拠として、外国語大学の入学者に女性が多い点、選択科目の外国語クラスに女性の履修者が多い点、そして、女子学生の TOEFL スコアや英語の成績が男子学生よりも良い点をあげている。また、第2言語習得 (SLA) の研究者にも女性のほうが外国語学習に肯定的な態度を示すとする知見を紹介している者もいる (例、白井 2008: p. 64)。

　しかしながら、上記のデータは本書の関心からかなり外れている。本書が検討しようとしているのはあくまで「日本人」全体の傾向であり、したがって、Morizumi (2002) が提示している特定の大学生のデータはたいした証拠にはならない。また、第2言語習得研究は一般的に「国際的」な志向が強く、世界各国でなされた研究結果の総合的なレビューのうえで結論が導かれるのが普通だが (cf. Sunderland 2000)、本書のさしあたっての関心は日本社会固有のジェンダー差であって、世界の人々の平均的傾向ではない。

　もちろん「日本人」全体を代表するデータが手元にない状況ならば、上記のデータも貴重な証拠である。しかし、特定の大学の学生の傾向や第2言語習得の知見に比べてはるかに妥当性が高いデータがすでに入手可能であるのだからそれを利用しない手はない。以下、ジェンダー差という観点から英

語熱(英語学習活動・学習意欲)を分析してみよう。

英語学習・学習意欲のジェンダー差

前節で分析した、JGSS-2003/2006の英語学習意欲設問と、「生涯学習に関する世論調査」(2005)の英語学習活動および英語学習意欲設問、そしてSSM-2005の過去5,6年間の外国語学習設問を、ジェンダー別に集計したものが、図5.3である。

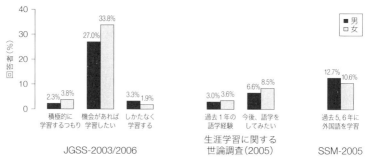

図5.3 語学・学習意欲のジェンダー差

まず、JGSS-2003/2006の結果を見ると、女性に「機会があれば学習したい」の選択者が多いことがわかる。また、「積極的に学習するつもり」にも、際だった差ではないもののある程度の差が見てとれる。同様の結果が、生涯学習に関する世論調査の結果にも示されており、女性のパーセンテージがやはりわずかに高い。一方、SSM-2005の場合は逆に、男性のほうがわずかに高い。このように、英語熱にはジェンダー差が存在し、そのうちのいくつかは統計的に有意だったが[*3]、注意すべきは、この差はけっして劇的なものではない点である。差の大きさを示す指標(効果量)にクラメールの連関係数 V というものがあり、一般的に $V=0.10$ で「小さな効果」とされるが、いず

[*3] 各変数のジェンダー差の検定結果は以下のとおり。JGSS-2003/2006「英語学習意欲」: $\chi^2=37.342$, $df=3$, $p<0.001$, $V=0.096$. 生涯学習に関する世論調査「語学活動」: $\chi^2=0.933$, $df=1$, $p=0.334$, $V=0.016$. 同「語学への意欲」: $\chi^2=4.603$, $df=1$, $p=0.032$, $V=0.036$. SSM-2005「過去5,6年の外国語学習経験」: $\chi^2=2.818$, $df=1$, $p=0.009$, $V=0.032$.

5.2 「女性は英語好き」言説

れの場合にもこの基準を超えたものはなかった。

他の変数による相殺？

上記の結果はたしかに、女性全体と男性全体を比較した場合、英語熱にはそれほど大きな差はないことを意味しており、「日本人女性は英語好き」というイメージへの明確な反証となるだろう。しかし、このイメージを抱いていた人がまったくの間違った社会像——いわば「幻覚」の類——を抱いていたとは言い切れない面もある。なぜなら、結論を先取りするが、他の社会的変数を統制すると、多少、ジェンダーの効果は強まるからである。

分析結果を見る前に、どうしてこのようなことが起きるのか確認したい。JGSS-2003/2006 の「英語学習意欲」設問を回答者の基本属性別に集計した図5.4を見てみよう。

図から、年齢が低いほど、学歴が高いほど、そして、居住地の都市度が高

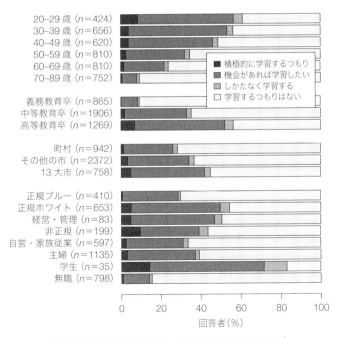

図5.4 英語学習意欲の分布・属性別 (JGSS-2003/2006)

いほど、英語学習への全体的な意欲が強い傾向があることがわかる。そして、「積極的に学習するつもり」を選択した強い動機付けを持った人の割合にも同様の傾向がある[*4]。たしかに、年齢・教育レベル・都市度はいずれも、直感的に考えて、英語学習意欲と関係の深そうな要因である。また、学生の「意欲あり」の割合が高いのは当然としても、正規ホワイト職者や経営管理職のおよそ半数が学習意欲を示していたことは注目に値するだろう[*5]。

　問題は、この中に女性の割合が小さいグループがある点である。たとえば、男性全体に占める高等教育卒者の割合が4割弱であるのに対し、女性は約3割である。また、正規ホワイト職者が占める割合は男性が約2割、女性が1割強である。経営・管理職者にいたっては圧倒的に男性ばかりである。こうした分布の偏りと、「女性の英語好き」傾向が相殺されて、前節の分析ではごく小さなジェンダー差しか生まれなかったのかもしれない。そこで、他の変数が同一だったと仮定した場合、ジェンダーによってどれだけ差が生まれるか、ロジスティック回帰分析で検討しよう。

　ロジスティック回帰分析の結果が表 5.1 である。「学習意欲あり」の列が、その動機づけの強さはともかく今後英語を学習する可能性があるとする回答（つまり、「学習するつもりはない」以外の選択）を予測するロジスティック回帰モデルである。一方、「積極的学習意欲あり」の列は、「積極的に学習するつもり」の選択を予測するロジスティック回帰モデルである。原因変数として、ジェンダーに加え、年齢・教育レベル・居住地・ライフスタイルを投入している。この分析により、他の変数が同一だと仮定したうえで、「女性」という要因がどれだけ学習意欲を高めるかを検討できる。

[*4]　なおいずれの変数も統計的に有意で、かつ、ある程度の連関度（効果量）を有している。年齢：$\chi^2 = 681.6$, $df = 15$, $p < 0.001$, $V = 0.219$。教育レベル：$\chi^2 = 524.2$, $df = 6$, $p < 0.001$, $V = 0.255$。居住都市規模：$\chi^2 = 56.9$, $df = 6$, $p < 0.001$, $V = 0.084$。ライフスタイル：$\chi^2 = 353.3$, $df = 21$, $p < 0.001$, $V = 0.174$。

[*5]　ライフスタイル変数のなかで特徴的なのが、非正規職者の回答結果である。非正規職者（$n = 199$）のうち 56.3% もが「学習するつもりはない」と答えていた一方で、「積極的に学習するつもり」と答えた人も 9.5% いた。この両極端の結果は、非正規職者は若年層と高齢層に多いという年齢構成を反映していると考えられる。実際、このデータの非正規職者も 20 代が約 3 割、60 代が約 3 割と年齢構成が両極に偏っており、若年者は英語学習に積極的で、高齢者は消極的な傾向を示していた。

	学習意欲あり	積極的学習意欲あり
定数	−2.141 (0.309) ***	−9.610 (1.050) ***
女性	0.421 (0.098) ***	1.015 (0.244) ***
年齢	−0.037 (0.003) ***	−0.019 (0.008) *
就学年数	0.213 (0.019) ***	0.367 (0.052) ***
居住地		
町村 (基準)		
その他の市	0.220 (0.096) *	0.716 (0.320) *
13大市	0.366 (0.119) **	0.692 (0.353)
ライフスタイル		
正規ブルー (基準)		
正規ホワイト	0.548 (0.147) ***	0.989 (0.622)
経営・管理	0.980 (0.266) ***	1.517 (0.801)
非正規	0.378 (0.203)	1.927 (0.646) **
自営・家族従業	0.520 (0.154) ***	1.052 (0.654)
主婦	0.388 (0.157) *	0.697 (0.637)
学生	0.875 (0.512)	0.969 (0.820)
無職	0.074 (0.169)	0.690 (0.702)
−2対数尤度	844.3	165.4
Nagelkerke R^2	0.268	0.173
観測数	3879	3879

数値: ロジスティック回帰係数 (カッコ内: 標準誤差)
***$p<0.001$, **$p<0.01$, *$p<0.05$

表5.1　学習意欲の規定要因

　分析の結果、他の変数を統制してもなお、「女性」は「学習意欲あり」および「積極的学習意欲あり」に有意な効果を及ぼしていたことがわかる。正確に言えば、他の変数を統制したほうが、「女性」の効果は高くなる。「女性」だけで「学習意欲あり」および「積極的学習意欲あり」を予測したロジスティック回帰分析によれば「女性」の効果はそれぞれ0.300, 0.519だった（標準誤差はそれぞれ0.065, 0.188）。つまり、本データにおいては、年齢・学歴・ライフスタイルを統制したほうがジェンダー差がより強くでるのである（ただし、いずれも統計的に有意ではないが*6）。

---

*6　問題の「学習意欲あり」を予測する2つのモデル（統制前・統制後）における「女性」の回帰係数の差を検定すると、検定統計量は$z=1.029$であり、95%水準で統計的に有意ではない（$p=0.304$）。これは、「積極的学習意欲」を予測するモデルにおいても同様である（$z=1.610$, $p=0.107$）。

第 5 章 英語学習熱——「語学ブーム」は実際どれだけのものなのか？

　以上の結果が示すように、年齢や学歴、ライフスタイルが同一の男女を比較するなら、もう少し大きなジェンダー差は見いだせると考えられる。ただ、それは依然「劇的な差」ではないということは強調しておきたい。たとえば、上記のモデルに基づいて、年齢・教育年数が平均レベルで「その他の市」に住む正規ホワイト職者の「意欲あり」割合を推定すると、男性が 33.2%、女性が 43.1% であり、決して男女を分断するような大きな差ではない。これは、「積極的な意欲あり」でも同様である（男性： 1.3%，女性： 3.4%）。また、そもそも論として、男女全体の平均的傾向としては、外国語学習への意欲に大きな差はないので（図 5.3 参照）、「女性は英語好き」言説はジェンダー差を過剰に一般化したものであることに変わりはない。

5.3　英語学習目的

　もうひとつ、ジェンダーの影響が鮮明に現れるのが学習目的である。JGSS-2003 では、英語学習意欲ありと回答した人への付加設問として学習目的も尋ねられている（JGSS-2006 にはない）[*7]。回答者は「英語学習の理由は何ですか」という問いに対し、14 の選択肢からあてはまるものすべてに○印をつけた。

　その選択肢を表 5.2 に記載した。あわせて選択者数とそのパーセンテージも示している。群を抜いて選択者が多いのが「視野を広めたいから」（330 人）という漠然とした学習目的である。次いで多いのが「海外旅行のため」（273 人）という実用目的の学習理由である。一方、近年の企業の英語熱を象徴していると思われる「仕事上役立つから」「昇進・昇格に必要だから」はそれほど多くない[*8]。

　次に、学習目的ごとにジェンダー差を確認してみよう。各選択肢を選んだ人の割合を男女別に示したのが図 5.5 である。また、棒の右側に示した V

[*7]　JGSS-2003 の英語学習目的設問を分析した先行研究に、小磯（2005）がある。ただ、小磯の分析の主眼は、本書の問題関心——日本社会における英語学習の位置づけ——とは異なり、英語学習の動機づけはどのような学習目的によって強められるかという点にある。

[*8]　この調査は、2003 年のものなので、現代に同様の調査を行ったならば、数値は多少変わってくるかもしれない。

	回答者数	意欲あり群(610人)に占める割合（%）	全回答者(1952人)に占める割合（%）
卒業・進級に必要だから	9	1.5	0.5
就職・転職に役立つから	42	6.9	2.2
仕事上役立つから	100	16.4	5.1
資格を得るため	12	2.0	0.6
昇進・昇格に必要だから	5	0.8	0.3
英語を学習するのが楽しいから	122	20.0	6.2
アメリカやイギリスなどが好きだから	60	9.8	3.1
視野を広めたいから	330	54.1	16.9
新しいことを学ぶのが好きだから	85	13.9	4.4
海外旅行のため	273	44.8	14.0
自分の子どもの教育に役立つから	119	19.5	6.1
インターネットを英語で利用するため	41	6.7	2.1
英語のニュース・映画などを理解したいから	174	28.5	8.9
その他（具体的に　　　）	35	5.7	1.8

表 5.2　学習目的（JGSS-2003）

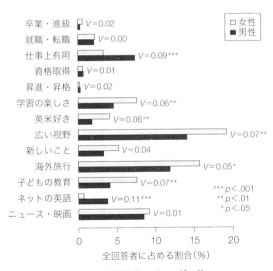

図 5.5　学習目的のジェンダー差

112 | 第5章 英語学習熱──「語学ブーム」は実際どれだけのものなのか？

はクラメールの連関係数 V で、差の大きさを表す指標（効果量）である。図を見ると、いくつかの学習目的にジェンダー差が現れていることがわかる。男性の選択率が有意に高いのが「仕事上有用」「インターネットでの英語利用」という学習目的である。一方、女性の選択率が有意に高いのは「学習が楽しいから」「英米が好きだから」「広い視野を得るため」「海外旅行のため」「子どもの教育のため」といった学習目的である。

　この結果から、男性はどちらかといえば実用目的で英語を学ぶのに対し、女性は英語学習そのものや英米文化に対する関心から英語を学ぶ傾向があると言える。ただし、これはあくまで平均的傾向であって、男女の学習目的を分ける決定的な基準にはならないことにも注意したい。なぜなら、いずれのジェンダー差もたいして大きなものではないからである。実際、クラメールの連関係数に注目すると、ほとんどの学習目的で、一般的に「小さな効果」とされる $V = 0.10$ の基準を越えていない。

　ところで、学習目的ごとのジェンダー差の現れ方をよく見ると、ジェンダーが他の要因と交互作用をしている可能性に思い当たるはずである。たとえば、男性に「仕事での有用性」から英語を学ぶと答えた人が多かったのは、就労者、特に正規ホワイト職者が男性に多かったためとも考えられる。また、「子どもの教育のため」を選んだ人に女性が多かったのは、女性全体がこれを選んだというより、子どもを持つ比較的若い世代の女性が選んだと考えるほうが自然である。

　こうした構図を直感的に理解するために、対応分析を行い、結果を図示した。学習目的と「ジェンダー×世代」の関係を示しているのが図5.6であり、一方、「ジェンダー×ライフスタイル」との関係を示しているのが114頁の図5.7である[*9]。図では、◯が学習目的を、▲◆が属性（それぞれ男女）を表している。なお、対応分析では一般的に似たような回答パタンの項目は同様の配置になる。また、回答傾向がユニークであればあるほど原点から離れた場所に配置され、他の多くの項目で見られるような回答傾向のものは原点付近に位置する（Clausen 1998）。

　まず、ジェンダー・世代との関係を見てみよう（図5.6）。図の上側に男性

───────────────

[*9]　回答者数が総計で10人に満たなかった4カテゴリ（「卒業・進級のため」「昇進・昇格のため」「女性－経営・管理」「男性－学生」）と、解釈が難しい「その他の学習目的」は除外している。

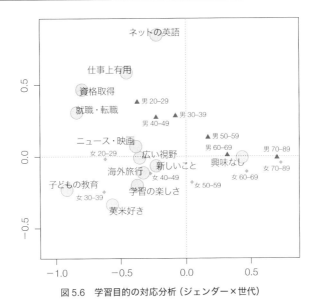

図 5.6 学習目的の対応分析（ジェンダー×世代）

が、下側に女性が位置している点を見ると、縦軸（第 1 軸：寄与率 73.0%）はジェンダーを反映していると考えられる。また、図の右側には「英語学習に興味なし」が、図の左側には様々な学習目的が並んでおり、横軸（第 2 軸：寄与率 12.4%）は英語学習への意欲を反映していると言える。

　図には 3 つのグループが見いだせる。第 1 のグループが図の右側である。「(英語学習への) 興味なし」を中心に 50 代以上の男女が固まっている。比較的上の世代には英語を学ぼうとする人がそもそもわずかで、したがって、ジェンダーによる差も生じないと考えられる。

　一方、第 2 のグループが図の左上に位置しているグループである。「仕事上有用」「資格取得」「就職・転職」「ネット上の英語」といった典型的な実用志向の英語学習目的が並んでおり、その付近に 20 代・30 代・40 代の男性が配置されている。こうした実用志向の英語学習目的はとりわけ若い男性に特徴的に見られるものであるとわかる。

　そして、第 3 のグループが図の左下側である。「英米が好き」「学習の楽しさ」「新しいことを学ぶのが好き」などの非実用志向の学習目的の周りに若い世代の女性が配置されている。もちろん、「子どもの教育のため」「海外

第5章 英語学習熱——「語学ブーム」は実際どれだけのものなのか？

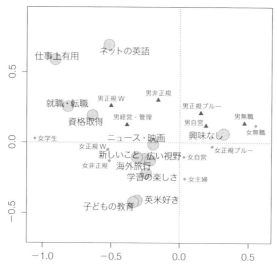

図5.7 学習目的の対応分析（ジェンダー×ライフスタイル）

旅行」「ニュース・映画」などの学習目的には実用志向の側面もあるため、「若い女性＝非実用志向」などという単純な構図で論じるべきではないが、いずれにせよジェンダーによる分岐が見られることは事実である。

次に、ジェンダー・ライフスタイルとの関係を示した図5.7を見てみよう。こちらの場合も、先ほどと同様の構図で、ゆるやかに3つのグループに分かれるように見える（縦軸・横軸（寄与率はそれぞれ59.7％, 18.8％）についても、同様の解釈が可能である）。つまり、右端の「興味なし」を中心とした第1のグループ、インターネットおよび仕事関係の学習目的を中心とした左上の第2のグループ、そしてそれ以外の学習目的が集まった左下の第3のグループである。

第1の「興味なし」グループには、男女問わず、無職者、正規ブルー職者、自営業者が含まれる。つまり、こうしたライフスタイルの人々にとって英語学習はあまり興味をひくものではなく、その点でジェンダー差は生まれない。また、第2のインターネット・仕事関係のグループには男性正規ホワイト職者、男性非正規職者、そして、男性経営管理職者が含まれる。「ジェンダー×世代」の結果と同様、仕事やインターネットのために学ぶのは、男性就労者の特定のグループに親和的な学習目的だと考えられる。第3のグループ

には女性正規ホワイト職者、女性非正規職者、主婦（専業・兼業）と、いずれも女性が含まれている（なお、女子学生だけは、どのグループからも離れた位置（真ん中左端）にあり、学生というライフスタイルの特殊性を反映している）。

　以上の結果から、学習目的のジェンダー差は単に男女の差を反映したものというより、世代やライフスタイルとの交互作用の結果だということがあらためてよくわかるだろう。

5.4　他の文化活動との比較

「語学」単体で見るのではなく、他の文化活動と比較することも重要である。他との比較により「語学」の相対的な位置を把握できるからである。たとえば、女性に外国語学習者が多い傾向が明らかになったとしても、別の文化活動にもまったく同様の傾向が見られた場合、それは「女性は語学が好き」というよりは「女性は文化活動全般が好き」ということを意味するからである。こうした問題意識から、以下、語学と様々な文化活動を比較してみよう。

　この問題を検討するのに適した設問が SSM-2005 に含まれている。SSM-2005 では回答者に最近 5, 6 年の間に以下のような活動を行ったことがあるか問うている。

- 外国語の学習（学校の授業以外）
- クラシック音楽のコンサートへ行く
- 美術館や博物館に行く
- カラオケをする
- スポーツをする（散歩・ハイキングなどを含む）
- 図書館に行く
- スポーツ新聞や女性週刊誌を読む
- 小説や歴史などの本を読む
- 趣味の習い事・稽古ごと
- 海外旅行
- ボランティア活動

　典型的な「ハイカルチャー」であるクラシックコンサートや美術館・博物

第 5 章 英語学習熱——「語学ブーム」は実際どれだけのものなのか？

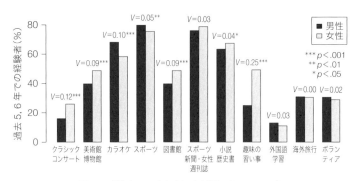

図 5.8 「過去 5, 6 年に行った活動」(SSM-2005)

館から、大衆文化の一要素であるカラオケやスポーツ新聞・女性週刊誌の購読など、全部で 11 の文化活動の経験が尋ねられている。

各活動の経験者の割合をジェンダー別に確認しよう。図 5.8 は過去 5, 6 年間に少なくとも 1 度は経験したと回答した人の占めるパーセンテージを示したものである（図中の V はジェンダー差の程度を示すクラメールの連関係数 V）。SSM-2005 の「外国語学習」設問にジェンダー差が見られない点は 5.2 節の図 5.3（106 頁）で確認したとおりだが、他の活動と比較するとその特徴があらためてよくわかる。特に「クラシックコンサート」や「趣味の習い事」といった明らかに女性の経験者のほうが多い文化活動と対比すると、語学はほとんどジェンダー化されていないことがよくわかる。

女性に外国語学習経験が多いわけではないことは、世代・学歴・ライフスタイルといった属性を考慮した分析を行っても同様だった。前節と同じく、対応分析で結果を示してみよう。各設問ごとに「過去 5, 6 年の間に経験した」と回答した人を属性ごとに集計し、対応分析を行ったものが図 5.9（次頁）である[10]。

図の上部には学生や高学歴者が位置しており、したがって縦軸（第 1 軸：寄与率 53.4%）は学習の負荷を反映していると考えられる。外国語学習は 11 個の文化活動のなかで最上部に位置しており、比較的気軽にできそうな

---

[10] なお、「社会階層と文化消費」の観点から同設問を対応分析により検討した研究に Nakai (2011) がある。

5.4 他の文化活動との比較

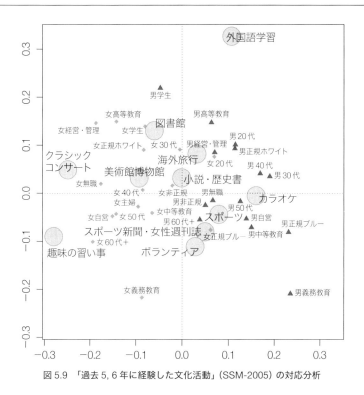

図 5.9 「過去 5, 6 年に経験した文化活動」(SSM-2005) の対応分析

他の活動に比べてその敷居の高さが現れていると考えられる。一方、図の横軸 (第 2 軸: 寄与率 27.0%) はジェンダーを反映していると考えられる。図の左側が女性寄りの活動、右側が男性寄りの活動であると言える。

この図の中で外国語学習は右上に位置しており、男性寄りの活動であることを意味している。つまり、他の文化活動との比較で考えるならば、語学は男性寄りの活動ということになる。

ただし、対応分析は分析に投入する項目によって構図が大きく変わることがある点には注意が必要である。したがって、この結果は分析に用いた 11 個の文化活動との相対的な関係から見て外国語学習は男性的な活動になると理解すべきである。ただし、一般的にも女性に多い活動とされる「クラシックコンサート」と外国語学習はそれぞれかなり対照的な位置に配置されている点は強調してよいだろう。少なくとも「女性のほうがクラシックコンサー

トによく行く」というイメージほどには「女性は語学をよく学習している」は成立しないのである。

「女性は語学好き」言説の妥当性

英語・外国語の学習は、男性も女性と同程度かそれ以上に行っており、「学習をしているかどうか」という次元では差が生じないと考えられる。むしろ、学習理由の次元でジェンダー化が生じていると考えたほうが自然である。というのも、5.3節で見たとおり、男性が仕事をはじめとした実用志向の学習目的に親和的だったのに対し、女性は非実用志向の学習目的にも親和的だったからである。

ひょっとしたら、学習目的の違いが「女性は英語好き」言説の源泉のひとつなのかもしれない。つまり、実用目的での英語学習は「必要に迫られてしかたなくやっている」という側面もあり、必ずしも英語学習への積極性を含意しない。一方、何かの役に立つことを必ずしも期待しない英語学習には、英語や英語学習そのものの魅力から学習しているというイメージがある。女性のほうが相対的に非実用志向だったからこそ「女性は英語好き」というイメージが形成されたのかもしれない。

ただし、男性は実用志向の、女性は非実用志向の英語学習目的を持つという結果を、ジェンダー本質主義的に——つまり、女性は本質的に英語学習にひかれているものとして——解釈するのは慎みたい。なぜなら、ひょっとしたら女性には、実用志向を選びたくても選べない背景があるかもしれないからである。4.4節および11章の分析結果が示しているように、高学歴の専門職者だったとしても女性は仕事での英語使用から排除されている傾向がある。したがって、英語学習目的のジェンダー化も男女間の就労構造の違いを反映しているに過ぎない可能性がある。仮に、ジェンダー間で不平等な就労構造が大幅に改善され、女性が英語使用を伴う仕事に大量に参入すれば、実用目的で英語を学ぶ女性が大量に現れ、「男性－実用志向 vs. 女性－非実用志向」という構図は大きく転換しないとも限らない。

5.5 まとめ

以上、本章では、英語学習者や英語学習に意欲を持つ人々の特徴の検討を

とおして、英語熱および「女性は英語好き」言説を検証した。本章で明らか
になったことを整理すると以下のとおりである。

(1) 英語の学習意欲が強い人は「日本人」全体のおそらく数パーセント程
　　度である。
(2) 女性は男性より英語・外国語への学習意欲が強いとしばしば言われる
　　が、学習者や学習意欲を持った人々の動向で見る限り、その傾向は顕著
　　なものではない。
(3) ただし、英語学習の理由に注目するとある程度のジェンダー差が確認
　　できる。若年者・高学歴者・ホワイト職者の男性は仕事やインターネッ
　　ト利用のために学ぶ傾向があり、同女性は趣味や知的好奇心などから学
　　ぶ傾向がある。
(4) 他の文化活動と比較したとしても、語学に女性寄りの傾向は見いだせ
　　ない。

　本章で明らかになったとおり、「英語ブーム」は「日本人」全体から見る
とごく一部の人々に関係する現象である。したがって、その「ブーム」を根
拠に日本社会全体を「英語病」「英語信仰」だと論じるのは過剰な一般化で
ある。また、英語と女性性の結びつきも決して強固なものではない。安易に
「日本人女性は英語に熱中しやすい」などと論じるのは端的に言って誤りで
ある。

┃第6章┃

英語学習者数の推移
──どれだけの人が英語を学んできたか？

6.1　英語ブームは昔からあった

　前章では、現代（2000 年代）の英語学習熱を様々な角度から検証したが、過去にも「日本人」は英語熱に沸いたとされている。戦後日本において、英語ブーム・英会話ブームと呼ばれる時期はいくつかあり、必ずあがるのが、終戦直後[*1] と 1964 年東京オリンピックの頃である（隈部 1980；福井 1979；山口 2001）。論者によってはここに 1970 年（大阪万博）前後や 1980 年代以降の任意の一時期を加える場合もある（例、綾部 2009；津田 1996；冨田 2004）。こう見ると、日本には戦後絶えず「英語ブーム」が存在したかのような印象さえ受ける。

　応用言語学・英語教育学の研究者の文章にも戦後日本社会は断続的に英語ブームに沸いていたとする記述がしばしばある。たとえば、英語教育学者・大谷泰照は、終戦直後の──したがって戦後最初の──英語ブームについて次のように記している。

　　昭和 20 年 8 月、ポツダム宣言を受諾して敗戦をむかえると、それまでのわれわれの英語に対する強い反発は、またもや手のひらを返したように英語一辺倒に急転する。敗戦直後に出た『日米会話手帳』... は、わが国空前の大ベストセラーとなり、昨日まで「鬼畜米英」「敵性英語」を唱えていた日本人は、敗戦の一夜を境にして「一億総英語会話」に急変した。この変わり身の速さは、あるいはわれわれ日本人の 1 つの国民性であるのかもしれ

[*1]　特に有名な事例が、『日米会話手帳』の爆発的ヒット（cf. 朝日新聞社 1995）、および、平川唯一によるラジオ英会話（いわゆる「カムカム英語」）の人気である（cf. 平川 1995）。

[120]

ない。(大谷 2007: p. 90)

戦後初期、英語（および占領者＝米国）に対する拒否反応は日本社会の至る所に渦巻いていたわけで、「一億総英語会話」はレトリックだとしても乱暴過ぎるが（cf. 寺沢 2014a：序章）、その点は今は問わない。ここで注目したいのは、日本社会全体がまるで英語に対して特定の感情を持って変動しているかのような描き方である。大谷にとって、「日本人」は肯定的にせよ否定的にせよ英語に対する強い思い入れを持っているのである。

英語と女性の戦後史

終戦直後の英会話ブームに沸いたのは、もちろん男性だけではない。多数の女性学習者も存在したからである。ただし、そのイメージのされ方は男女で明らかに異なっていた。女性には、いわゆる「パンパン英語」（あるいは「パングリッシュ」）のイメージが付与されているからである（Kelsky 2001：Chapter 1）。

日本史研究者であるジョン・ダワーの『敗北を抱きしめて』には、戦後、占領軍と腕を組んで歩く「パンパン」（占領軍相手の娼婦）の姿が日本人——とりわけ日本人男性——の誇りを深く傷つけた様子が描かれている（Dower 2000：p. 135）。もちろん「男性」側は単に一方的に傷つけられたわけではなかった。「パンパン」を蔑視し、その存在を呪うことで、「日本人」としての誇りを保ったからである。

同時に、学校教員にとっても、「日本民族の誇り」を守るという点で「パンパン」は見て見ぬふりをすることができない存在だった。戦後初期の基地周辺の学校では女子中学生が「私が横須賀へいったら、アメリカ人とパンパンが英語をはなしていた。私は英語が話されていいなあと思った」という文章を書いて、教員をおおいに当惑させたという（小熊 2002：p. 276；吉見 2007：p. 144）。

「パンパン英語／パングリッシュ」は単に「パンパンの使う英語」という意味にとどまらなかった。1953 年、当時都立高校の校長だった野津文雄（1953）は、他教科に比べて軽んじられていた外国語科の状況を憂い、「語学学習にはパンパン英語まがいのものを身につける以上の重大な教育的意義のあることを再認識すべき」（p. 5）と述べ、教育行政や大衆の英語観を厳しく

批判している。野津にとって「パンパン英語」はその場しのぎのブロークン
英語、言語構造や文化的背景への知識を欠いた「無教養」な英語の代名詞で
あり、その対極にあるものが「教養」あふれる学校英語であった──そして、
その「教養」の源泉に、男性が大半を占める英文学者コミュニティがあった
以上、「男たちの英語」でもあった。

　一方、英語帝国主義論も「『パンパン英語』を叱る！」に類したレトリッ
クをしばしば用いる。というのも、英語帝国主義論者に共通する目標が、英
語熱に浮かされた「大衆」を叱り、「日本人」としてのアイデンティティを
保った「正しい」英語学習を啓蒙することだからである。

　そして、こういうレトリックを用いるからこそ、「英語熱に浮かされてい
る日本人女性」にも必然的に批判の矛先が向かう。たとえば、前節でも引用
した津田幸男は、「女性の英語志向」の根源を近代初期に求めている。

> 　日本人と英語の関係を考えるには、日本の対アメリカ精神史をたどらなけ
> ればならない。心理学者の岸田秀氏によると、日米関係の精神史の原点は「黒
> 船来航」にあるという。岸田氏はこれを“ペリー・ショック”と名付けて、
> この体験により日本人は「引き裂かれた自己」を背負ってしまった、と論
> じている。日本人の意識は「外的自己」と「内的自己」に分裂し、欧米崇
> 拝の「外的自己」と日本尊重の「内的自己」の二面性をもつ自我を抱くよ
> うになった。... これを英語と日本女性の関係にあてはめてみると、明らか
> に多くの日本女性は「外的自己」により、英語にのめり込んでいる、とい
> うことがわかる。私は長い間、英語教育に関係してきたが、私の見た範囲
> でも、「英語が大好き」と公言してはばからないのは大半が女性である。（津
> 田　1993: pp. 37–38）

　つまり、日本人女性は近代の歴史的トラウマによって英語を崇拝するよう
になってしまったという主張である。津田にとって、女性の英語熱は現代だ
けの現象ではなく、江戸時代末期にまで起源を持つものなのである。

　当然ながら、上記の津田の説明はきわめて荒唐無稽である。「ペリー・
ショック」なるものは定義次第で存在するとも存在しないとも言えるし、そ
もそも日本人女性に外的自己（欧米崇拝）の面が強いという主張は偏見に満
ちている。

　一方、ジェンダー論の研究者（例、Kelsky 2001；北村　2011）が女性と英

語の関係を上記のように一枚岩的・本質主義的に論じることはきわめてまれである。たとえば、Kelsky の分析は英語志向が高学歴・都市居住・ホワイトカラー職の若い日本人女性に特徴的なものであることを見いだしており、しかも、とりわけ 1990 年代以降の現象として論じている。1980 年代後半から 1990 年代は「OL 留学ブーム」が巻き起こった時期とされているが[*2]、この背景には、一部の比較的高階層の女性が男尊女卑的な日本社会に対して強く反発し、海外に活路を求めたという事情がある（Kelsky 2001；鹿嶋 1989）。この点を踏まえれば、1980 年代以前の女性の英語志向は低く抑えられていたとすら言えるかもしれない。実際、2 章の結果はこの可能性の一傍証である。戦前および戦後初期に生まれた女性は男性よりも圧倒的に英語力が低かったからである。

　以上のように考えると、たとえば津田の「女性の英語崇拝」論のように、女性が歴史的に一貫して英語好きであったかのような記述は疑わしくなってくる。はたして女性は戦後一貫して「英語好き」だったのか否か。データ分析に基づいて検討したい。

[*2] 『現代用語の基礎知識』1990 年版（自由国民社 1990）に「OL 留学ブーム」が立項されている。以下に、その記述を引用する。

> 海外留学に転じる OL が増えている。東京都渋谷区の留学情報会社・国際文化教育センターの調査によると 1980 年には全体の 24% だった OL からの留学相談が、88 年には、39%，6 万 3000 件と飛躍的に増えている。年齢別では 25 歳から 39 歳が全体の 37% を占め、留学先は英語圏が大部分である。中心になっているのは、有名大学、短大を卒業し、大企業に 5 年前後勤め、当面結婚の予定のない 20 歳代半ばから 30 歳までの女性。こうした OL 留学ブームの背景には、働く女性たちの意識の変化に応えきれない国内企業社会の構造と、国際化の急速な浸透がある。(p. 892)

OL 留学ブームに関する詳細な分析としては Kelsky（2001: Chapter 2）および Takahashi（2013: Section 1.4）が詳しい。また、当事者による語りとしては、たとえば、川恵実（1991）『彼女がニューヨークに行った理由──OL 留学症候群』、斎藤聖美（1984）『女の出発──ハーバード・ビジネス・スクール』、松原惇子（1989）『「英語できます」』などがある。

6.2 データ

　本章で用いるデータは、戦後期の内閣府世論調査の報告書（集計済み表）である。英語関係については、個票データを分析可能な調査のほとんどが2000年代以降のもので、1990年代以前に行われた調査の個票データは公開されていない。しかし、英語に関する設問を含んだ世論調査自体は散発的に行われている。

　筆者は以前、外国語関連の設問を含む世論調査を網羅的に収集した（寺沢2013a, 2014a）。この中には、外国語学習をしているかどうか、あるいは学習意欲があるかどうかを聞いた調査がある。そのひとつが1970年代・80年代に内閣府によって行われていた「婦人に関する世論調査」である。一見、調査名から語学とは何も関係がなさそうだが、成人学習に関する設問のひとつとして語学経験および学習意欲を問う設問が含まれている。本章では以下、世論調査の分析により戦後の英語熱の変化を検討していきたい。

　なお、収集には、『日本版総合的社会調査コードブック』[*3] など過去の世論調査の設問一覧を参考にしながら、グーグルを駆使してできる限り網羅的に検索を行った。収集の際の基準は、(1) 設問に英語あるいは外国語に類する語句を含んでいること、(2) 調査の母集団が、たとえば「日本の有権者」のように明示的に設定されていること、および、(3) 報告書等が入手可能であることの3点である。

　収集済みの世論調査およびその概要を表6.1に掲載しておく。いずれの調査も外国語に関する調査を主目的としたものではなく、そのためか英語教育研究者にも存在がほとんど知られてこなかったようである——その証拠に、これらに言及した英語教育研究を筆者は見たことがない。しかし、その知名度の低さとは裏腹に、これらの調査は非常に強力である。なぜなら、いずれの調査でもランダム標本抽出によって回答者が選ばれているからである。したがって、標本誤差を考慮すれば、「日本人」など母集団全体に結果を一般化することが可能である。

　世論調査のリスト（表6.1）を今一度見てみよう。設問にはたとえば英語

[*3]　JGSS研究センターのウェブサイトで閲覧可能：http://jgss.daishodai.ac.jp/research/res_codebook.html

	調査年	調査名	母集団	標本サイズ	英語系設問要旨
1	1962	科学技術に関する世論調査	満15歳以上25歳未満の青少年	3,000	中学時に「英語科」が好きだったか否か
2	1962	青少年に関する世論調査	全国に居住する満15歳以上25歳未満の青少年	3,000	「英会話、外国語会話」を勉強したい・身につけたいか否か
3	1962	女子事務職員の意識に関する世論調査	東京都23区内・製造業・金融保険業に従事する女子事務職員	1,000	仕事で使える「語学」スキルの有無
4	1964	オリンピック国民運動に関する世論調査	全国の20歳以上の日本人	3,000	外来語の氾濫に対する意識
5	1966	ユネスコに関する世論調査	全国の20歳以上の者	3,000	1) 英会話力、2) 外国語学習への意欲
6	1972	婦人に関する世論調査	全国満18歳以上の女性	20,000	現在の「英会話などの外国語」学習の有無
7	1976	婦人に関する世論調査	全国20歳以上の女性	5,000	1) 現在の「英語などの外国語」学習の有無、2)「英語などの外国語」学習への意欲
8	1978	海外旅行に関する世論調査	全国15歳以上の男女	5,000*a	英会話力
9	1979	婦人に関する世論調査	全国20歳以上の女性	10,000	現在の「英会話などの外国語」学習の有無
10	1981	自由時間における生活行動意識に関する世論調査	全国15歳以上の者	5,000	1) 過去1年間の外国語学習（職業研修・学校を除く）、2) 外国語学習意欲
11	1984	婦人に関する世論調査	全国20歳以上の女性	3,000	1) 現在の「英語などの外国語」学習の有無、2)「英語などの外国語」学習への意欲
12	1986	外交に関する世論調査	全国20歳以上の者	3,000	「国際化のために外国語を身につけるべき」という価値観
13	1987	海外旅行に関する世論調査	日本国内に居住する満20歳以上70歳未満の者	3,000	英会話力
14	1989	読書・公共図書館に関する世論調査	全国15歳以上の者	3,000	語学書に対する態度
15	1992	生涯学習に関する世論調査	全国20歳以上の者	3,000	1) 過去1年の「語学（英会話）」学習行動、2)「語学（英会話）」への意欲
16	1993	生涯学習とボランティア活動に関する世論調査	全国15歳以上の者	3,000	「語学（英会話など）」への関心の度合い
17	1996	社会意識に関する世論調査	全国20歳以上の者	10,000	「国際化のために外国語を身につけるべき」という価値観
18	1997	中高年齢層の高齢化問題に関する意識調査	全国の40歳以上の男女*b	1,750	「語学（英会話など）」への関心
19	1999	生涯学習に関する世論調査	全国20歳以上の者	5,000	過去1年の「語学（英会話）」学習行動
20	1999	国語に関する世論調査	全国16歳以上の者	3,000	国際語としての英語に対する態度
21	2000	社会意識に関する世論調査	全国20歳以上の者	10,000	「国際化のために外国語を身につけるべき」という価値観
22	2001	今後の大学教育の在り方に関する世論調査	全国15歳以上の者	5,000	大学外国語教育が担う役割への意識、大学生が身につけるべき外国語の種類、大学外国語教育充実のための方策、効果的な大学外国語の授業方法、学校外での外国語学習経験等
23	2005	社会意識に関する世論調査	全国20歳以上の者	10,000	国際化対応への方策としての外国語教育の充実
24	2005	生涯学習に関する世論調査	全国15歳以上の者	5,000	1) 過去1年の「語学（英会話）」学習行動、2)「語学（英会話）」への意欲
25	2006	低年齢少年の生活と意識に関する調査	満9歳から満14歳の者、およびその保護者	3,600	「英語教室・英会話」などの習い事経験の有無
26	2011	国語に関する世論調査	全国16歳以上の者	3,485	国際語としての英語に対する態度

「国語に関する世論調査」（文化庁）を除き、すべての調査主体は内閣府. すべての調査がランダム抽出

*a　15歳以上24歳以下の層には、25歳以上の抽出率にたいし、3倍を割り当てる

*b　「中高年齢層」調査（40〜59歳）と「高齢者層」調査（60歳以上）の2調査

表 C.1　英語・外国語関係の設問を含む世論調査（戦後）

科に対する好き嫌いや回答者の現在の英語力を問うものなど様々なものがあるが、最も多いのが「外国語学習をしているか／したいか」を問う語学関係の設問である。そのうち最も古い調査が1962年の「青少年に関する世論調査」であり、それ以降にも「ユネスコに関する世論調査」（1966）、「婦人に関する世論調査」（1972, 1976, 1979, 1984）、「自由時間に関する世論調査」（1981）、「生涯学習に関する世論調査」（1992, 1993, 1999, 2005）などがある。これら各世論調査の結果をつないでいくことで、歴史的な推移もあわせて検討しようというのが本章の目論見である[4]。

　なお、多くの設問で「英語」ではなく「外国語」という表現が使われている点には注意を要する。当然ながら、「外国語」は「英語」だけを含意するわけではないが、日本社会の多くの人々にとって「外国語」と言えばたいていは「英語」を指すことが多いと思われるので（大谷 2007: pp. 145–48）、解釈上、大きな問題はないだろう。

6.3　英語学習者数の推移

　まず、外国語学習者数の推移を検討しよう。表6.2 は、外国語を学習していると答えた回答者の割合をまとめたものである[5]。その割合はいずれの調査でも 4% を越えておらず、全体的にきわめて低率という印象を受けるだろう。とりわけ 80 年代以前の女性のパーセンテージは低く、1% を割っているものすらある。90 年代になるとこのパーセンテージは多少上昇するが、それでも数 % である。英語を学習する女性は全体から見ればごく限られた層だったことがうかがえる。

　一方、学習意欲の面はどうだったのだろうか。表6.3（128 頁）は外国語

---

　[4]　なお、各年の設問の言葉づかいは必ずしも同一でない点に注意されたい。本章では、ほぼ同一概念を測定したと見なせるものを抽出し、それらを経年比較している。こうした手法は、たとえば日本放送協会放送世論調査所（1982）でも採用されており、厳密さよりも発見的性格を優先する場合にはしばしば使われる。
　[5]　注意が必要なのが、設問の言葉づかいに微妙な差がある点である。特に、「婦人に関する世論調査」では「今／現在」の学習状況が聞かれているのに対し、「自由時間における生活行動意識に関する世論調査」や「生涯学習に関する世論調査」では、過去 1 年間の学習が尋ねられている。したがって、後者のほうが高く算出される可能性がある点は考慮しておく必要があるだろう。

年	調査名	母集団	推計対象の設問・選択肢	男性 % (n)	女性 % (n)
1972	婦人に関する世論調査	全国 18 歳以上の女性	「英会話などの外国語」を「今…習いに行ったり、おけいこをして」いる	―（―）	1.6 (16645)
1976	婦人に関する世論調査	全国 20 歳以上の女性	「英語などの外国語」を「現在…学んだり習ったり」している	―（―）	0.4 (4143)
1979	婦人に関する世論調査	全国 20 歳以上の女性	「英語などの外国語」を「今…習いに行ったり、おけいこをして」いる	―（―）	0.4 (8103)
1981	自由時間における生活行動意識に関する世論調査	全国 15 歳以上の者	「外国語」を「ここ 1 年間」で学習（学校の勉強・会社の研修を除く）	2.1 (1774)	1.4 (2291)
1984	婦人に関する世論調査	全国 20 歳以上の女性	「英語などの外国語」を「現在…学んだり習ったり」している	―（―）	0.8 (2397)
1992	生涯学習に関する世論調査	全国 20 歳以上の者	「この 1 年くらいの間」の「生涯学習」として「語学」を学ぶ	2.6 (993)	2.5 (1198)
1999	生涯学習に関する世論調査	全国 20 歳以上の者	「この 1 年くらいの間」の「生涯学習」として「語学」を学ぶ	3.4 (1541)	2.6 (1907)
2005	生涯学習に関する世論調査	全国 15 歳以上の者	「この 1 年くらいの間」の「生涯学習」として「語学」を学ぶ	3.0 (1597)	3.6 (1892)

表 6.2　外国語学習をしている人の割合

学習の予定・意欲を持った人の割合を整理したものである。一見して目を引くのは「1962 青少年に関する世論調査」と「1966 ユネスコに関する世論調査」である。2 つの調査における「意欲あり」の人の割合は他調査と比較すると突出して高い。この原因として、「1962 青少年に関する世論調査」は若年層対象の調査であり、在学中の者が相当数含まれていた点、そして、「1966 ユネスコに関する世論調査」では設問の直前に国際交流に関する多数の設問があったためキャリーオーバー効果[6] が発生してしまった点が考えられる。

---

　*6　キャリーオーバー効果とは、質問紙調査などで、前にある設問によって後の設問の回答に影響が生じることである。国際交流に関する設問が直前に多数あったため、外国語の学習意欲が刺激され、その結果、高いパーセンテージになったと考えられる。

年	調査名	母集団	推計対象の設問・選択肢	男性 % (n)	女性 % (n)
1962	青少年に関する世論調査	全国に居住する満15歳以上25歳未満の青少年	「英会話、外国語会話」を勉強したい・技術を身につけたい	14.0 (不明)	1.6 (16645)
1966	ユネスコに関する世論調査	全国の20歳以上の者	「外国語」を「もっと勉強したい」	25.5 (1052)	19.0 (1365)
1976	婦人に関する世論調査	全国20歳以上の女性	(現在やっているものも含めて)今後「英語などの外国語」を学習予定	ー (ー)	2.2 (4143)
1981	自由時間における生活行動意識に関する世論調査	全国15歳以上の者	(現在やっているものも含めて)今後の「外国語」を学習予定*	5.6 (1774)	3.6 (2291)
1984	婦人に関する世論調査	全国20歳以上の女性	(現在やっているものも含めて)今後「英語などの外国語」を学習予定	ー (ー)	3.5 (2397)
1992	生涯学習に関する世論調査	全国20歳以上の者	「今後」の「生涯学習」として「語学」をしてみたい	5.9 (993)	9.7 (1198)
1999	生涯学習に関する世論調査	全国20歳以上の者	「今後」の「生涯学習」として「語学」をしてみたい	7.5 (1541)	8.3 (1907)
2005	生涯学習に関する世論調査	全国15歳以上の者	「今後」の「生涯学習」として「語学」をしてみたい	6.6 (1597)	8.5 (1892)

*： 複数のカテゴリを統合・掛け合わせた推計値

表 6.3　外国語学習の予定・意欲がある人の割合

　これら2つの調査を除外した場合、パーセンテージは一貫して低い。たしかに徐々に増加してはいるが、それでも1割を越えることはない。社会の何割の人々が英語学習への意欲を示せば「英語熱」があると言えるのかは難しい問題だが、少なくとも日本社会の大多数の人々は英語学習に対して無関心であったということは言える。言い換えれば、「英語熱」「英語ブーム」という現象がもしあったとしても、それは誤差を考慮してもせいぜい数%〜十数%の人々にしか関係がなかったということである。

　なお、他の学習項目と比較しても「外国語」は比較的マイナーな学習活動のようである。たとえば、1981年調査の外国語の選択者の割合(1.7%)は、すべての学習活動(6.4節で詳述)の中で11個中8番目である(最高が「芸術・文化・教養関係」の6.1%)。外国語の選択率とほぼ同レベルの学習活動は「教育・社会福祉」(2.2%)、「自然科学」(2.0%)、「理容・調理」(1.3%)などで

ある。

ただし、表 6.2・表 6.3 の結果は若年者から高齢層まで幅広い層の平均値に過ぎない。いずれの調査にも語学に関心が薄い戦前出生世代が多数含まれており、この世代の低い数値[*7]に全体が引きずられてしまうため、見かけ上の推移はごくマイルドにしか現れない可能性がある。こうした問題を回避するには、社会の変化に敏感な層、語学の場合であれば若年層に注目することが有効である（じじつ、いずれの調査でも若年者の数値が最も高い）。こうした問題意識から、各調査の 20 代・30 代に限定して、「学習している」「学習意欲がある」と回答した人の割合をそれぞれ図示したものが図 6.1 である。

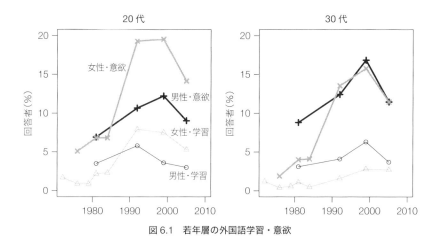

図 6.1　若年層の外国語学習・意欲

図から明らかなとおり、1980 年代以降の推移が男女で違う。男性の場合、同水準あるいは微増程度であるのに対し、女性の場合は 1980 年代後半に大きく上昇しているからである。その傾向は特に 20 代女性の「外国語学習意欲」に顕著であり、1990 年代における「意欲あり」の女性の割合は男性の 2 倍近くにまで達している。

以上の結果は、前節で紹介した津田 (1993) によるジェンダー本質主義的な「英語熱」論に対する明確な反証である。なぜなら、津田は女性が「本質

[*7]　たとえば、外国語を学習していると回答した戦前生まれ世代は、多くの場合、1.0% に満たない。調査によっては、ほぼ 0.0% の場合すらある。

的」に英語・外国語を志向すると論じていたが、本章の分析はその前提を真っ向から否定するからである。むしろ、上記の結果は女性の英語熱が80年代後半以降の比較的最近の現象であることを示唆している。たしかに戦後比較的早い時期から主婦や就労女性（当時の表現では「BG・ビジネスガール」）が熱心に英会話教室に通っていることを報じた記事は多数ある[8]。しかしながら、こうした報道が注目した女性は日本社会全体から見ればごく一部の階層——おそらく教育レベル・経済レベルが比較的高い階層——であったはずである。英会話のような、どちらかといえば「高級」な趣味・習い事に金銭的・時間的・精神的な投資が可能な階層は経済的余裕があり学歴も比較的高い階層だからである（片岡 2003）。むしろ、英会話教室などに足繁く通う一部の女性を報じることで、「女性＝英語志向」という認識を強化していった可能性もあるかもしれない。ここで提起されたジェンダーをめぐる論点は次節でさらに詳しく検討する。

6.4　ジェンダーとの対応関係

本節では、戦後日本社会における英語学習の位置づけをジェンダーとの関連から検討したい。以下の分析で焦点をあてるのは、現在外国語を学んでいるかどうかという「行動」である。もちろん学習意欲の検討も興味深いが、行動に比べれば不安定な要素が大きく、調査が行われている時期の「時代の空気」に簡単に左右されてしまうおそれがあるので、まずは安定性の高い「行動」に注目しようという意図である。

外国語学習を他の学習活動と比較する視点も重要である。たとえば、もし女性の英語学習者が多かったとしても他の学習活動でもまったく同様の傾向があったならば、それは「女性の英語好き」というより「女性の成人学習（習い事）志向」を意味するに過ぎなくなる。実際、片岡（2003）が述べるとおり、「文化的」とされるような習い事と女性性は対応するものとして理解されることが多い。つまり、語学に固有のジェンダー的特徴が存在するかどうかは、他の学習活動と比較してはじめてわかるのである。

---

[8]　たとえば、『朝日新聞』1961年6月4日「町の英語熱盛ん 東京都」、同 1975年3月7日「外国語の勉強 今やレジャーに 語学番組 年々増す女性受講者」。

6.4 ジェンダーとの対応関係 | 131

外国語学習とジェンダー・世代・学歴

　本節で分析する調査は「自由時間における生活行動意識に関する世論調査」（1981 年）である。男女に英語学習の有無を尋ねている世論調査としては最も古い調査であり（表 6.2 参照）、現代との比較には最も適している。もうひとつ重要な点は、この調査でのみジェンダーと教育レベルの関係を考慮した分析が可能であることである。というのも、これ以降の世論調査の報告書には男女別・学歴別の集計がないからである。

　この調査には、「あなたは、この 1 年間に会社などでの研修や学校での勉強の他に知識や教養をたかめたり、技術を身につけたり、資格取得のために何か学習をしましたか」という設問がある。回答者は外国語学習を含む全部で 12 個の学習活動から該当するものをすべて選択する（詳細は注を参照[9]）。また、そもそも学習しなかったと回答した人も全体の 75.8% 存在した。そこで、上記に「しなかった」というカテゴリも加えて、13 個のカテゴリを分析対象とする。

　これら 13 種類の学習活動への回答が回答者の属性によってどのように変化するかを検討する。ここでとりあげる属性はジェンダー、世代（およそ 10 歳ごとの 6 カテゴリ）、そして最終学歴（義務教育／中等教育／高等教育の 3 カテゴリ）である。報告書にはこれらのカテゴリごとに選択者の割合が集計されているが、これらを一つ一つ比較検討していくのは非常に煩雑な作業になる[10]。そこで、全体的な傾向をつかむため、対応分析を用いて学習活動と属性の対応関係を把握し、英語学習がどのあたりに位置づけられるかを検討する。

　報告書に記載されているパーセンテージから回答者数を算出し、それをもとに対応分析を行った。その結果得られた成分スコアをもとに、各項目を 2

---

　[9]　報告書に記載された選択肢は次のとおりである。1) 人文・社会科学、2) 自然科学、3) 家政・家事、4) 教育・社会福祉、5) 商業実務・ビジネス関係、6) 工業技術関係、7) 医療・保健、8) 理容・調理、9) 芸術・文化・教養関係、10) 時事問題、11) 外国語、12) その他。なお、図 6.2 ではいくつかを略記している。
　[10]　学習活動が 13 カテゴリ、ジェンダーが 2 カテゴリ、世代・学歴が計 9 カテゴリあるので、計 234 個という膨大な量のパーセンテージを比較検討する必要がある。

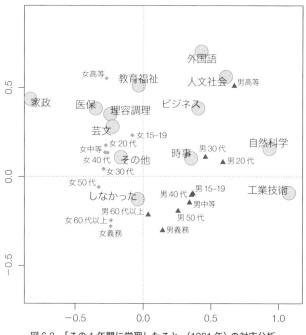

図 6.2 「この 1 年間に学習したこと」(1981 年) の対応分析

次元空間上に配置したものが図 6.2 である。図中、「学習活動」を表しているのが円〇で、「属性」を表しているのが▲と◆である(それぞれ男性・女性)。対応分析では一般的に回答傾向が近いカテゴリは同様の位置関係に配置される。また、特徴的な回答パタンを示した項目は原点から離れた位置に、他の多くの項目に見られる特徴の少ない項目は原点付近に配置される (Clausen 1998)。

まず、男女の位置関係に注目したい。図の左側に女性が、右側に男性が配置されており、図の横軸 (第 2 軸: 寄与率 27.3%) はジェンダーを反映したものだとわかる。一方、世代および学歴に注目すると、図の上側に若い世代・高等教育卒が、下側に高齢世代・義務教育卒が位置している。このことから、図の縦軸 (第 1 軸: 寄与率 54.9%) は世代および教育レベルを反映したものだと言える。

次に、学習活動に目を転じてみよう。「外国語」は図の右上の、原点からかなり離れた位置にある。上側にあるということは、外国語学習は、当時、

他と比較しても特に高学歴・若年世代に親和的な活動だったことを物語っており[11]、これは外国語学習の性格を考えれば容易に納得できる結果である。

　一方、「外国語」が図の右側、すなわち「男性」側に配置されている。この結果は「女性は英語好き」言説と相反する。つまり、この分析上では、語学はどちらかといえば男性寄りの活動なのである。実際、報告書原本を見ても、外国語を学習していると答えた男性は2.1%であるのに対し女性は1.4%であり[12]、年齢別に比較しても、10代を除きどの世代でも、男性の割合のほうが高い。もちろんこの結果はあくまで分析に用いた12個の学習活動との相対的な位置関係を示しているに過ぎないが、一般的に「女性」的な学習活動と考えられている「芸術・文化・教養関係」からかなり離れた位置に配置されていることを見ても、「女性は英語好き」というしばしば自明視されてきた構図は再検討を要するだろう。

6.5　どのような女性が英語を学んだか？

　世論調査のような客観的なデータのうえでは、1980年代後半以前の女性の英語志向は確認できなかった。しかしながら、前述のとおり、それ以前にも学術的文献や新聞記事において女性の英語志向は盛んに指摘されてきた。こうした矛盾は、「女性は英語好き」言説が特定の層の女性の行動・意識を過剰に一般化することによって形成されたことにおそらく原因がある。実際、女性の英語ブームを伝える記事で頻繁に登場するのは「学生」「働く女性（BG/OL）」「主婦」である。また、Kelsky（2001）の調査協力者が主として高学歴層・ホワイトカラー層・都市居住者だったことが物語っているとおり、英語志向はどちらかといえば社会階層の上層の女性に顕著な現象であることが

---

[11]　じじつ、外国語学習は、これら13の選択肢のなかでは、特に若年層・高学歴層のパーセンテージが高い。学習の有無と属性をもとにクロス表をつくり、その順序的連関度合を示すグッドマンとクラスカルのガンマ（γ）を算出したところ、「外国語学習」はいずれも最も高い数値を示した（学歴：$\gamma = 0.70$，世代：$\gamma = 0.52$）。

[12]　ただし、両者のパーセンテージの差は、統計的に有意なものではない（男性の選択者／全男性：37/1774，同女性：32/2291，$\chi^2 = 2.445$，$df = 1$，$p = 0.118$）。したがって、「男性は女性より外国語の学習をした」というよりは、同水準だったと考えたほうがよいだろう。

想像できる。これは、英語が日本社会において高学歴や職業的成功の象徴でありつづけてきたことを考えれば不思議ではない（江利川 2006；Seargeant 2011: Chapter 7）。その点でいえば、社会階層の上層者のほうが英語を受容しやすいという構図はそもそも女性に限ったものではなく、男性にも当てはまるはずである。

　こうした問題意識から、女性の社会的属性と語学（およびその他の学習活動）の対応関係を検討したい。分析に用いるデータは1972年版の「婦人に関する世論調査」である。同調査では「あなたは、今、何か習いに行ったり、おけいこをしていらっしゃいますか」という問いに対し、14種類の学習活動が選択肢として用意されている（詳細は注を参照[13]）。ここに、何も学習していないとする回答（「していない」）をくわえ、15個のカテゴリとした。

　一方、社会的属性は次のものを検討した。(A) 世代5カテゴリ（20代／30代／40代／50代／60代以上）、(B) 居住都市規模5カテゴリ（東京都区／9大市／中都市［人口10万人以上］／小都市［人口10万人未満の市］／町村）、(C) 職種7カテゴリ（専門・管理職／事務職／労務職／販売サービス職／農林漁業／商工業サービス業の自営業（「商工サ自営」と略記）／主婦（なお「学生」は除外））、(D) 最終学歴3カテゴリ（義務教育卒／中等教育卒／高等教育卒）の4変数、計20カテゴリである。以上の分類をもとに、報告書に記載されているパーセンテージから回答者数を算出し、対応分析を行った。その結果を図示したものが図6.3である。

　まず、社会的属性（図▲印）に注目すると、図の軸の解釈が容易になる。すなわち、図の上側に高学歴、ホワイトカラー職——特に専門職・管理職——、都市居住が配置されており、縦軸（第1軸：寄与率51.5％）は職業階層・学歴階層・都会度を反映したものと考えられる。また、図の右ほど高齢であり、横軸（第2軸：寄与率18.2％）は世代を反映したものだろう。

---

[13]　(1) お茶・お花・おどりなど（図中では「茶花」と略記、以下同様）、(2) 琴・三味線など（「邦楽」）、(3) ピアノ・エレクトーン・バイオリン・ギターなど（「洋楽」）、(4) 絵画・彫刻・書道など（「美術」）、(5) 和歌・俳句・川柳など（「和歌等」）、(6)「お人形・造花・焼物・織物・染物など」（「工芸」）、(7) 和裁・洋裁・編みもの・手芸など（「和洋裁」）、(8) 料理、(9) 理容・美容・着付など（「理美」）、(10) そろばん・簿記・会計・経理など（「商経」）、(11) 和文タイプ・英文タイプ（「タイプ」）、(12) 英会話などの外国語（「外国語」）、(13) 自動車の運転（「車」）、(14) その他。

6.5 どのような女性が英語を学んだか？

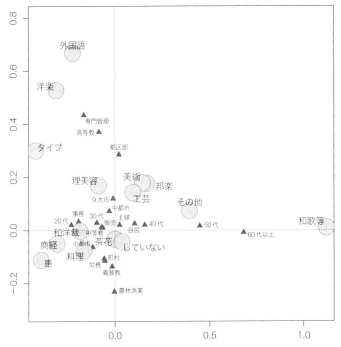

図 6.3 「現在の学習活動」(1972 年、女性) の対応分析

「英会話などの外国語」学習は図の左上に位置している。つまり、語学は若年層で高学歴・ホワイトカラー職・都市居住の女性と親和的だったのである。しかも、語学は原点からの距離が最も遠い項目の一つである。これは、語学が他の学習活動に比べて特にユニークな回答傾向を示していたことを意味している。本分析に即して言えば、特定の属性の女性に回答が偏っていたということになる。じじつ、英語学習の有無と居住都市規模の連関度合、学歴との連関度合は、学習活動 14 カテゴリ中、最大であった[*14]。1972 年当時の女性の間では、英語学習が他の学習活動に比べてより密接に高学歴・都市居住と結びついていたことがわかる。

一方、一般的に女性に多いと考えられている学習活動のいくつかと比較すると、外国語学習の特徴はいっそう明確になる。「お茶・お花・おどりなど」

[*14] それぞれ、グッドマンとクラスカルのガンマ (γ) で、γ = 0.40, γ = 0.72.

「料理」「和裁・洋裁・編みもの・手芸など」は性別役割分業意識が現在よりもいっそう強固であった1970年代当時、「女性向き」の学習活動と見なされていたと考えられるが、これらはいずれも原点近くに配置されている。つまり、茶道・花道・舞踊・料理・和裁・洋裁といった学習活動は、様々な世代・地域・職業・学歴の女性に幅広く見られた、言わば「階層横断的な活動」だったことになる。これらと対比すると、英語学習がいかに特定の階層に偏っていた学習活動なのかわかる。つまり、「女性は英語好き」と一口に言っても、一枚岩的な現象として概念化することはかなりの無理が伴うのである。

6.6　まとめ

本章では、世論調査の分析により戦後の外国語学習者の動向を検討し、戦後の英語熱の変化を明らかにした。重要な知見として次の4点が指摘できる。

(1) 日本社会は戦後一貫して「英語熱」に満ちているとしばしば形容されるが、学習者や学習意欲がある人の割合を見る限り、その「熱」の規模はごく小規模である。
(2) 「日本女性は男性よりも英語好き」などとしばしば言われるが、近年（1990年代以降）の若年層を除けばこのような状況は確認できない。
(3) 少なくとも1980年頃においては、様々な学習活動と比較しても女性が英語学習に熱心だったという証拠はない。むしろ英語学習は当時、どちらかといえば男性寄りの活動だった。
(4) 少なくとも1970年頃においては、語学は社会的属性によって学習者の割合が大きく変動する活動のひとつであり、「女性はみな一様に英語を学んでいる」というイメージは誤りである。

戦後日本社会は「英語熱にあふれる」「特に女性の英語志向が顕著である」などとしばしば形容されてきた。こうした見方がいかに根拠が薄く、そして場合によってはジェンダー的な偏見に満ちたものなのか、本章の分析は明らかにしたと言える。

第7章

英語以外の外国語の学習に対する態度

日本は単一言語の国ではない

「日本は単一民族の国だ」という言説の虚構性が明らかにされて久しい（小熊 1995）。同様に、単一民族論への批判ほどではないが、「日本は単一言語の国だ」という言説の問題点も厳しく指摘されている。すでに多くの社会言語学者（例、Gottlieb 2005；ましこ 2003；安田 2011）が明らかにしてきたとおり、日本には戦前から現在まで、標準日本語のモノリンガル社会だった時代など存在しない。アイヌ語、琉球諸語、日本列島以外にルーツのある人々の言語の存在にくわえ、「日本語」内部にも多くの地域変種・階層方言を抱えていた以上、多言語状況が常に存在していたことは揺るぎのない事実である。

その一方で、多言語状況に対する「日本人」の注目が集まってきたのは、ここ最近の現象だと言える。その主たる要因のひとつが、1980 年代末以降の外国人人口の急増、および、それに伴う外国語話者の顕在化だろう。じじつ、近年、日本社会の多言語化を論じた書籍が一般書も含め多数刊行されている。たとえば、『多言語社会がやってきた——世界の言語政策 Q & A』（河原・山本 2004）、『事典 日本の多言語社会』（真田・庄司 2005）、『日本の言語景観』（庄司ほか 2009）などがある。——とりわけ、最初にあげた書籍の書名は象徴的である。

多言語化に関する学術的な議論も 1990 年代後半から着実に増えており、日本語・英語以外の様々な言語の位置づけについて研究が蓄積されてきている（西山 2011；pp. 198–200）。さらに、学校教育現場にとって多言語状況はより切実な問題である。文部科学省によれば、2012 年 5 月の段階で日本語指導が必要な外国人児童生徒の数は 27,013 人と、統計を取り始めてから 3 番目に多い[*1]。

[*1] 文部科学省「日本語指導が必要な児童生徒の受入れ状況等に関する調査（平成 24 年度）」http://www.moxt.go.jp/b_menu/houdou/25/04/1332660.htm

もちろん在日コリアンの存在をはじめとして学校教育現場は常に多言語化していた。しかし、政府・行政の対応は長い間、基本的に無視ないしは抑圧であり、安田（2011：p. 3）も述べているとおり、近年の外国人急増により「外から」気づかされた（あるいは気づいたふりをした）という側面は大きい。

7.1 「日本＝多言語社会」に対する「日本人」の態度

こうした状況から、多言語状況に対する「日本人」の関心も高まってきているようである。特筆すべきは、戦前から存在感を放っていた英語だけでなく、英語以外の外国語にも注目の度合が高まっている兆しがあることである。たとえば、矢野経済研究所（2009, 2010, 2011, 2012）によると、「英語以外の外国語」の市場規模はここ数年で徐々に拡大しており、2011 年には 100 億円を超えている（特に中国語と韓国朝鮮語の伸びが大きい）。また、2006 年春に文部科学省が募集した、小学校への英語教育導入に関するパブリックコメントでは英語以外の外国語を学ぶ機会の充実を訴える意見も寄せられていた[2]。

以上のとおり、戦前そして戦後しばらくの間とは異なり、現在は英語以外の外国語に対する「日本人」の態度に大きな変動が生じている可能性が高い。「日本人」の外国語に対する態度を明らかにしておくことは、今後の社会言語学や日本社会研究、そして外国語教育研究にとって意義があると言える。そこで、本章では、英語そのものの問題からしばし離れ、英語以外の外国語に対する「日本人」の態度をデータに基づいて検討したい。

先行研究

前述のような状況から、日本社会の多言語化に関する研究はすでに数多くなされているが、外国語——特に英語以外の外国語——に対する「日本人」

---

[2] 寄せられたパブリックコメントには、「昨今の近隣諸国、とりわけ中国、韓国との諸問題が大きな問題になっているのを考えるとこれらの国の言葉を教えることも英語と同じ選択肢に入れるべき」という意見や、「来るべき多言語・他文化社会に求められるのは、近隣諸国の言語を学ぶことである」という意見があった。http://www.mext.go.jp/b_menu/shingi/chukyo/chukyo3/004/siryo/06090504/007.htm

の態度については先行研究に乏しい。研究の空白状況は『事典 日本の多言語社会』(真田・庄司 2005) の項目を見るとわかりやすい。同事典は総勢91人の研究者が計151項目を執筆しているが、その中には「日本人」の多言語社会に対する態度、あるいは各言語に対する態度といった項目はない。そればかりか、そのテーマとゆるやかに関連すると思われる項目も「言語イデオロギー」「言語意識」の2項目だけである。

もちろん数こそ多くはないが、「日本人」の英語以外の外国語に対する態度を実証的に検討した研究は存在する。それらを大別すると、(1) インタビューやエスノグラフィーなどフィールドワークを主体とした質的な研究と、(2) いわゆる「第2外国語」への態度に関するアンケート調査の2種類が指摘できる。前者は、地域の言語的多様性に対し人々がどのような意識・態度を抱いているのかを、その地域に入り込むことで詳細に分析した質的研究である。たとえば、Kubota & McKay (2009) は、南米出身の外国人が多数居住する地方都市で、多言語化に対する地域住民の態度を調査したエスノグラフィーである。一方、後者は、英語以外の外国語に関する意識・態度について質問紙などを用いて調査した量的研究であり、一般的に意識調査と呼ばれる。論理的に考えれば、国民や地域住民の声を幅広く聞くような意識調査もありえるが、実際の調査のほとんどが大学生を対象とした意識調査である (例、小田 2000; カイトほか 2002)。

これら先行研究に共通する問題点は対象者が特定の層に偏っている点である。フィールドワークで明らかになることはフィールドで出会った人々の態度に過ぎず、また、既存の意識調査の大半は大学生のいわゆる「初修外国語」に対する意識である。したがって、こうした先行研究から、「日本人」全体の外国語に対する態度の趨勢を推論することはかなり困難である。

もちろん、序章で述べたとおり、「日本人」全体に一般化可能な調査は個々の研究者がそう簡単に行えるものではない。しかしながら、幸運なことに、JGSS-2006では「日本人」の英語以外の外国語に対する関心が尋ねられている。本章では、このデータを分析することで「日本人」の外国語への態度を明らかにしたい。

7.2 「あなたは何語を学ぶことに興味がありますか」

本章で用いるのは、前述のとおり、JGSS-2006 である。JGSS-2006 には、以下のように、英語以外の外国語への関心を尋ねる設問がある。

> あえて英語以外の外国語を学ぶとすれば、あなたは何語を学ぶことに興味がありますか。もっとも興味がある外国語 1 つに〇をつけてください。
> 1. ドイツ語
> 2. フランス語
> 3. スペイン語
> 4. ポルトガル語
> 5. イタリア語
> 6. ロシア語
> 7. 中国語
> 8. ハングル（韓国・朝鮮語）
> 9. アラビア語
> 10. その他（具体的に　　　）
> 11. 興味がある外国語はない

　上記のように、回答者は 11 の選択肢からひとつを選ぶ。以下、この設問を、特に強調する必要がある場合を除き、「外国語への関心」と略記する。

　各言語の選択者数およびその割合を図 7.1 に示す。最も高いパーセンテージを示した上位 2 ヶ国は中国語 (27.3%) と韓国朝鮮語 (18.5%) で、近隣諸国の言語への関心の高さが伺える。対照的に、大学の外国語教育の代表格とも言えるフランス語 (11.7%) とドイツ語 (6.9%) は相対的に低い。また、「興味がある外国語はない」を選んだ回答者が 7.4% にとどまる点も注目に値する。逆に、何らかの言語を選択した人はあわせて 77.9% におよぶ。「あえて学ぶとすれば」と尋ねていることもあり、学習に対する関心は限定的なものも含まれるだろうが、それでも約 8 割の人々が英語以外にも関心を抱いていたという結果は強調されてよい。ささやかながら多言語主義が日本社会に浸透しつつあることを感じさせるからである。

　図 7.1 の結果は調査時期 (2006 年 10 月〜12 月) の社会状況と比較しても興味深い。当時は中国・韓国に対する「日本人」の感情は必ずしも良くなかっ

7.2 「あなたは何語を学ぶことに興味がありますか」

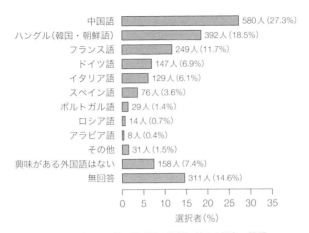

図 7.1 「英語以外の外国語の学習に対する関心」設問

た時期にあたる。その一因は 2000 年代中頃からの日中間・日韓間の政治的緊張にあった。実際、これは内閣府「外交に関する世論調査」の結果にも現れている。2006 年 10 月の同調査によれば、中国に対し「親しみを感じる」人は 34.3%，韓国に対して「親しみを感じる」人は 48.5% であり、これら近隣諸国に対する親近感は米国 (75.3%)、豪州・ニュージーランド (61.8%)、西欧諸国 (60.3%) に比べると際だって低い。

こうした親近感と図 7.1 の各言語に対する関心には、ある程度のギャップが見てとれる。つまり、近隣諸国の場合、国自体への親近感は低いがその国の言語への関心は高く、反対に、西欧諸国の場合、高い親近感のわりにその国の言語に対する学習意欲は高くない（各言語で選択者が分散している面はあるが、ドイツ語・フランス語・スペイン語・ポルトガル語・イタリア語の選択者を合計しても 29.7% であり、中国語の選択者の割合とほぼ同じである）。各国に対する好悪の感情と、言語学習はある程度独立して現れていることがわかる。たとえば、中国語学習には国・文化への憧れなどの学習動機よりもビジネスなど功利的な動機が強く働いている可能性がある。

もう 1 点指摘すべきは、図 7.1 に示された各言語のシェアが在日外国人の第 1 言語のシェアと著しく乖離している点である。法務省の「在留外国人統計」(2006 年) によれば、当時日本に居住していた外国人の国籍の上位 5 ヶ国は、韓国朝鮮 (60 万人)、中国 (56 万人)、ブラジル (31 万人)、フィリピ

ン（19万人）、ペルー（6万人）であった。この在日外国人数と、韓国朝鮮語・中国語の選択率が高かった点は整合的だが、一方、ブラジル出身者の多くの第1言語であるポルトガル語の選択率は低い。フィリピノ語は選択肢にも入っていない[*3]。むしろ在日フランス人（8,146人）・在日ドイツ人（5,705人）のシェアの小ささに比べて、ドイツ語やフランス語の選択率が高いことは「日本人」の英語以外の外国語に対する態度が、2006年でも依然、高等教育におけるいわゆる「第2外国語」の枠内で強くイメージされていることを物語っている。

7.3 基本属性との連関

次に、「関心のある外国語」設問がその他の様々な変数とどのように関連しているか検討する。まず本節では、回答者の基本属性であるジェンダー、年齢、最終学歴との連関を探っていこう。

属性別の言語選択パタン

各言語の選択者を基本属性別に集計したものが表7.1である。表内の数値は各グループの言語選択者のシェア（%）である。また、太字のパーセンテージは残差の分析の結果、有意（$p < 0.05$）だったことを意味している。

クロス表全体でみると、ジェンダー・年齢・教育レベルに有意かつ比較的大きい連関が見られた[*4]。以下、属性ごとに具体的な連関パタンを見ていこう。第1に、ジェンダーについては、フランス語、韓国朝鮮語、中国語に比較的大きな関連が見てとれる。フランス語・韓国朝鮮語の選択者に女性が多く、一方、中国語の選択者には男性が多い。第2に、年齢との連関についていえば、選択率が有意に高いのが若年層のフランス語・イタリア語、そ

[*3]　JGSS は原則として、「その他（具体的に記述）」選択者に特定の記述が多数あれば、それを新たに変数化する。フィリピノ語の学習希望者は「その他」を選ぶことになるが、フィリピノ語を記述していた回答者が多ければ変数化するはずで、それがない以上ほとんど選択者がいなかったと考えられる。

[*4]　ジェンダー：$\chi^2 = 76.418$, $df = 11$, $p < 0.001$, クラメールの $V = 0.190$. 年齢：$\chi^2 = 499.648$, $df = 55$, $p < 0.001$, $V = 0.217$. 教育レベル：$\chi^2 = 356.341$, $df = 22$, $p < 0.001$, $V = 0.291$.

7.3 基本属性との連関 143

	ジェンダー		年齢					
	男	女	20代	30代	40代	50代	60代	70–89歳
ドイツ語	7.6	6.3	10.5	5.9	8.2	7.3	5.4	6.1
フランス語	9.3	14.0	19.5	16.0	13.9	11.8	7.4	5.8
スペイン語	4.6	2.6	6.7	5.1	3.8	3.0	4.0	0.5
ポルトガル語	1.8	1.0	1.9	2.1	2.8	1.1	0.7	0.0
イタリア語	5.2	6.9	13.3	10.2	6.3	6.1	2.5	1.6
ロシア語	0.8	0.5	0.0	1.1	0.9	0.5	0.5	0.8
中国語	33.5	21.5	24.3	24.6	28.7	31.4	29.7	23.2
韓国朝鮮語	14.4	22.3	13.3	24.1	25.9	21.6	19.1	5.3
アラビア語	0.5	0.3	0.0	0.5	0.6	0.9	0.0	0.0
その他	2.1	0.9	1.9	2.4	0.9	0.2	2.2	1.3
興味なし	6.7	8.1	3.3	1.9	1.6	5.2	11.6	18.2
無回答	13.6	15.6	5.2	6.1	6.3	10.9	16.8	37.2
計	100.1	100.0	99.9	100.0	99.9	100.0	99.9	100.0
回答者数	1023	1101	210	374	317	440	404	379

数値: パーセンテージ.
ボールド: 残差分析により有意だったセル (*p* < 0.05, ホルムの方法による調整済み).

	教育レベル			居住都市の規模			
	義務	中等	高等	大都市	人口20万以上の市	人口20万未満の市	町村
ドイツ語	3.6	5.6	10.7	9.0	6.0	6.8	5.6
フランス語	3.1	12.3	15.7	12.5	11.8	11.6	10.4
スペイン語	0.8	3.0	5.8	4.4	3.8	3.0	3.6
ポルトガル語	0.8	1.2	2.0	0.7	2.2	1.3	1.2
イタリア語	1.3	6.6	8.0	9.2	5.1	5.3	5.2
ロシア語	0.5	0.8	0.6	0.7	0.2	0.9	0.8
中国語	22.4	27.3	30.2	27.5	28.7	26.5	26.8
韓国朝鮮語	12.8	22.3	16.0	16.7	19.8	18.9	17.2
アラビア語	0.0	0.3	0.7	0.2	0.2	0.5	0.8
その他	1.6	1.4	1.6	1.5	1.1	1.3	2.8
興味なし	19.5	6.0	3.0	4.2	6.7	8.4	11.6
無回答	33.6	13.3	5.8	13.4	14.4	15.7	14.0
計	100.0	100.1	100.1	100.0	100.0	100.2	100.0
回答者数	384	1023	702	455	550	869	250

数値: パーセンテージ.
ボールド: 残差分析により有意だったセル (*p* < 0.05, ホルムの方法による調整済み).

表7.1　興味のある言語と基本属性の関係

して、中年層の韓国朝鮮語である。第3に、教育レベルとの連関である。有意に高い選択率が示されているのは高等教育卒者のドイツ語・フランス語・スペイン語、そして、「最終学歴＝中等教育」の人々の韓国朝鮮語である。また、教育レベルが低いほど、「興味がある外国語はない」と答えた人が増えるという結果も納得がいく。

144 第 7 章　英語以外の外国語の学習に対する態度

　一方、有意な関連が確認できなかったのが、居住都市規模である[*5]。一般的に、都市規模が大きくなり都市度が増していくほど、外国語や外国文化への関心は高くなる傾向があり、英語への肯定的な態度と都市規模の相関にはデータの裏付けもある（5 章・6 章参照）。しかしながら、英語以外の外国語にそのような関係が見いだせなかったのは、テレビドラマや映画をはじめとするマスメディアの浸透で、都市度にかかわらず、様々な外国語に触れるチャンスが広がっており、特に東アジアの言語への親近感が一般化しているせいかもしれない。

対応分析

　以上のとおり、単純なクロス表の分析を見ても、基本属性と各言語に様々な連関があることがわかった。では、属性によってこのような差が出てくるのはなぜだろうか。たとえば、なぜ韓国朝鮮語の選択率は中年層や中等教育経験者に高いのか。また、フランス語やイタリア語の若年層の支持が、同じ西ヨーロッパの言語であるドイツ語やスペイン語に比べても大きいのはなぜか。

　この答えの鍵は、ジェンダーとの交互作用にある。つまり、外国語への関心に対する世代・教育レベルの影響が男女間で異なっていたためである。以下、交互作用を検討するため、(1)「関心のある言語×世代×ジェンダー」、(2)「関心のある言語×教育レベル×ジェンダー」という 2 種類の 3 次のクロス表を作成した。なお、回答者数がごくわずかだった「アラビア語」「ロシア語」「その他」は、それぞれの解釈に大きなバイアスを生む恐れがあったので割愛した。

　このクロス表を詳細に検討した結果、各言語に対する関心と属性の間に、明らかな交互作用が認められた。ただ、これらの表には膨大な量の情報が含まれ[*6]、それを個々に示していくのは非常に煩雑になる。そこで、クロス表の連関を 2 次元空間上で表現する手法である対応分析を用いて結果を図示する。なお、以下に示す解釈はすべて筆者がクロス表を詳細に検討した結果

[*5]　$\chi^2=46.734$, $df=33$, $p=0.057$, クラメールの $V=0.086$.

[*6]　言語の選択肢が 8 つ、ジェンダーが 2 つ、基本属性が計 8 つ（5 つの世代グループと 3 つの水準の教育レベル）あるので、8×2×8＝128 個の数値を比較検討する必要がある。

7.3 基本属性との連関

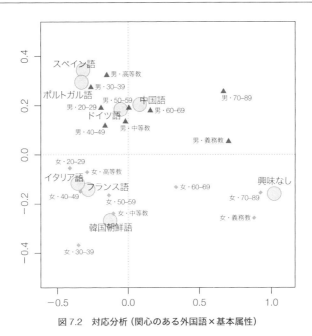

図 7.2　対応分析（関心のある外国語×基本属性）

到達したものでもあり、対応分析固有のバイアスでないことは付言しておく。

対応分析の結果を図 7.2 に示す。図中の○が各言語を、▲◆が各属性（それぞれ男女）を示している。対応分析では一般的に同じような回答パタンの項目は似たような位置関係に配置される。また、特徴的な回答傾向を示した項目は原点より離れた場所に、特徴の少ない項目は原点付近に配置される（Clausen 1998）。

まず、属性の配置パタンを確認しよう。図の中で最も明らかなのがジェンダー差である。女性の項目はすべて図の下側に、男性の項目は図の上側に位置している。したがって、縦軸（第 1 軸：寄与率 60.6％）はジェンダーを反映していることがわかる。一方、横軸（第 2 軸：寄与率 21.7％）は教育レベル（左にいくほど高学歴）、および、世代（左にいくほど若い）を反映していると考えられる。ただし、40 代以下の世代内部にはほとんど左右の変動は見られず、「高齢層 vs. 若年・中年層」という軸と解釈するのが自然である。

図によれば、フランス語・イタリア語は女性のなかでも高学歴・若年層の女性に支持されていることがわかる。この連関の背後には、この層の女性の

ファッションに対する関心があるのかもしれない。つまり、若く、そして、高学歴の女性は、西欧のブランド商品を消費する経済的余裕が比較的大きく、関心も高いため、こうした要因が言語への関心にもつながった可能性がある。実際、2004年の総務省「全国消費実態調査」によれば、30歳未満の比較的高所得の女性にファッション関係の支出が際だって多い[7]。

　一方、韓国朝鮮語は同じく女性の支持率が高いものの、「50代」「最終学歴＝中等教育」の女性とより近接している。調査時点（2006年）においていわゆる「韓流ブーム」を支えた層が中高年の女性だったことを考えるとこの結果は納得がいく（なお、2006年時点で50代の女性のおよそ6割は最終学歴が中等教育卒であり[8]、こうした点が女性・中等教育と韓国朝鮮語を近接させた原因と考えられる）。このように、同じ「女性寄り」の言語であっても、その支持のされ方には違いがあることがわかる。

　つづいて、男性側（図の上側）の言語を見てみよう。最も「男性寄り」の言語として、図の最上部に位置しているポルトガル語とスペイン語が指摘できる。特に20代・30代・40代、そして高学歴の比較的若い男性の選択率が高い。いくつかの意識調査にも示されているとおり[9]、若年層の男性にはサッカーのファンが多く、彼らのサッカーに対する関心が南米やスペイン・ポルトガルへの興味を生み、これらの国々の言語への関心が喚起されたと考えられる。調査時点ですでに南米出身の日系人が日本社会に一般化して10年以上たっていたが、日本社会全体でみれば、スペイン語やポルトガル語はまだ「隣人の言語」というよりも「イベリア半島・南米の言語」としてイメージされていたのかもしれない。

---

[7]　同調査の集計表は「政府統計の総合窓口」（http://www.e-stat.go.jp/）で閲覧できる。「平成16年全国消費実態調査」➡「個人的な収支結果表」

[8]　この世代の女性の18歳時点（1965年〜1974年）における高等教育進学率は、11.3％〜29.8％であり、一方、15歳時点の高校進学率は62.5％〜85.9％であった（文部省／文部科学省「学校基本調査」各年度版）。単純に後者から前者を引けば、およそ6割になる計算である。

[9]　たとえば、中央調査社が2006年に行った「ワールドカップに関する全国意識調査」（日本全国からランダムに選ばれた成人男女2000名に回答を依頼。http://www.crs.or.jp/data/pdf/wcup0605.pdf）では、同年のサッカーワールドカップへの関心を尋ねている。結果、「関心がある」と答えた人の多かったグループの上位3位が、20代・30代・40代の男性であった（最高が20代男性の81.8％）。

以上に比べると、中国語・ドイツ語の位置の解釈は難しい。いずれも40代・50代・60代の男性と近接している。「中高年の男性の車への関心→ドイツ語」「壮年期の男性のビジネスへの関心→中国語」といった可能性も考えられたが、事後的に検証してみた結果、決定的な答えではなかった[*10]。あるいは、彼らが若かったころの「大学の第2外国語」のイメージがもとになっているのかもしれない。つまり、比較的年齢が高い人々にとって、英語以外の外国語といえば、大学で提供されるドイツ語あるいはフランス語であり、高等教育に進学しない男性にとってもそうしたイメージはある程度浸透していただろう。前述したとおり、フランス語は若い女性の選択率が高かったため、ドイツ語が相対的に「男性寄り」になったという解釈も可能である。

7.4　外国人との接触

次に、こうした各言語に対する態度が地域の外国人の増加状況とどのように連関しているかを検討したい。直感的には外国人と接触する機会が多ければ多いほど、その人たちの国々や言語に関心が生じるだろうと考えられるが、これは妥当だろうか。たとえば、小学校英語教育の文脈では、外国人指導助手（ALT）と英語でコミュニケーションをとることによって子どもは外国人に対して肯定的な態度を示すようになるとしばしば説明されている（例、中山 2001: pp. 24–25）。

こうした小学校英語の効果をめぐる言説はあくまで「俗説」の域を出ないものの、「外国人との接触が外国人への肯定的な態度につながる」という考え方そのものは社会心理学の古典的な検討課題である「接触仮説」（contact hypothesis）のバリエーションのひとつである。接触仮説とは、異質な他者（たとえば、自分とは異なる民族、宗教、階層の人々）に対する偏見はその人々と対人的に接触すればするほど軽減されるという仮説である（Allport 1954）。本研究の文脈に即していえば、外国人との対人的な接触が外国人への偏見を軽減し、外国人への肯定的な感情の形成につながり、その結果、外国語への

[*10]　たとえば、中国語の選択はホワイトカラー職の男性よりもブルーカラー職の男性に特徴的に見られた。「中国とのビジネスの必要感→中国語への関心」という説明が妥当であれば、ホワイトカラー職者の選択率がもっと高くなっていてもよかったはずである。

関心につながる可能性がある。

接触仮説の先行研究では、外国人への偏見の軽減は接触の量だけではなく接触の質も重要であることが明らかにされているが、日本の文脈だとごく限定的な外国人との接触(たとえば「あいさつをかわす」程度)であっても、まったく接触がないよりは肯定的な態度につながることが示されている(大槻2006)。こうした知見にしたがえば、外国人との接触経験が外国語への関心を生む可能性は十分にあると考えられる。

接触頻度別「関心のある外国語」

JGSS-2006には、生活場面での外国人との接触経験を尋ねる設問がある。「あなたが生活している地域で、外国人と顔を合わせることがよくありますか」と問い、よくある／時々ある／あまりない／まったくないという4つの選択肢から一つを選ばせる方式である。

各外国語と接触経験のクロス表は図7.3のとおりである。最も目を引くのがポルトガル語・スペイン語である。ポルトガル語選択者では「よくある」

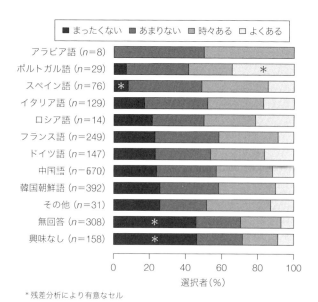

*残差分析により有意なセル

図7.3　外国人との接触頻度別

と答えた人の割合が他言語と比較して特に高く（残差分析でも有意）、また、ポルトガル語・スペイン語選択者には接触経験が「まったくない」人が特に少ない（スペイン語で有意）。これら南米系の 2 言語と接触頻度は、他言語と比しても、連関が強いように見える。

　以上の結果が示唆しているのは、南米系の言語への関心は南米出身の外国人労働者やその家族との接触経験によって生じている度合いが比較的高い可能性である。もちろん、接触経験の設問からは接触した外国人の出身地まではわからない。しかし、紙幅の関係で割愛したが、都道府県別のクロス表を見ると、ブラジル人の居住数上位 3 位の愛知県・静岡県・三重県でポルトガル語の選択者が特に多く、しかも残差分析によれば三重県のポルトガル語選択者の多さは有意なレベルであった[11]。この点を踏まえるなら、南米系外国人の接触と南米系言語への関心という連関はあり得る。一方、日本には韓国朝鮮語や中国語を第 1 言語とする外国人も数多く生活しているが、両言語は隣人の言語というだけでなく「隣国」の言語、あるいは「人気映画・人気ドラマ」の言語でもある。このため、中国語話者・韓国朝鮮語話者と対人的な接触がない人々の間にも両言語への親近感が広まっていたことで、有意な連関が現れなかったと考えられる。

外国人との接触は外国語学習への関心を生むか

　では、一段抽象性をあげて、英語以外の外国語一般に対する関心と外国人との接触経験の関連を見てみよう。前述のとおり、接触仮説にしたがえば両者の連関は予想できる。一方で、津田（1991）が批判するような極端な英語帝国主義者が多数ならば、連関がないという仮説も導ける。なぜなら、「外国人と接触機会があってもコミュニケーションは英語で事足りる。英語以外

---

[11]　三重県にこれほど明確な結果が現れた理由のひとつが回答者が抽出された自治体にあると考えられる。『JGSS-2006 コードブック』（http://jgss.daishodai. ac.jp/research/codebook/JGSS-2006_Codebook_Published.pdf）によれば、三重県での調査は津市・四日市市・鈴鹿市・伊賀市・松阪市・名張市・三重郡で行われた（標本サイズは各 15）。この 7 地域のなかで、南米日系人が多い自治体が中心になって運営されている「外国人集住都市会議」に参加している自治体は最初の 4 地域である。この「7 分の 4」という割合は、JGSS-2006 のなかではきわめて高く、静岡県や愛知県と比較してもかなり大きい。三重県の回答は日系ブラジル人の多い自治体に住む人々の意見を強く反映していると推察できる。

は必要ない」という理屈も成り立つためである。これら相反する可能性のどちらが妥当なのだろうか。

分析方法は次のとおりである。「関心のある外国語」設問で何らかの言語を選んだ人を「英語以外の外国語学習に関心あり」群に、「興味がある外国語はない」を選択した人を「関心なし」群とする（「無回答」は除外）。このとき、「関心あり」の割合が、外国人との接触経験によって上昇するか、ロジスティック回帰分析を用いて検討する。

ただし、その他の変数を統制する必要がある。なぜなら、たとえ「外国語への関心」と「外国人との接触」という2変数の間に関連があっても、年齢や教育レベルなどの第3の変数による擬似相関の恐れがあるからである（じつ、前節で見たとおり、若さ・教育レベルの高さは、外国語への関心と正の相関があるが、これらは外国人との接触経験ともゆるやかに相関している）。したがって、年齢・就学年数・ジェンダー（女性の場合「1」、男性の場合「0」を代入）を統制したモデルが必要である。

分析結果を表7.2に示す。表のモデル1は、「英語以外の外国語への関心」を「外国人との接触頻度」で予測したモデルであり、モデル2は、年齢・就学年数・ジェンダーを統制したモデルである[12]。

表7.2の数値は、各変数の効果の大きさを表すロジスティック回帰係数である。ここでは、「外国人との接触頻度」の係数に注目しよう。まず、接触頻度だけで外国語への関心の有無を予測するモデル1には有意な効果が見られ、しかも、その効果は0.98〜1.19と比較的大きい[13]。しかしながら、こうした大きな効果はモデル2で就学年数・年齢・ジェンダーを統制すると減少する。モデル1で見られた接触による影響のある程度の部分は就学年数・年齢・ジェンダーによる擬似相関と見るのが自然だろう。

---

[12]　なお、モデル2には、女性と年齢（サンプルの平均年齢52.7歳を0.0に置き中心化）の交互作用項を含んでいる。ステップワイズ法の結果、このモデルが様々なモデルの中でも最もあてはまりがよかった。

[13]　ロジスティック回帰係数は、原因変数が1単位上昇したとき結果変数の対数オッズがどれだけ上昇するかを表している。たとえば、モデル1の「接触：時々ある」の係数1.19を例にとろう。これは、exp (1.19)＝3.29であり、接触頻度が時々ある場合、まったくないのに比べ、英語以外への外国語に関心を抱くオッズが3.29倍高くなることを意味している。

	モデル 1	モデル 2
（定数）	1.64 (0.13)＊＊＊	1.06 (0.88)
接触頻度		
まったくない（基準）		
あまりない	0.98 (0.21)＊＊＊	0.41 (0.23)
時々ある	1.19 (0.23)＊＊＊	0.54 (0.25)＊
よくある	1.05 (0.30)＊＊＊	0.33 (0.33)
就学年数		0.24 (0.04)＊＊＊
年齢（中心化）		−0.03 (0.01)＊＊
女性		0.16 (0.23)
年齢×女性		−0.04 (0.01)＊＊
AIC	1036.09	874.38
−2 対数尤度	1028.09	858.38
観測数	1802	1802

数値: ロジスティック回帰係数（カッコ内: 標準誤差）
＊＊＊$p<0.001$, ＊＊$p<0.01$, ＊$p<0.05$

表 7.2　外国人接触の影響

　ただし、すべてが擬似相関で説明できるわけではない。なぜなら、各変数を統制したモデル 2 でも「外国人と接触: 時々ある」には依然有意な効果が見られるからである。様々な属性変数を統制したとしても、外国人との接触経験が、ある程度は英語以外の外国語への関心に影響していることがわかる。本節冒頭で示した、「外国人とのコミュニケーションは英語だけで事足りるから他の言語に関心はない」という、英語帝国主義論を極端に解釈した説明は退けられたことになる。

　もうひとつ重要なのは、いずれのモデルでも、接触頻度が外国語への関心を直線的に高めているわけではない点である。たとえば、モデル 2 では、「外国人と接触: 時々ある」が最大の効果を示しているが（係数＝0.54）、「よくある」の場合、0.33 とむしろ効果は減退している。生活場面で外国人と顔を合わせることが頻繁にある人は、もちろん互いの理解を深める機会も多いが、同時に、様々な点で衝突する機会も多いはずである。時々顔を合わせる程度の表面的な接触が、外国語に対する関心を最も高めるということは、テッサ・モーリス＝スズキが指摘する、日本社会の「コスメティック・マルチカルチュラリズム」（うわべだけの多文化主義）の側面を示唆しているかもしれない（モーリススズキ 2002: pp. 142–66）。つまり、既成の利害関係と衝突しないという条件において、多文化・多言語に対する関心は促進されると

いう可能性である。

7.5 英語使用・英語学習との関係

もうひとつ検討する意義があると思われるのは英語との関連性である。英語以外の外国語に対する関心を「語学一般の関心」の延長線上にあると考えるならば、英語に関する行動や態度（例、英語使用、英語学習意欲）と大きく相関するはずである。一方で、英語に対する「拒絶・逃避」として英語以外の外国語を選ぶというロジックもしばしば耳にする（例、菅原 2011[14]）。どちらの考え方が日本社会ではより妥当なのだろうか。

英語関連の設問

JGSS-2006 には次のような英語関連の設問が含まれている。過去 1 年の英語使用に関する設問に選択肢が計 7 個（4 章参照）、自身の英語力に関する設問が 2 個（1 章参照）、今後の英語学習の予定に関する設問が 1 つ（5 章参照）の計 10 個である。これら英語関連の設問と「関心のある外国語」設問（選択肢数 12）とのクロス表を作成した。ただ、これら 10 個のクロス表を掲載するのは紙幅の都合上難しいため、各クロス表から算出した連関の度合いを提示するにとどめる。

表 7.3 はクロス表ごとのピアソンのカイ 2 乗値、自由度、有意確率、クラメールの連関係数 V を算出したものである。V は 2 変数の連関の強さを示す指標（効果量）であり、一般的に $V=0.10$ で効果小、$V=0.30$ で効果中、$V=0.50$ で効果大とされる。表 7.3 のなかで最大の関連を示しているのが「何らかの英語使用」の $V=0.356$ である。筆者が実際のクロス表を確認したところ、西ヨーロッパ言語を選択した人の英語使用率が最も多く、中国語・韓国語を選択した人々で多少低くなり、「興味がある外国語はない」あるいは「無回答」の回答者の英語使用率は最も低いことがわかった。また、「英語使用：その他」を除くすべての変数で有意かつ比較的大きな連関があった。特

---

[14]　比較文学者の菅原克也は、「英語以外の外国語を専門に勉強した人びとのなかには、何らかのかたちで英語学習に抵抗を覚えた人が少なくない」（菅原 2011: p. 20）と述べている。

	χ^2	df	p	V
英語使用[1]				
仕事	79.637	11	<0.001	0.194
人付き合い	53.894	11	<0.001	0.159
映画鑑賞・音楽鑑賞・読書	187.437	11	<0.001	0.297
インターネット	86.549	11	<0.001	0.202
海外旅行	52.558	11	<0.001	0.157
その他	17.649	11	0.090	0.091
何らかの英語使用	268.527	11	<0.001	0.356
英語力[2]				
英語読解力	424.528	44	<0.001	0.224
英語会話力	319.251	44	<0.001	0.194
英語の学習意欲[3]	324.184	33	<0.001	0.226

[1]：詳細は 4 章参照．[2]：詳細は 1 章参照．[3]：詳細は 5 章参照．

表 7.3　英語関連の変数との連関

に、筆者がクロス表を逐一確認したところ、何らかの言語を選択した人と「興味がある外国語はない」を選択した人・無回答の人の間に大きな差があった。このように、英語を使用していたり、英語力が高いなど、英語に対して馴染みのある人ほど、外国語への関心も高い傾向が推察できる。以下では、この可能性を回帰分析により検証したい。

英語に関する行動・態度・能力は、英語以外の外国語への関心を生むか

　以下、7.4 節と同様に、何らかの言語を選んだ人を「英語以外の外国語学習に関心あり」群に、「興味がある外国語はない」の選択者を「関心なし」群と置き、前者を選択する確率が基本属性を統制してもなお英語関連の変数で説明可能か、ロジスティック回帰分析で検討する。

　その結果は表 7.4 である。表には 4 つのモデルの分析結果を提示している。モデル 1 は英語使用（目的は問わず何らかの使用があれば「使用あり」）の影響を確認するモデルである。モデル 2 は英語力の効果を検討するモデルである。1 章と同様に、日常生活や仕事の英会話が「充分できる」あるいは「なんとかできる」と回答した人を「英会話力あり」とし、それ以下のレベルを選んだ人を「英会話力なし」とした。モデル 3 は今後の英語学習の予定の効果（「学習するつもりはない」を基準に「しかたなく学習する」「機会があれば学習したい」「積極的に学習するつもり」の効果）を検討するモデ

154 | 第 7 章　英語以外の外国語の学習に対する態度

	モデル 1	モデル 2	モデル 3	モデル 4
（定数）	1.95 (0.91)*	1.22 (0.88)	0.79 (0.88)	1.39 (0.90)
就学年数	0.22 (0.04)***	0.25 (0.04)***	0.22 (0.04)***	0.20 (0.04)***
女性	0.25 (0.23)	0.22 (0.23)	0.10 (0.23)	2.20 (0.90)*
年齢（中心化）	−0.02 (0.01)*	−0.03 (0.01)**	−0.02 (0.01)*	−0.02 (0.01)
女性×年齢	−0.04 (0.01)**	−0.04 (0.01)**	−0.04 (0.01)**	−0.04 (0.01)**
英語使用あり	1.20 (0.26)***			0.86 (0.27)**
英会話力あり		0.23 (0.74)		
英語学習意欲				
なし（基準）				
しかたなく			0.80 (0.64)	0.59 (0.66)
機会があれば			1.62 (0.33)***	1.43 (0.33)***
積極的に			1.29 (1.03)	0.76 (1.05)
AIC	845.50	870.36	839.08	834.10
−2 対数尤度	833.50	858.36	823.08	816.10
Nagelkerke R^2	0.27	0.24	0.28	0.29
観測数	1801	1801	1801	1803

数値：ロジスティック回帰係数（カッコ内：標準誤差）

***$p<0.001$，**$p<0.01$，*$p<0.05$

表 7.4　英語使用・英語力・英語学習意欲の影響

ルである。そして、モデル 4 は英語関連の変数を投入し[15]、ステップワイ
ズ法の結果、最もあてはまりがよかったモデルである。

　まず、モデル 1 に関していうと、英語使用の有意な効果はたとえ教育レ
ベルや年齢、ジェンダーを統制しても消失しない。反対に、モデル 2 から
わかるとおり、英会話力の有意な効果[16] は基本属性を統制すると消失する。
多くは教育レベルに吸収されたと見てよいだろう。また、モデル 3 からわ

---

[15]　ただし、投入したのは、英語力変数のうち「読解力」を除く、9 個の変数
である。「読解力」を除外した理由は、「会話力」と「読解力」の間に多重共線性
が疑われるモデルが出力されたからである。このモデルでは、読解力の係数（標
準誤差）は、15.01（589.83）と非常に不安定な値が推定され、また、会話力の
効果は、−1.50（0.82）と負の値で推定された。以上のように、英語力に関する 2
変数の効果の符合が逆になるのは解釈上不自然であり、本分析では「英語読解力」
を除外した。

[16]　英会話力の有無だけで英語以外の外国語への関心の有無を予測したロジス
ティック（単）回帰分析によると、会話力には有意な効果があった（係数＝1.45,
標準誤差＝0.72, $p＝0.04$）。

かるのが、今後の英語学習に対して前向きな態度は基本属性を統制してもなお有意な効果を持つことである。

　以上のように、英語使用・英語学習予定の効果と英語力の効果には対照的な結果が得られた。この相違は英語に対する回答者の積極的関与の度合いで説明可能である。つまり、英語の使用機会や学習する予定のあった回答者は調査時点で英語に積極的に関わっていた可能性が高く、こうした積極性が英語以外の外国語に対する関心にも反映されたと考えられる。一方、英会話力はあくまで回答者の属性のひとつであり、調査時点の行動・態度は含意していなかったため、語学一般への関心との連関が小さかったのだと考えられる（その意味で、表7.3で英語力に有意な連関が見られたのは教育レベル・年齢との擬似相関に起因すると考えられる）。なお、モデル4では「英語使用」「英語学習に対する意欲」のいずれも有意な効果は消失していない。これらの変数には単なる擬似相関ではなく、何らかの直接的な因果が想定できそうである。

7.6　まとめ

本章の結果および考察を整理すると次のとおりである。

(1) 2006年時点で「日本人」の約8割は英語以外の外国語の学習に何らかの関心を示した。ただし、言語の選択パタンを見る限り、日本社会の多言語化を必ずしもダイレクトに反映していたわけではない。

(2) ジェンダー・年齢・教育レベルによって言語選択のパタンが大きく異なった。特徴的なペアを列挙すると、「若年層・高学歴女性のフランス語・イタリア語」、「中年層女性の韓国朝鮮語」、「若年層男性のスペイン語・ポルトガル語」、そして、「中高年層男性のドイツ語・中国語」である。

(3) 生活場面における外国人との接触機会は外国語への関心を生んだ。特に、スペイン語・ポルトガル語話者との接触でその傾向が強かった。ただし、外国人との接触が多ければ多いほど外国語学習の関心が高まるわけではない点には注意が必要だろう。むしろ、外国人への頻繁な接触は外国語への関心を低めており、日本社会の「コスメティック・マルチカ

第7章 英語以外の外国語の学習に対する態度

ルチュラリズム」の側面を示唆している。

(4) 英語以外の外国語への関心は英語使用および英語学習意欲と連関している。調査時点で英語と積極的に関わっていた人は英語以外の外国語にも何らかの関心を示していた。

　上記の結果は、「日本人」の外国語学習観が、日本の多言語社会状況をそれほど大きく反映していないことを物語っている。つまり、在日外国人をはじめとした「隣人の言語」というイメージよりも、大学の「初修外国語」やブランド・広告・マスメディアによるイメージ形成の影響のほうがずっと大きいのである。もちろん、その反例と呼べる結果も示されており、特に隣国の言語である中国語・韓国朝鮮語に一般の関心が高かった点、南米出身の人々との接触がスペイン語・ポルトガル語への関心につながっていたと考えられる点は強調すべきである。

　本章は、設問の限界もあり、必ずしも明確な結論を導けたわけではない。しかし、暫定的にせよ、英語以外の外国語に関する「日本人」の態度について、いくつかの知見を提示できたことには意義があるだろう。今後、本章で提示した可能性をより詳細に精査する調査・研究が望まれる。

第Ⅲ部

仕　事

第8章 ▶ **必要性 (1)**
　　　　──「これからの社会人に英語は不可欠」は本当か？

第9章 ▶ **必要性 (2)** ──英語ニーズは本当に増加しているのか？

第10章 ▶ **賃金** ──英語ができると収入が増えるのか？

第11章 ▶ **職業機会** ──英語力はどれだけ「武器」になるのか？

第8章

必要性 (1)
——「これからの社会人に英語は不可欠」は本当か？

　4章では「日本人」全体における英語使用の必要性について検討したが、本章では就労者に焦点をあてたい。つまり、仕事での英語使用の必要性である。

　近年のビジネス誌の多くは、これからの社会人に英語力がいかに不可欠なものか、しきりに強調している。旧経団連や経済同友会などの経済団体の提言にもそのような認識は色濃く現れている。そして、近年の政府の政策が同様の認識に基づいてきたことも4章で確認したとおりである（Kubota 2011a；江利川 2009；水野 2008）。

　しかしながら、これも4章で明らかにしたことだが、上記の現状認識はかなり「底上げ」されたものであることも事実である。2000年代に仕事で英語を使っていた人々は、限定的な英語使用を含めたとしても、1割程度だったからである。

「日本人」の9割に英語はいらない？

　もちろん「英語を使う就労者——およそ1割」という数値に驚きを感じない人も多いはずである。実際、このような分析のもと、日本企業の過度の英語熱を批判した企業人がすでに存在する。それがマイクロソフト（日本支社）の元取締役の成毛眞である。

　成毛は2011年に『日本人の9割に英語はいらない』（成毛 2011）というセンセーショナルなタイトルの本を発表した。成毛の主張の要点は4章でも紹介したが、再度引用する。

　　日本人で英語を本当に必要とする人は、たったの1割しかいない。残りの
　　9割は勉強するだけムダである。...ビジネスでも、海外支店へ転勤になっ

[158]

たか、取引先が海外の企業でない限り、英語を使う場面はないだろう。国内しか支店のない企業や、国内向けのサービスしか提供していない企業では、間違いなく英語は必要ない。(pp. 27-28)

　つまり、成毛によれば、実際には英語を必要とする社会人は 1 割程度であるにもかかわらず、この現状がきちんと自覚されておらず、その結果、「必要ではない 9 割が勘違いしてせっせと勉強している」(p. 30) という。そして、「日本人」全員が英語で会話できるようになる必要はなく、1 割の英語力を向上させる政策を構想するべきであると成毛は結論付けている。
　ところで、「たったの 1 割」という数字はどこから出てきたのだろうか。成毛は以下のような推計により、「1 割」という数字を導き出している (pp. 28-29)。

- 海外生活が必要な人: 1077 万人
- 外資系企業の従業員: 102 万人 (出所: 経済産業省統計)
- 外資系企業以外で英語を必要とする人、たとえば大型ホテルの従業員や新幹線の車掌: 100 万人 (根拠は不明)

　上記の推算人数を足し合わせると 1077 万＋102 万＋100 万＝1279 万となり、日本の人口の約 1 割に達するというのが成毛の議論である。かなり具体的な数字が出ているので何かしら信頼性の高い統計をもとにした数値なのかと思うかもしれないが、実はかなりあやふやな仮定をもとに導き出された数値である。たとえば、長期在外者数の推算はいくつもの不確かな仮定をもとに算出されたものであり、現に「合計 1077 万人」という数値自体、既存の世論調査の結果に照らすと過大に高い*1。また、外資系企業以外で英語を使っている人を「100 万人」と仮定している点も、何ら根拠を示しているわけではなく、当て推量の域を出ていない。
　このような乱暴な推計は仕方がない面もある。なぜなら、英語の必要性に関する調査・統計にアクセスできない状況では、官庁統計のようなマクロ統

---

*1　内閣府「今後の大学教育の在り方に関する世論調査」(2001 年) によれば、海外在住経験があると回答した人は 5.6% で、その値に日本の全人口をかけると 700 万人強である。

計に何らかの仮定を加えて推計するしかないからである。しかしながら、実際には少ないながらもこの種の調査・統計は存在している。そこで本章では、現時点でアクセスできるデータをもとに日本の労働環境における英語の必要性の実態を検討してみよう。

なお、先行研究について簡単に確認しておこう。日本社会における仕事と英語の関係について、ランダム抽出調査の分析により検討した実証研究[*2]は数こそ多くないもののすでになされている（杉田 2004；小磯 2006, 2008, 2009）。これら先行研究はいずれも JGSS の調査データを分析したものである。ただ、どの研究でも仕事での英語ニーズが日本社会にどれほど浸透しているかを主たる検討対象にしているわけではない。本章は、これらの先行研究の枠組みは継承しつつも、仕事での英語使用に焦点化した分析を展開する。

8.1　データ

本章で用いるデータセットの概要を説明する。検討する変数および使用データを整理したものが表 8.1 である。

	変数	該当データ
客観的	現在の英語使用	JGSS-2002, JGSS-2003, WPS-2008
	過去 1 年間の使用経験	JGSS-2006, JGSS-2010
主観的	英語の必要感	WPS-2000
	英語の有用感	JGSS-2010

各データの概要については、序章参照

表 8.1　検討対象の変数

本章では、必要性を客観的（行動的）な面と主観的な面に区別して多角的に分析する（この区別の詳細は 4.1 節参照）。前者、すなわち英語使用の頻度・英語使用の有無を問う設問は、JGSS-2002, JGSS-2003, JGSS-2006, JGSS-

---

[*2]　仕事と英語に関する調査は「ニーズ分析」およびそれと似た問題意識に立つ分野ですでに多数研究されている（例、清水・松原 2007；井上・津田 2007；内藤ほか 2007；松本 2010）。ただ、ほとんどがランダム抽出をしていないため、日本社会の実態調査として参照するのは難しいが、事例研究としては参考になるものも多い。

2010, そして WPS-2008 に含まれる。ただし、設問の言葉づかいは調査により大きく異なるので注意が必要である（詳しくは後述）。一方、後者の主観的側面については、WPS-2000 に英語の必要感に関する設問が、JGSS-2010 に英語力の有用感に関する設問がそれぞれ含まれている。

なお、JGSS と WPS の対象者が異なる点には注意を要する。序章でも述べたように、JGSS の対象者は日本全国からランダムに抽出された回答者だが、WPS の対象者は首都圏・関西圏・中京圏の就労者である。したがって、WPS の結果は都市部の就労者の状況を示したものであることを念頭に置く必要がある。

8.2 仕事での英語使用

以下、仕事における英語の必要性に関する各変数を順番に検討していく。8.2 節で英語使用を、8.3 節で英語の必要感を、そして 8.4 節で英語の有用感をそれぞれ検討する。

英語使用に関する設問を具体的に見てみよう。4 章でも見たとおり、JGSS-2002・JGSS-2003 には「あなたは、日常生活や仕事で英語を使いますか」という設問がある。この問いに対し「仕事でよく使う」あるいは「仕事で時々使う」を選択した人々を「現在、仕事で使っている人」と定義した。また、WPS-2008 には「あなたは仕事でどれくらい英語を使いますか」という設問がある。この問いに「ほぼ毎日使う」「時々使う」を選んだ人々を「現在、仕事で使っている人」と定義した。

一方、JGSS-2006・JGSS-2010 には「あなたは過去 1 年間に、以下のことで英語を読んだり、聴いたり、話したりしたことが少しでもありますか」という設問がある。この問いに対し「仕事」を選択した人々を「過去 1 年間に仕事で英語を使った人」と定義した。なお、設問の言葉づかいを見比べればわかるとおり、JGSS-2002・JGSS-2003・WPS-2008 と JGSS-2006・JGSS-2010 の測定対象はかなり性質が異なる。前者は現在の使用を尋ねているのに対し、後者は過去の使用経験であり、しかも「少しでもありますか」と念押しをしているため、かなり限定的な英語使用も含んでいると考えられる。

各設問に基づいて使用者の割合を確認しよう。図 8.1 は設問ごとの回答者

第 8 章　必要性 (1) ——「これからの社会人に英語は不可欠」は本当か？

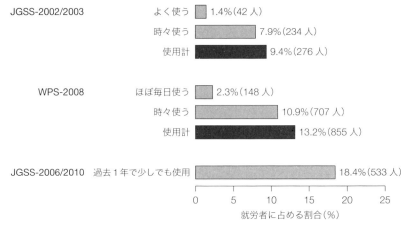

図 8.1　英語使用者の割合

のパーセンテージを示したものである。なお、分母は「日本人」全体ではなく、就労者サンプルに限定している（以下の分析も同様）。

JGSS-2002・JGSS-2003 によれば、仕事で英語を「よく使う」「時々使う」と回答した人はそれぞれ 1.4%、7.9% であり、就労者全体のごく一部に過ぎなかったことがわかる。また、WPS-2008 でも「ほぼ毎日使う」「時々使う」のパーセンテージはそれぞれ 2.3%、10.9% であり、英語使用者がごく少数であることに変わりはない。

一方、ごくわずかな英語使用も含んでいるはずの JGSS-2006・JGSS-2010 ですら、過去 1 年間に少しでも仕事で英語を使ったという人は 18.4% と依然少数派である。この結果だけ見ても、一見乱暴な成毛の推計はそれなりに当を得ていたことがわかる。いやむしろ、成毛の想定よりももっと少ないと考えるべきかもしれない。なぜなら、「仕事で英語が必要な人」を一般的な意味合いでイメージした場合、その中に「時々使う人」がすべて該当するとは考えにくいからである。

なお、上記の数値はミスリーディングな部分もある。それは、ライフコースの影響を考慮していない点である。図 8.1 はあくまで 1 時点における使用者の割合だが、もし必要性が世代とともに大きく変動する場合、個人個人の（潜在的な）必要性はもっと高くなるはずである。たとえば育児ニーズは世代による変動がきわめて大きい。現時点で育児をしている人が日本人全体の

8.2 仕事での英語使用

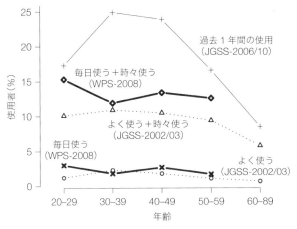

図 8.2　世代別・英語使用者の割合

数%～数割程度だったとしても、過去および未来も考慮に入れれば、育児に関する知識を必要とする／必要とした人の割合はもっと高くなるはずである。もちろん英語使用ニーズの場合、育児ほど明確なライフコースは想定できないが、念のため確認しておく意義はある。以下、全就労者に占める英語使用者の割合を世代別に検討する。

図 8.2 がその結果である。3 つのデータセットにおける 5 種類の英語使用（JGSS-2002・2003 の「よく使う」「よく使う＋時々使う」、WPS-2008 の「ほぼ毎日使う」「ほぼ毎日使う＋時々使う」、および JGSS-2006・2010 の「過去 1 年間に仕事で一度でも使った」）について、その割合を世代別に示した。全体的な構図としては「使用率が総じて低い 60 代以上」「相対的に高い 50 代以下」と整理できる。50 代以下を詳細に見ていくと、変数によって少々様子が異なる。「現在の英語使用」を尋ねた 4 つの変数には世代的な相違がほとんどない一方で、過去 1 年間での使用経験に関しては 30 代・40 代にピークがある山型の分布をしている[*3]。

[*3] なお、この山型は統計的にも有意なレベルである。年齢と英語使用率の間に 2 次曲線的な関係を仮定したモデル（年齢および年齢の 2 乗項で英語使用率のロジットを推定するモデル）をあてはめたところ、いずれの係数も有意だった。このモデルに基づくと英語使用率は 38.9 歳をピークにした山型になった。

8.3 英語の必要感

次に、主観的な必要性に目を転じたい。まず、WPS-2000 の結果を見ながら 2000 年時点で都市部の就労者がどれだけ英語に必要性を感じていたか確認してみよう。

ただし、WPS-2000 では必要感が直接問われているわけではないので、多少の工夫が必要となる。本章では以下の設問を利用する。

> あなたは、ご自身が職場で求められている英語力のレベルに対応できていると思いますか。(ひとつ選択)
> 1. 十分対応できている
> 2. まあ対応できている
> 3. あまり対応できていない
> 4. ほとんど対応できていない
> 5. 英語力は求められていない

上記選択肢の 1〜4 の選択者は、対応できているか否かはともかく、いずれにせよ仕事で英語力が求められている。その点で「必要感あり」群と見なすことができる。一方、選択肢 5 の選択者は「必要感なし」群となる。

各選択肢の集計結果である図 8.3 を確認しよう。回答者全体の 4 割弱が職場における英語の必要性を感じている。前述のとおり、WPS-2000 は都市部の 18 歳から 59 歳までの就労者を対象にしているので、地方・農村部や 60

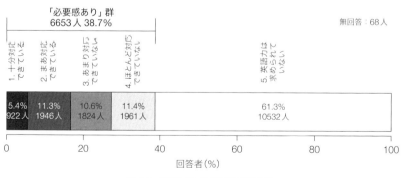

図 8.3　WPS-2000「英語の必要感」

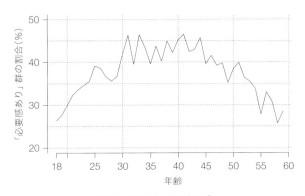

図 8.4　世代別・英語必要感

歳以上の就労者も含めた全国レベルでの統計を取っていた場合、もう少し数値は低くなっていたと考えられる。しかしながら、その点を差し引いたとしても、前節で検討した英語使用者の割合（数 % 〜 2 割弱）よりもはるかに高い。この理由はおそらく、英語使用の主観的な必要感は実際の使用よりもかなり大きく現れるためであると考えられる。

　次に、前節と同様に、世代による必要感の違いも確認しておこう。WPS-2000 はケース数が潤沢なので、1 歳刻みに「必要あり」群のパーセンテージを算出した (図 8.4)。一見して明らかなとおり、30 代から 40 代前半をピークとした山型になっており、前節の「過去 1 年間の英語使用」と同様の結果となっている。4 章・5 章で見たとおり、英語使用者・英語学習者の割合は一般的に若いほど高い傾向があるが、仕事での英語使用はその例外と言えそうである。

　この理由は、仕事での英語使用を左右するのは英語に対する興味関心だけではないためだろう。日本国内で英語が必要な仕事と言えば、高度かつ大きな責任を伴う業務が大半であると考えられる。こうした業務を 20 代が任されることは少なく、中心になるのは 30 代〜40 代の壮年層だろう。その結果、30 代〜40 代の英語使用率が高くなったのだと考えられる。一方、40 代後半になると管理職的な業務が多くなり、いわゆる「前線」で業務をこなす機会が減る。この結果、40 代後半になると必要性を感じる人が徐々に減っていくと考えられる。

8.4 英語の有用感

次に、JGSS-2010所収の「仕事での英語の有用感」設問を素材に、2010年時点での英語の有用感を検討する。同設問は次のとおりである。

> あなたの仕事にとって、英語の力を高めることはどのくらい役に立つと思いますか。(ひとつ選択)
> 1. とても役立つ
> 2. ある程度役立つ
> 3. 少しは役立つ
> 4. ほとんど役立たない
> 5. まったく役立たない
> 6. 仕事はしていない

上記1〜5の選択肢の回答者を集計した図8.5を確認してみよう。なお、パーセンテージは就労者に占める割合である。

「とても役立つ」「ある程度役立つ」はいずれも1割前後で、「少しは役立つ」を含めても過半数は超えない。逆から見れば、「ほとんど役立たない」「まったく役立たない」と、英語の有用性に否定的な人々は6割弱存在する。ただし、「ある程度」以上の有用感を感じている人は2割程度、「少しは役立つ」も含めれば4割程度存在しており、英語使用者の割合に比べるといくぶん高いと言える。前節の結果と同様、主観的な必要性は英語使用のような客観的必要性よりも高い数値になる傾向がうかがえる。

なお、「仕事での有用感」も世代によって明確に異なる。図8.6を見てみ

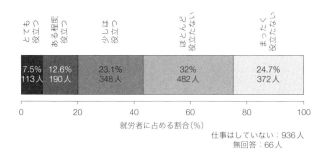

図8.5　JGSS-2010「仕事での英語の有用感」

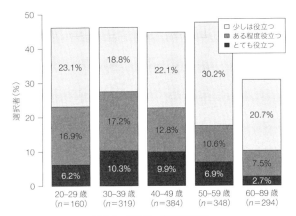

図 8.6 世代別・英語有用感

よう。この図は、「とても役立つ」「ある程度役立つ」「少しは役立つ」の 3 つの選択肢それぞれを世代別に集計し、パーセンテージを示したものである。特に「とても役立つ」「ある程度役立つ」に注目すると、前節までの結果と同様、30 代から 40 代に有用感のピークがあることがわかる[*4]。この結果は、仕事上での英語のニーズがこの世代で特に高いことを示唆している。

8.5 職種・産業との関係

若い世代 (特に 30 代・40 代) に英語の必要性が高いことがわかったが、英語の必要性を左右するものは年齢だけではない。日常的な感覚から言っても、高学歴で大企業に勤めるホワイトカラー就労者のほうがそうではないブルーカラー就労者よりも英語を必要とするイメージがあるのではないだろうか。あるいは、もっと具体的に特定の職種・産業に対して「英語が必要な仕事」というイメージを抱く人も多いかもしれない。

以下のデータ分析によれば、こうした想定は概ね正しい。しかしながら、すべての結果が常識の範囲内というわけではない。予断を裏切るような多様

[*4] 年齢による有用感の変動は図からも明らかだが、統計的にも有意である。有用感設問 (5 段階) と世代 (5 グループ) による 5×5 のクロス表を分析したところ、相互に有意な連関が見いだせた ($\chi^2 = 71.994$, $df = 16$, $p < 0.001$, クラメールの $V = 0.109$)。

性もある程度確認できるからである。では、どのような職業的要因が英語の必要性を左右するのか。以下、ケース数が潤沢な WPS-2000 の分析により、この問いを検討したい。

まず本節では、職種および産業による英語ニーズの変化を確認しよう。職種と産業の区別に馴染みがない人も多いかもしれないが、職種は業務に関する「行動」により定義され、産業は仕事で取り扱う「内容」によって定義される。例として、農協などで主として農業指導に従事する人をイメージしてみよう。この人の属する産業が農業であることはわかりやすいが、職種は「農業」にはならない。この人の日々の行動は農林技術者の性格が強いため、一般的には「専門職」に分類されるはずである。

職種

まず、職種別の必要度を示したのが図 8.7 である。WPS-2000 オリジナルの職種分類のうち、信頼性の観点から回答者が 100 人以上いた 48 個の職種を抽出し、職種ごとに英語が必要だと感じている人のパーセンテージを算出した。また、白抜きの棒がホワイトカラー職を、塗りつぶされた棒がブルーカラー職をそれぞれ意味する。

これらの職種の中で英語が必要だと回答した人の割合が最も高いのが、「管理職（技術系）」の 69% であり、一方、最も低いのが「建設作業員」の 15% である。この結果は特に驚くべきものではないだろう。技術系の管理職であれば、技術輸入・技術輸出の面で海外の顧客と多くの商談があるだろうし、新技術に関する英文マニュアルなどにも日常的に接していると思われる。一方、典型的なブルーカラー職である建設作業員にはたしかに英語との接触場面がイメージしにくい。

以上のような「ホワイトカラーで必要性が高くブルーカラーでは低い」という傾向は、図全体にも現れている。必要性の高い職種が並んでいる図の上側はほとんどホワイトカラー職で占められているが、図の下側にはブルーカラー職が多数見られる。ホワイトカラー職は一般的に高度な業務知識が必要だったり、顧客や観光客をはじめとして外国人との接触機会が多い。この点で、ホワイトカラー職の英語の必要性が高いのは不自然なことではない。

ただし、例外的な職種も指摘しておく。たとえば医療事務や福祉系専門職はホワイトカラー職であるにもかかわらず必要性はきわめて低い。これは、

8.5 職種・産業との関係

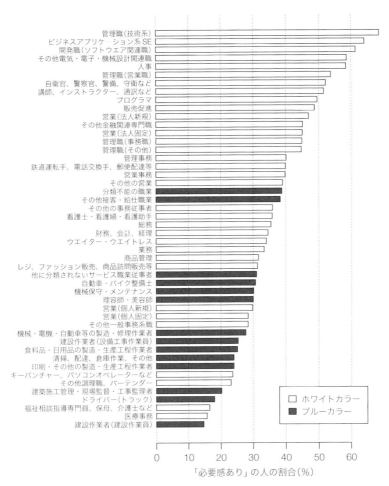

図 8.7　WPS-2000: 職種別

たとえ高度な知識が要求される職業であっても、その内容にドメスティックな性格が強ければ、英語の必要性は下がることを物語っている。その一方で、ブルーカラー職だったとしても、外国人を含む不特定多数の顧客との接触が多い職種（たとえば、給仕）や外国語に関する知識が要求される職業（たとえば、洋食系の調理師）の場合には、英語の必要性が高まると考えられる。

第8章 必要性(1)——「これからの社会人に英語は不可欠」は本当か？

産業

次に、産業ごとの英語の必要度を示したものが図 8.8 である。こちらも職種と同じく、回答者が 100 人以上だった 54 の産業に限定している。また、棒の色はホワイトカラー職者の比率を示しており、色が薄いほど（白に近いほど）ホワイトカラー職者の割合が高いことを意味している。

必要性が低いのが、たとえば保険業や福祉業、工事業全般など、主として

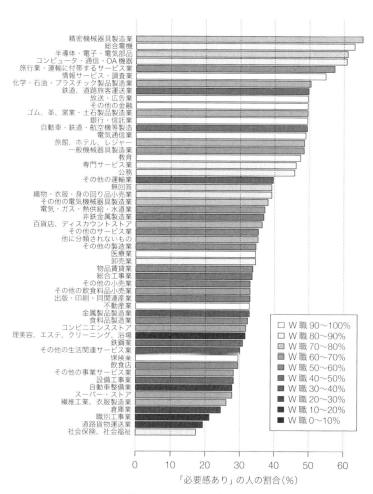

図 8.8　WPS-2000：産業別

国内的な需要に対応する産業である。一方、必要性が高い産業には概して 2 つのパタンがある。ひとつは、外国人との接触がイメージしやすい産業であり、たとえば「旅行業・運輸に付帯するサービス業」「鉄道業、道路旅客運送業」「旅館、ホテル、レジャー」がこれに該当する。もうひとつが、ホワイトカラー職 (特に専門職) の比率の高い産業であり、最上位の「総合電機」や「半導体・電子・電気部品」などがこれにあたる。実際、上記の 54 の産業では、英語を必要とすると答えた人の割合とホワイトカラー率にはある程度の正の相関 ($r=0.484$) が見られる。ホワイトカラー率の高い産業では外国の顧客との商談などにくわえ、多数の英文書類 (契約書やマニュアルなど) を取り扱う必要があるためだろう。

8.6 その他の就労者属性との関係

　次に、それ以外の要因との関連も見ていこう。学歴やジェンダー、仕事の経験年数、あるいは就労形態 (正社員か否かなど)、企業規模、外資系かどうかなどによって、英語の必要性が大きく変動することは容易にイメージできるが、これはデータでも裏付けられるだろうか。

　上記の要因をひとつずつ検討していってもよいが少々煩雑なので、ここでは多重ロジスティック回帰分析を用いる。これは、「他の変数が同一である状態」を仮定して、ある変数の直接的な影響を取り出す手法である。たとえば、学歴が高ければ高いほど大企業や外資系に就職する確率は高まるだろう。このように原因変数間に相互の連関がある場合、2 変数間の関係を見るだけでは、実態に合ったメカニズムを見いだすのは難しい。上記の例で言えば、高学歴者に英語の必要な仕事があてがわれるのか、それとも大企業だから英語の必要性が高いのか、はたまた、外資系の多くが大企業であることが主な理由であるのか、どれが正しいか判断できない。このような場合、(多重) 回帰分析は便利である。

　結果は章末の表 8.2 である[5]。「係数」はロジスティック回帰係数で、各変数が結果変数に与える影響の度合いを意味し、プラスであれば正の効果 (つ

---

[5]　なお、産業・職種はオリジナルの分類をそのまま使うのではなく、「社会階層と社会移動全国調査」(SSM) の分類を参考にコーディングしている (cf. 田辺・相澤 2008)。

まり、必要性を高める）、マイナスで負の効果（必要性を低める）、そして、ゼロで効果なしを意味する[6]。さしあたり、以下の議論ではこの数値が有意だったもののみに注目する。

　まず、英語の必要性を高める要因を見ていこう。教育年数が長いほど（つまり、学歴が高いほど）、仕事の経験年数が長いほど必要性が高い。また、販売職・専門職・管理職、外資系企業の社員、従業員数 500 人以上の大企業の社員も必要性が高い。

　一方、必要性を低下させる要因としてまず目につくのが、女性である。職種や就労形態など他変数を一定にしてもなお女性のほうが男性よりも必要性が低いことになる。また、年齢が高いほど、フリーター・パートタイマーなどの非正規雇用である場合もやはり必要性は低い。

産業・企業規模

　表 8.2 を直感的に解釈できるように図示してみたい。図 8.9 は、先ほどのロジスティック回帰分析に基づいて、各産業での推定使用率を算出したものである。このパーセンテージはオリジナルの集計値ではなく、産業以外の変数がすべて一定だったと仮定したうえで各産業の必要感を推定した値である。具体的には、年齢を「40 歳」、ジェンダーを「男女の中間」（0.5 を代入）、教育年数を大卒相当の「16 年」、職業経験年数を新卒からの最長勤続年である「18 年」、企業規模を中央値である「100〜299 人」、そして「事務職」・「外資系ではない」をそれぞれ代入したものである。

　それでは、図 8.9・産業別の英語ニーズを見てみよう。前節の分析でも必要性の低かった医療福祉系の産業は他変数を統制してもなお必要性が最も低い。また、金融・保険系の産業の必要性は元データだと 16 産業中第 6 位（41.3%）だったが、他変数を統制すると順位が大きく下がる（第 13 位）。国内的な需要に対応するのがこの産業の主業務であることが関係していると考えられる。

---

[6]　この係数の実質的な意味について補足しておきたい。係数が意味しているのは、原因変数が 1 単位変化したときの結果変数の変動の大きさである。たとえば表 8.2 を見ると、「外資系」の係数は 1.24 であり、これは exp (1.24)＝3.46 倍のオッズを意味している。つまり、外資系社員のほうがそうでない人よりも英語を必要と感じるオッズが 3.46 倍高い。

8.6 その他の就労者属性との関係

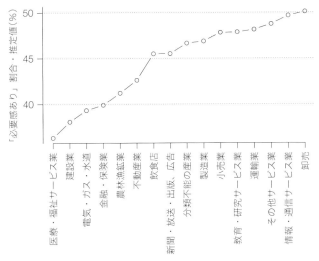

図 8.9 産業別の英語ニーズ

　金融・保険業と対照的なのが飲食店である。オリジナルの「必要感あり」の割合は 29.5% と 16 の産業の中でも特に低かったが、上述の属性を代入した図では 45.5% にまで上昇している。飲食店での就労者の多くがブルーカラー職者であり自営業か中小企業の従業員であるが、こうした要因の影響を除去すると必要性が高くなることがわかる。言い換えれば、ブルーカラー職者・自営業者が多いわりに英語の必要性が高いのが飲食店である。たしかに、飲食店産業は外国人客と多くの接触が予想されるので、この結果は納得いくものだろう。

　次に、企業規模別の必要性の度合いを見てみよう。産業の場合と同様の手続きで図示したものが図 8.10 である。図から、他変数を統制してもなお、企業規模が大きいほど英語の必要度が高いことがわかる。一般的に、大企業のほうが外国との取引や海外展開が多く、英語の必要性も高いイメージがあるので、この結果は自然である。

　興味深いのが、企業規模と必要感が必ずしも直線的な関係にはない点である。およそ 100 人未満の企業に関して言えば、企業規模と必要感の連関は見られない。しかも従業員数が一桁の企業では、ごくわずかであるがパーセンテージが上昇しており、全体的にみれば J 字型の関係になっている。しか

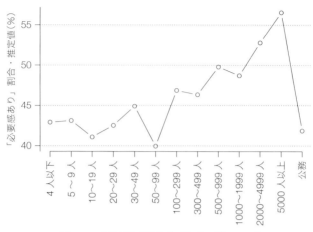

図 8.10　企業規模（従業員規模）別の英語ニーズ

も、この J 字の分布は統計的に有意なレベルであり、単なる誤差とも見なしにくい[*7]。

　なぜこのような曲線関係が生じているのだろうか。それはおそらく、規模がきわめて小さい企業の場合、従業員一人ひとりが多方面にわたる渉外業務を一手に引き受けなくてはならず、その結果、海外との取引に関わる機会が極端に減るわけではないためだと考えられる。近年 E メール等の発達に伴い、大企業だけでなく中小企業も海外（英語圏とは限らない）との取引が増えているというが (Kubota 2011b)、このような「取引のグローバル化」の影響を最も受けている人々に、小規模企業の社員も含まれるのかもしれない。

[*7] 次のように、企業規模が直線的に必要率を上昇させるモデル（M1）と、そこに企業規模の 2 乗項を投入し、必要感の曲線的な変化を仮定したモデル（M2）を比較したところ、後者によりよい適合が見られた（また、図示してみたところ、J 字型の関係も確認できた）。「必要性あり」の確率 p を、従業員数（の中央値の対数値）x および本節でとりあつかったその他の変数で予測するロジスティック回帰分析を行った。従業員数だけで必要性を推定する直線的なモデルが M1（$\text{logit}(p) = \beta_0 + \beta_1 x + \ldots + e$）であり、従業員数の 2 乗項を含めた曲線形のモデルが M2（$\text{logit}(p) = \beta_0 + \beta_1 x + \beta_2 x^2 + \ldots + e$）である。両者のうち、モデル 2 の適合度のほうが良く、統計的にも有意だった（残差$_{M1}$ − 残差$_{M2}$ = 17.987, $df_{M1} - df_{M2} = 1$, $p < 0.001$）。

8.7 まとめ──仕事での英語の必要性

本章で明らかになったことを整理すると以下のとおりである。

(1) 仕事における英語の必要性の浸透は、近年でもまだ限定的である。
(2) 主観レベルでの必要感・有用感のほうが、客観的な必要性（実際の英語使用の有無）よりも高い。
(3) 英語の必要性は高学歴者・ホワイトカラー職者・正社員・大企業の社員で特に高くなる。

8.2節で明らかにしたとおり、「仕事で英語を使用している」という行動ベースの基準で考えた場合、近年の日本の労働環境で英語を頻繁に使用している人はごくわずか──せいぜい数パーセント──である。ごく限定的な使用（たとえば「年に数回使用」）を含めてはじめて2割弱になるという状況である（ただし、あくまで就労者のうちの2割であり、「日本人」全体から見れば1割程度である）。一方、主観的な必要性（職場での英語力の必要感・英語の有用感）では就労者の4割程度が肯定している。ただし、主観的な必要感・有用感は社会的な雰囲気、たとえばいわゆる「英語熱」に容易に左右されるものであり（金谷 2008）、実際には必要がないのに漠然と必要感に駆り立てられることも十分あり得る。したがって、暫定的推計としては、行動ベースの基準である「現在の英語使用者」の割合（数 %〜10% 程度）を準拠点にしておくのが無難だろう。もちろん、英語を使っていなくても実際には必要性がある場合（たとえば、英語力不足のために使用できない場合）も想定できるので、必要度の「真値」はもう少し高くなるだろうが、それでもせいぜい1, 2割程度だと思われる。

対照的に、マスメディア等における必要性認識は、これほど「慎ましやか」なものではない。ビジネス誌等を中心に「これからの仕事に英語は必要だ」という認識はかなり浸透しており、「英語が必要なのは日本人の数 % 程度だ」といった認識が示されることは稀である。

このようなギャップが生まれた原因として考えられるのが英語のニーズの偏りである。マスメディア等で記者・企業人・知識人が「英語は必要だ」と発言するとき、ほとんどの場合に念頭に置かれているのが大卒でホワイトカ

ラー職の正社員、しかもどちらかといえば大企業の社員である。たしかに、本章の分析が示すとおり、このタイプの就労者は英語使用の必要感が比較的高い。こうした人々の就労イメージを「日本人」全体に過剰に一般化してしまうことで、実態より過大に英語の必要性が見積もられてしまっていると考えられる。

それだけでなく、このバイアスには、英語使用者や英語教育関係者のソーシャルネットワーク——要するに人脈——も関係しているだろう。日本人英語使用者・英語教育関係者の周りには、「英語を日常的に使っている日本人」が集まりやすい。たとえば、英語系の専攻出身者や英語圏への留学経験がある人には、友人の多くに日本人英語使用者がいる可能性が高いだろう。仕事で英語を使っている人なら、同僚や顧客にも日本人英語使用者が多数いてもおかしくない。さらに、日頃から英語学習や英語使用に関心を持っている人ならば、英語を「武器」に世界で活躍する企業や日本人に目が行きがちである。以上のようなソーシャルネットワークも、「平均値」から著しく乖離した就労者イメージを生み出すうえで重要な役割を果たしているはずである。

以上のように、英語の必要性をめぐる言説には実態を適切に反映していないものも多い。ひょっとすると、一部の英語関係者にとって英語の必要性の低さは「不都合な真実」かもしれない。しかしながら、こうした現実をきちんと直視することが、妥当性の高い政策提言や教育目的の創出に不可欠だろう。この点については、あらためて終章で論じたい。

	係数	（標準誤差）
定数	−3.33	(0.28)***
年齢 / 10	0.44	(0.14)**
（年齢 / 10）の 2 乗	−0.07	(0.02)***
女性	−0.38	(0.05)***
就学年数	0.15	(0.01)***
経験年数 / 10	0.03	(0.07)
（経験年数 / 10）の 2 乗	0.03	(0.02)
職種		
非熟練（基準）		
半熟練	−0.38	(0.12)**
熟練	−0.21	(0.08)**
農林	0.17	(0.56)
販売	0.33	(0.11)**
事務	0.11	(0.07)
専門	0.58	(0.08)***
管理	0.47	(0.09)***
就労形態		
正社員・正職員（基準）		
契約社員・嘱託	0.00	(0.08)
フリーター	−0.15	(0.09)
パートタイマー	−0.26	(0.08)**
派遣	0.07	(0.15)
外資系の有無		
外資系ではない（基準）		
外資系である	1.24	(0.11)***
分からない	0.36	(0.07)***
無回答	0.27	(0.25)
企業規模（従業員数）		
1〜4 人		
5〜9 人	0.01	(0.10)
10〜19 人	−0.08	(0.10)
20〜29 人	−0.02	(0.10)
30〜49 人	0.08	(0.10)
50〜99 人	−0.12	(0.10)
100〜299 人	0.16	(0.09)
300〜499 人	0.14	(0.11)
500〜999 人	0.28	(0.10)**
1000〜1999 人	0.23	(0.10)*
2000〜4999 人	0.40	(0.10)***
5000 人以上	0.55	(0.09)***
公務	−0.04	(0.27)
無回答	−0.06	(0.20)
産業		
製造業（基準）		
その他サービス業	0.08	(0.07)
医療・福祉サービス業	−0.44	(0.10)***
飲食店	−0.06	(0.12)
運輸業	0.05	(0.09)
卸売	0.13	(0.07)
教育・研究サービス業	0.04	(0.13)
金融・保険業	−0.28	(0.08)***
建設業	−0.36	(0.08)***
小売業	0.04	(0.07)
情報・通信サービス業	0.11	(0.08)
新聞・放送・出版、広告	−0.05	(0.10)
電気・ガス・熱・水道	−0.31	(0.18)
農林漁鉱業	−0.23	(0.46)
不動産業	−0.17	(0.14)
分類不能の産業	−0.01	(0.12)
無回答	0.05	(0.18)

観測数: 16695，−2 対数尤度: 20551

***$p<0.001$，**$p<0.01$，*$p<0.05$

表 8.2　英語の必要感の規定要因

第9章

必要性 (2)
——英語ニーズは本当に増加しているのか？

　前章では、2000 年代の特定の時点において英語の必要性がどの程度存在していたかを検討した。つまり「点」で見た必要性である。一方、今後の英語ニーズの変化を議論するうえでは「線」の視点も欠かせない。なぜなら、たとえ過去のある時点で英語使用者が少なかったとしても、年を追うごとにその数が急増していれば、将来的には必要性が非常に高くなると予想できるからである。そこで本章では、仕事での英語使用ニーズがどのように推移してきたか検討したい。

「英語の必要性が増えている」？

　ひょっとしたら、上記の問いは検討するまでもなく自明だと思う人もいるかもしれない——「英語の必要性は当然増えているのではないか？」と。実際、国際化・グローバル化が進んでいると言われる現在、「これからますます英語が必要になる」といった主張はことあるごとに聞かれる。

　上記の言説が最も浸透しているのがビジネス界である。たとえば、巷のビジネス誌をのぞいてみれば、いかに多くの雑誌で英語関連の特集が組まれ、仕事での英語力の重要性が強調されているかがわかるだろう。一例をあげれば、ビジネス誌の『プレジデント』2011 年 4 月 18 日号では、「英語と就職、出世、お金」という特集で「増殖する『語学重視』の会社の実態が明らかにビジネス人生にどう有利、不利？」という記事が掲載され、ビジネスの英語化が盛んに喧伝されている。

　同様の認識は政府の教育政策にも明確に表れている。たとえば 2011 年に文部科学省から示された「国際共通語としての英語力向上のための 5 つの提言と具体的施策」（文部科学省 2011）がその代表例である。同提言はグローバル化の進展によって「これまでのように大手企業や一部の業種だけではな

[178]

く、様々な分野で英語力が求められる時代になって」（p. 5）いるとし、その
うえで語学教育のさらなる充実を強調している。同種の認識は2003年の「『英
語が使える日本人』の育成のための行動計画」（文部科学省 2003）にも明示
されていた。

　また、ビジネス界や政府ほど顕著ではないものの、学術界も同様の状況に
ある。英語教育学・応用言語学においても「英語使用ニーズの増加」はどち
らかと言えば「既成事実」とされている。たとえば、関東甲信越英語教育学
会の学会誌（*KATE Journal*）および大学英語教育学会の学会誌（*JACET Journal*）に過去5年間に掲載された論文をすべて検討したところ、数こそ多く
はないが、「英語使用ニーズの増加」を研究上の大前提に位置づけている論
文は散見される[*1]。その一方で、上記に疑いを差し挟むような研究や記述は
確認できなかった。

　以上のように、ビジネス言説や政府の政策、そして学術界においても、英
語使用のニーズの増加は暗黙の前提とされることが多い。では、この「前提」
は果たして本当に正しいのだろうか。本章では「英語使用ニーズは増加して
いるのかどうか」をデータをもとに検証したい。

「推移」を分析可能なデータ

　分析に入る前に、分析上の前提となる条件を論じておきたい。データに基
づいて「推移」を分析する以上、絶対に欠いてはならない条件がある。それ
は、同一の現象を複数時点で測定していることである。そのためには少なく
とも、設問に（ほぼ）同一の言葉づかいが用いられている必要がある。しか
しながら、英語使用ニーズに関するデータでこの条件を満たしているものは
ごくわずかしかない。

　複数時点で同一の設問を使っている調査は、JGSS-2002 と JGSS-2003 の
ペア、JGSS-2006 と JGSS-2010 のペアの2つのみである。また、JGSS-
2002/2003 と WPS-2008 も、設問そのものは異なるが、同一の選択肢を用
いており、工夫すれば比較可能である。

[*1]　検討対象は *KATE Journal* の第 23 号（2009 年）から第 27 号（2013 年）、
JACET Journal の第 44 号（2007 年）から第 54 号（2012 年）である。このうち、
「英語使用ニーズの増加」を前提として述べている論文が前者に 1 件、後者に 2
件確認できた。

そこで本章では、上記のデータを比較することで英語使用ニーズの推移を検討したい。以下、JGSS-2002・JGSS-2003・WPS-2008 の比較を 9.1 節で、JGSS-2006 と JGSS-2010 の比較を 9.2 節で行う。

9.1 現在の英語使用：2002 → 2008

最初に設問の言葉づかいを確認しよう。8.2 節で見たとおり、JGSS-2002/2003 における「仕事での英語使用者」は、「あなたは、日常生活や仕事で英語を使いますか」という問いに対し「仕事でよく使う」あるいは「仕事で時々使う」を選んだ人である。また、WPS-2008 での英語使用者は、「あなたは仕事でどれくらい英語を使いますか」という問いに対し、「ほぼ毎日使う」あるいは「時々使う」を選んだ人である。

両者には「時々使う」という同一の選択肢が含まれており、この選択肢を基準にすれば上記 2 つのデータセットを比較可能である。そこで、「時々使う」以上の使用頻度の就労者の割合を、2002 年・2003 年・2008 年の間で比較しよう。ただし、JGSS と WPS-2008 の調査対象者はそのままでは大きく異なるため、両者の回答者層をそろえておく必要がある。本節の分析では 20 歳〜59 歳の首都圏に居住する就労者に限定して分析を行う[*2]。

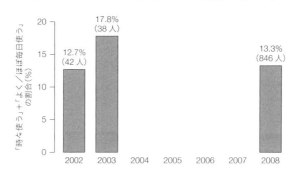

図 9.1 英語使用者数の推移 2002 → 2008（首都圏の 20 歳〜59 歳の就労者）

[*2] WPS-2008 は首都圏 50 キロ圏内の就労者を対象としているが、JGSS には首都圏 50 キロ圏内で就労しているかどうかを問う設問はない。そのため、次善の策として東京都・千葉県・埼玉県・神奈川県・茨城県の区部あるいは市部に居住する 59 歳以下の就労者を分析対象にした（JGSS-2002 が 331 名、JGSS-2003 が 213 名）。

3 時点での英語使用者の割合を図示したのが図 9.1 である。図から明らかなとおり、英語使用者の割合は 2002 年から 2008 年の間にほとんど変化はない。2003 年に多少の増加は見られるが統計的に有意ではなく誤差の範囲である[*3]。この結果からは、2000 年代における英語使用ニーズの増加はまったく見いだせない。

9.2 過去 1 年の英語使用: 2006 → 2010

前節の分析の問題点をひとつ指摘するとすれば、変化に対し少々保守的な指標を用いている点である。というのも、「時々」以上の頻度で英語を使うかどうかは、社会の英語使用ニーズの変化だけでなく、就労者の英語力にも左右されるからである。したがって、2002 年と 2008 年の間で英語使用者が増えなかったのは、就労者の低い英語力のせいであり、実際の英語使用ニーズは着実に増加していたという可能性も一応は考えられる。

この問題は「英語使用」の定義を大幅に緩めることで解決可能である。つまり、ほんの些細な英語使用も「使用」に含めれば、英語力不足の影響をある程度排除することができる。

この種の指標に JGSS-2006/2010 の設問は適したものである。JGSS-2006/2010 の設問を思い出してみよう。同調査は「あなたは過去 1 年間に、以下のことで英語を読んだり、聴いたり、話したりしたことが少しでもありますか」と尋ねていた。ここでの「英語使用」は、過去 1 年間に少しでも使ったかどうかである。その点で、「使用者」の中には年に 1, 2 回しか使わなかった人々も含まれているはずである。このように限定的なレベルの英語使用を含んでいるからこそ、(一般的な意味での「英語使用」を推計するのは困難だが) 社会の変化に対する感度はむしろ高い指標であると言える[*4]。

[*3] 「使用の有無×3 時点」のクロス表をカイ 2 乗検定した結果、有意な変化は見られなかった (χ^2=3.861, df=2, p=0.145, クラメールの V=0.024)。

[*4] 実際、英語がほとんどできないと回答した人の中にも「仕事で使用」を選択した人はある程度存在した。英語が「ほとんど読めない」と回答した就労者 866 人のうち 44 人 (5.1%) が、また、「ほとんど話せない」と回答した就労者 1281 人中 101 人 (7.9%) が過去 1 年に仕事で英語を使ったと答えていた。

2010年に英語使用は減少

英語使用の増減を確認しよう。図9.2は、英語使用者の割合を2006年と2010年の間で比較したものである。興味深い結果だったので「仕事」以外の英語使用5種類もあわせて提示している[*5]（設問の詳細は4.2節）。図中の矢印が右上がりになっていれば英語使用は増加、右下がりなら減少を意味している。

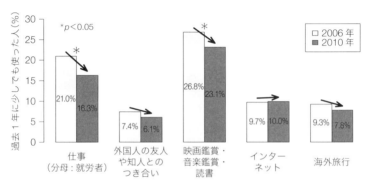

図9.2 英語使用者数の推移 (2006 → 2010)

図から明らかなとおり、「インターネット」の微増を除けば、すべて減少している。そのなかでも特に減少の幅が大きくかつ統計的に有意なものは仕事での英語使用のマイナス4.6%と映画鑑賞・音楽鑑賞・読書での英語使用のマイナス3.7%である。インターネットでの微増はインターネットを使う人口自体が年々増加していること（総務省 2012）を考えれば不思議ではないが、それ以外の英語使用において使用者の割合が減少している点は特筆に値する。

特に、仕事での英語使用者の減少はビジネス界や政府の現状認識と相反するものである。楽天の社内英語公用語化が発表されたのが2010年2月である。楽天のこの決断は、本章冒頭で述べたビジネス界・政府の動向とあいまって、日本にも英語使用ニーズが着実に高まっていることを印象づけた。元同時通訳者で英語教育学者の鳥飼玖美子はこうした状況を「英語パニック」とすら

[*5] 見やすさの都合上、「その他」「まったく使ったことがない」の選択肢は割愛した。前者の2006–2010間の変化は1.1% → 1.4%、後者は55.6% → 60.8%である。

形容しているほどである (鳥飼 2010: p. 21)。

　上記のようなイメージに基づけば、英語使用は当然増えているものだと期待 (悲観?) するのも無理はないが、データはその予測を裏切ったことになる。昨今流通している「英語使用のニーズの増加」というイメージは、日本社会全体の状況を的確に反映しているわけではないことになる。

9.3　英語使用減少の背景

　では、2000 年代後半に仕事での英語使用はなぜ減少したのだろうか。本節では、どのようなタイプの就労者に特に英語使用が減少したかを検討することでこの問いを検討したい。

　様々な可能性を勘案した結果、おそらくその最大の原因が、2000 年代末ごろ日本にも襲いかかった世界的な金融危機・不況にあると考えられる。この経済危機は、2008 年 9 月、米国でのいわゆるリーマンショックが発端となり、瞬く間に世界中に波及した (詳細はたとえば、柴山 (2012)、浜 (2009) などを参照のこと)。その結果、日本の経済成長率も 2008 年には前年比マイナス 1.0%，2009 年には同マイナス 5.5% と大きく低迷した (世界銀行の推計による)。こうした世界的な不況から英語使用機会の面で影響を受けたのが、訪日外国人と接する機会の多い就労者や貿易依存度が高い産業、そして、海外の企業や顧客と取引が多い企業である。そのような産業・企業に属する就労者に海外や外国人との接触・取引が減少したため、英語使用の機会も減少したと考えられる。

　以上の説明は本データの分析によっても支持される。以下、基本属性別・産業別・企業規模別に英語使用率の増減を確認し、世界的な不況が仕事での英語使用にいかなる影響を与えたか確認しよう。

基本属性別

　まず、就労者の基本属性であるジェンダーおよび世代ごとに英語使用の増減を確認してみよう。図9.3 は、その結果である。8 章で明らかにしたとおり、仕事での英語使用は 30 代・40 代で多くなる傾向がある。これは、国際的な取引をはじめとした責任の大きい業務を 20 代の社員が担当することは比較的少ないためだと考えられる。そして、このような業務をあてがわれるのは

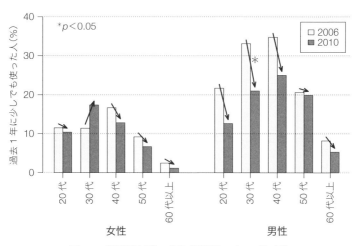

図 9.3　英語使用者数の推移（世代別・ジェンダー別）

一般的に総合職の社員であり、その大半を男性が占める。

　こうした傾向は、図 9.3 の結果にも表れている。2006 年の英語使用率を見ると、たしかに 30 代・40 代の男性がとりわけ高い使用率を示している。しかしながら、2010 年になると 30 代・40 代男性の英語使用率は大きく落ち込む。2010 年における 30 代男性の使用率（21.4%）は 2006 年からマイナス 12.4% と、この中では最大の減少であり、統計的にも有意である。また、40 代男性の 2010 年の英語使用率（26.4%）も 2006 年からマイナス 9.1% という 2 番目に大きな減少である。対照的に、女性の就労者の場合、いずれの世代においても顕著な減少は見られない。

　以上の結果から示唆されるのは、企業活動の「前線」で国際業務などを担当する機会が多かった総合職の社員に英語使用の機会が減少した可能性である。たとえば、貿易額（輸出入額の総額）は不況の影響により、2008 年の 160 兆円から 2009 年の 106 兆円へ、実に 30% 以上減少した。この結果、2006 年の段階では国際的な取引業務に従事することの多かった 30 代・40 代男性の英語使用率が、2010 年になると大きく低下したと考えられる。

産業別

　次に、産業別の英語使用率の変化を見てみよう。図 9.4 は、2006 年と

9.3 英語使用減少の背景　185

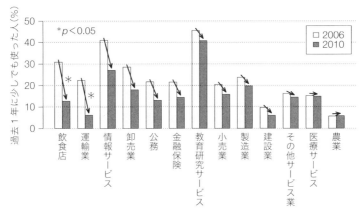

図 9.4　英語使用者数の推移（産業別）

2010 年の英語使用率を産業別に示したものである。ここでは回答者が計 50 人以上いた産業のみを抜粋している。また、各産業は減少度合いが大きい順番に左から右に並べている。

この図にも 2008 年以降の世界的不況の影響が確認できる。下落の度合いが最も大きいのが飲食店産業（自営業の飲食店だけでなく、いわゆる「外食チェーン」の社員・従業員も含む）における就労者で、2010 年の英語使用者は 2006 年に比べて 18.2% も減っている。次いで、運輸業のマイナス 16.2% が続き、ケース数の少なさもあり統計的に有意ではないが情報サービス（−13.9%）、卸売業（−10.6%）も減少の度合いが大きい産業である。

飲食店と運輸業での減少の大きさは、不況に伴う観光客など訪日外国人の大幅な減少で説明できる。法務省出入国統計によれば、2009 年の外国人の入国者数は 2008 年に比して 16.1% も減少した。その結果、飲食店産業や運輸業に従事する就労者に外国人の客と接触する機会が減少し、英語使用機会も減ったと考えられる。

一方、貿易に関係した影響も重要である。前述のとおり、貿易額は 2009 年になると急激に落ち込み、こうした貿易不況が英語の使用機会を減少させたと考えられるからである。この影響は、卸売業と小売業の対照的な結果に垣間見られる。前述のとおり、卸売業ではマイナス 10.6% と比較的大きな低下を示しているのに対し、小売業ではマイナス 4.6% と、比較的小さなレ

ベルの減少である。卸売業と小売業の業務内容は一見すると類似しているが、貿易依存度という点では対照的な産業である。つまり、卸売業は、海外製品を扱う場合、海外の企業と直接取引をすることになり、貿易不況がそのまま海外との取引の減少、そして英語使用機会の減少につながり得る。それに対し、小売業は、たとえ海外製品を取り扱っていたとしても卸売業者 (問屋) が国内企業であれば、貿易不況が英語使用機会の低下へ直接的にはつながらない。その結果、減少の度合いも小さく抑えられたと考えられる。

同様の論理は、他の産業にも確認できる。図 9.4 を見ても英語使用の減少が少ない産業はいずれも、小売業と同じく国内的な需要に対応した業務を主とする産業である。たとえば、農業 ($+0.2\%$) や医療サービス業 (-0.3%) がその典型である。

企業規模別

では次に企業規模別の英語使用者の増減を確認してみよう。この結果にも 2000 年代末の不況の影響が見てとれる。図 9.5 は従業員数別に英語使用者の割合を示したものである。いずれの規模の企業でも 2006 年に比べて 2010 年の英語使用者の割合は減少しているが、とりわけ大きな、かつ、有意な減少が見られるのが従業員数が「30〜99 人」と「100〜299 人」の中規模の企業である。

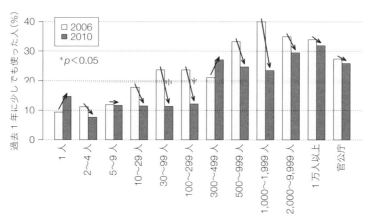

図 9.5　英語使用者数の推移 (企業規模別)

この理由の解釈は少々難しいが、国際的な取引の減少によって業務内容が影響を受ける度合いは大企業よりも中小企業の就労者のほうが大きいという可能性が考えられる。大企業の場合、国際業務や英語関連業務を専門にする社員を雇用する余裕があり、したがって、国際ビジネスの微妙な変化が末端の社員にまで伝わりにくい。そのため、英語使用も全体でみればそれほど大きく変動しなかったと考えられる。ただし、小規模の企業ではそもそも英語使用者が少ない。そのため英語使用の減少も小さく抑えられたのだろう。この結果、大企業でも小規模の企業でもなく、中規模の企業に特に大きな減少が生じたと考えられる。

グローバル化で英語使用は減る

　このように、世界的不況を念頭におけば、2000年代後半の英語使用の減少は説明できる。興味深いことに、この結果は、グローバル化が英語使用を減少させたことを意味している。というのも、上記の説明が確かならば、サブプライム住宅ローン危機・リーマンショックという米国の国内問題が、金融危機のグローバル化を介し、めぐりめぐって日本国内の英語使用を減少させたことになるからである。図示すると図 9.6 のようになる。まるで「風が吹けば桶屋が儲かる」のような構図だが、グローバル化とはまさに「風が吹けば桶屋が儲かる」という側面を有していることが、あらためてよくわかるだろう。

図 9.6　金融危機のグローバル化と英語使用の減少

一般的にグローバル化によって人・商品・情報の流通は促進され、その結果、英語使用の必要性は増加するとされている。しかしながら、世界同時不況をはじめとしたグローバル化のさらに別の側面にも目を向けるなら、「グローバル化＝英語化」は必ずしも真ではない。つまり、グローバル化が直線的にビジネスの英語ニーズを上昇させるという考え方は、過度に単純化されたモデルであり、データ上も理論上も支持することは困難なのである。

9.4 まとめ

本章で得られた知見を整理すると以下のとおりである。

(1) 2000年代の5つの調査データを分析した結果、仕事での英語使用ニーズが増加した形跡はなかった。
(2) むしろ、2006年から2010年にかけて「過去1年に少しでも英語を使った人」が明らかに減っている。
(3) 仕事での英語使用減少が顕著に生じたのは景気の状況によって英語使用機会が左右されやすい就労者である。

英語の必要性が増えておらずむしろ減少していたという事実は、ビジネス界で頻繁に聞かれる「英語ニーズの上昇」言説と相反している。さらに、「不況のグローバル化」が英語使用減少の原因と考えられる点は「グローバル化によって英語使用は増加する」という通念を再考させるものだろう。

今後の英語ニーズのゆくえ

以上、2000年代の推移を見る限り、英語使用ニーズが今後急上昇するという未来予測を積極的に支持する証拠はない。一方、近年（2014年）になり、グローバル化は再び回復の兆しを見せている。近年の出入国者数・貿易総額をまとめた表9.1を見ると、世界不況に起因する大幅な落ち込みは徐々に回復していることがわかる（ただし、東日本大震災の影響により2011年の出入国者数は再び下落）。貿易額・出入国者数から考えると、近年の英語使用ニーズは2000年代末よりも若干高い水準になっていると推測できる。そして、経済成長が現在の水準あるいはそれ以上を維持するならば、英語使用ニーズ

	出入国者数[1]		貿易総額[2]	
	万人	2006 年比	兆円	2006 年比
2006	5138	—	143	—
2007	5297	+3%	157	+10%
2008	5041	−2%	160	+12%
2009	4634	−10%	106	−26%
2010	5243	+2%	128	−11%
2011	4853	−6%	134	−6%
2012	5544	+8%	134	−6%
2013	5757	+12%	151	+6%

[1]法務省出入国管理統計. [2]財務省貿易統計.

表 9.1 近年の出入国者数・貿易額

は徐々に上昇していくはずである。

　しかしながら、その上昇は急上昇からはおそらく程遠いだろう。その理由は大別して 2 つある。第 1 に、世界が再び好景気に沸き、日本の貿易額・出入国者数が急上昇するというシナリオは楽観的に過ぎる。そもそもグローバル化は一度始まったら絶えず進行していくような不可逆的なプロセスではなく、過去には急拡大したグローバル化が突如「脱グローバル化」に転じたこともある（柴山 2012）。したがって、グローバル化がこのペースで続いていく保証はそもそもない。

　第 2 に、仮にグローバル化が急激に進展したとしても、ビジネスでの英語使用者の割合が同じペースで急上昇するとは限らない。この理由は、日本（日本語話者層）の人口規模にある。たとえばグローバル化が大きく進行したとしても、すべての就労者が一様に国内外の業務に従事するような状況はきわめて効率が悪い。どれほどグローバル化が進もうとも、「国内向け業務に従事する人」と「国際的業務に従事する人」の間で分業がなされるのが合理的であり、現に、実際の産業構造もこうなっている。人口規模が大きい日本は「国内向け業務の従事者」層が非常に厚いため、人口規模（母国語話者の規模）の小さい国に比べてグローバル化の直接的な影響が個々の就労者に伝達しづらい。たとえば、前章で見たとおり、建設業や医療福祉系の業務は国内的な需要への対応が主である。今後グローバル化が進展したとしても、この種の業務従事者に「英語化」の波が押し寄せることは少々考えづらい。このように、グローバル化に起因する英語使用ニーズの上昇も小国に比べれ

ばずっと鈍化したものになると考えられる。

「英語使用ニーズ増加」言説のイデオロギー的機能

　「英語使用ニーズの増加」という説明は少なくとも日本社会全体には決して当てはまらない。むしろこの説明は、英語を重要視する少数の例外的な企業の動向を日本社会の平均像と誤認してしまった結果だと考えられる。

　実態と乖離しているにもかかわらず、この言説はなぜこれほどよく浸透しているのだろうか。その最もわかりやすい説明が、「ビジネス界にとって『英語ニーズの増加』という前提を受け入れておくのは都合がいい」というものだろう。グローバルな企業であることはプラスの企業イメージを持つ。したがって、英語ニーズの増大を喧伝し、それに対応している自社の姿勢を示せば、株主や消費者に大きなアピールになる。同様に重要なのが、この言説はビジネス英語の教育を学校教育に肩代わりさせる大義名分になる点である。なぜなら、社会全体で英語ニーズが増大していると強調し、英語の必要性が普遍的になっていると訴えれば、従来は企業内教育として行われていたビジネス英語教育を社会全体の問題として概念化できるためである。

　同様に、政府にとっても「英語使用ニーズの増加」言説は都合がよい。なぜなら、政府の経済政策や産業政策の失敗の原因を英語ニーズの増大のせいにできるからである（Kobayashi 2013）。つまり、「企業や就労者の英語力が低く、グローバル化に対応できていなかったから経済が停滞した」という「弁明」が成り立つのである。Park (2011: p. 451) によれば、1990 年代末に深刻な金融危機・経済危機に見舞われた韓国では、国民の英語力不足が徹底して経済不振のスケープゴートにされてきた。2000 年代末の経済危機や東日本大震災によって経済が低迷している現在の日本でも同様の事態が起きないとも限らない。

　以上のように、「英語使用ニーズの増加」言説は、実態を正しく反映していないだけでなく、ビジネス界や政府の特定の利益にかなうものですらあり、その点で、イデオロギーとしての性格が強い言説である。こうした言説に対して、英語教育学・応用言語学をはじめとする学術界は慎重な態度をとるべきであり、ましてや、このような言説が学術界によって安易に再生産されるような事態は最も避けられなければならないことである。この点については、終章であらためて論じたい。

第 10 章

賃　金
——英語ができると収入が増えるのか？

英語力と賃金

　本章の問いは、いたってシンプルで、「英語ができるようになると収入が増えるのか？」である。もし「増える」が正しければ、仕事における英語力の重要性を訴える「宣伝文句」としてこれほど適したものはないだろう。じじつ、ビジネス系の書籍・雑誌記事・インターネット記事には、独自のデータをもとに「英語力が上がると収入もアップする」と結論付けたものもある。

　たとえば、『プレジデントファミリー』2008 年 5 月号には「英語が喋れると、年収が高くなるのか？」という特集がある。概要を引用しよう。

　　このたび編集部では、「英語力と年収」の関係についてアンケート調査を行った。調査対象は英語ができ、かつ仕事をしている全国の 30 代、40 代の男女。. . .［TOEIC 760 点以上、］TOEFL 540 点以上、英語検定準一級以上のいずれかを持つ人にアンケートを実施した。すると「英語ができる人の年収は、同年代の平均的な年収よりも高い」という結果が出たのである。平均年収との差、なんと 209.4 万円！（プレジデントファミリー　2008: p. 37）

同様の言説をビジネス界では頻繁に見かける[*1]。たとえば、以下の書籍・記事のタイトルを見るだけでもその様子は伝わるだろう。

- 『英語リッチと英語プア——イングリッシュ格差社会』（越知　2007）
- 「英語力のある人の給料は、平均の 2 倍以上 !?——50 代後半では約 800 万の差が」（「マイナビニュース 2013 年 11 月 12 日」マイナビニュース

[*1]　ただし、このような言説はビジネス界の「専売特許」というわけではない。同様の主張を研究者やジャーナリストも行っているからである（例、Seargeant 2009: pp. 106–31; 鳥飼 2002: pp. 25–26; 船橋 2000）。

[191]

編集部 2013)

- 「英語力のあるなしで年収は 30% も違う!?」(「ダイヤモンド・オンライン」2012 年 7 月 23 日、高野 2012)
- 「英語力が将来の年収に影響 ... 50 代女性は 3 倍の開き」(「リセマム」2014 年 9 月 19 日、奥山 2014)

　上述の結論はいずれも独自のデータに基づいており、その点でまったくデタラメな主張というわけではない。しかしながら、分析方法はかなり素朴であり、信頼性は決して高くない。その最大の問題が、英語力と収入の 2 変数の関係しか検討しておらず、擬似相関の可能性を考慮していない点である。

10.1　人的資本としての英語力

ラテン語ができると収入が増える？

　擬似相関を極端な例を使って説明しよう。「ラテン語ができるようになると収入が増える」という話を聞いてもほとんどの人が信じたりはしないだろう。話者・使用者がほとんどいない「死語」のラテン語を身につけても、それが経済的な富を生み出すとは考えにくいからである。しかし、統計があるわけではないが、「ラテン語ができる人はできない人よりも収入が多い」はおそらく正しい。なぜなら、ラテン語ができる人の多くが大卒以上の学歴を持っているはずであり[2]、したがってラテン語能力がある人の収入の平均値は、全体の平均値よりもはるかに高くなるはずだからである。

　このメカニズムは図 10.1 の左図のように示すことができる。つまり、たとえラテン語能力が収入と正の相関を持っていたしても、学歴などの「共変量」が両者に影響を与えた擬似相関に過ぎないと考えられる。

　一方、英語力と収入の関係はラテン語の場合ほど単純ではない（図 10.1 の右図）。もちろん英語力も学歴等と強い相関があるため、擬似的な効果を持つはずである。しかし同時に、労働者の仕事の生産性を高め、その結果と

---

[2]　しかも、多数ある大学のうちラテン語を開講しているのは比較的威信が高い一部の大学に限られているようである。グーグルで「syllabus ラテン語 site:ac.jp」と検索すると、国立大学や一部の私立大学ばかりがヒットするとわかるはずである。

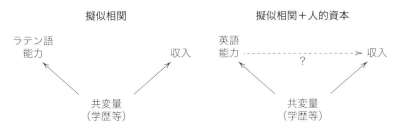

図 10.1　擬似相関と人的資本としての効果

して経済的な富を生む実質的な効果も想定できる。この実質的な効果は経済学において「人的資本」と呼ばれる（Becker 1962；人的資本論の簡潔な解説としては、荒井（2007）；小塩（2003）も参照）。つまり、「英語ができるようになれば収入が増えるのか」という問いは、英語力に人的資本としての効果――図中の破線の矢印――があるのか否かを問うていると考えることができる。そして、この問いを検証するためには、英語力の賃金上昇効果を、「擬似相関としての効果」と「人的資本としての効果」に分離できればよいことになる。

「人的資本」の取り出し方

しかしながら、両者の分離は実際のところそれほど簡単ではない。英語力と年収に同時に影響を与える共変量は、最終学歴（どの学校段階を卒業したか）だけではなく、無数に考えられるからである。その代表例が、知能、そして学校歴（つまり、どの大学（あるいは高校）を卒業したか）である。たとえば、知能が高い人のほうが一般的には英語学力が高いだろうが、同時に、その高い知能によって仕事の生産性は向上するため、彼らはより多くの賃金を得やすいと考えられる。また、「威信の高い学校」を卒業した人の英語力は平均的に見れば高いと考えられるが、同時に、「威信の高い学校」の卒業生はそうでない学校の卒業生よりも就職機会に恵まれている。これらのメカニズムにおいて、賃金上昇は英語力がもたらしたものではない。

そしてさらなる問題が、知能や学校歴を尋ねる調査は必ずしも容易ではない点である。実際、本書で用いるデータにもその種の変数は含まれていない。また、日本における英語力の賃金上昇効果を検討した先行研究（Kano 2005；西村ほか 2003；松繁 2002）においても、調査上困難だったためか、この

点は考慮されていない。

たしかに、上記の先行研究はいずれも英語力の賃金上昇効果に関して肯定的な結論を導いている。これは、スイスやインドにおける研究（Grin 2001；Azam et al. 2013）でも同様である。しかしながら、いずれの研究でも知能・学校歴を含む様々な共変量の擬似的な効果を除去しきれているとは言いがたい。そもそも、これら先行研究の調査をよく読むと、英語と無縁の仕事を行っている人々が多数含まれている可能性がうかがえる。こうしたタイプの人々の間にも英語力の賃金上昇効果が見られたとするならば、それはもはや「人的資本」としての効果とは言えないだろう[*3]。

「英語力はあるが必要ではない人」

では、擬似的な効果をいかに除去すればよいだろうか。ここでは日本社会の特殊な英語使用環境が利用できる。というのも、後述するとおり、日本には英語力があるにもかかわらず英語使用ニーズを持たない就労者が一定数おり、この人たちの間に賃金上昇効果が見いだせたとするならば、それは擬似的な効果だと判断できるからである。

この関係を図示すると図 10.2 のとおりである。まず、(1) の「英語力のない人」の賃金は、当然ながら、英語力以外の様々な要因（職業能力や職業経験の長さ、学歴など）によって決定される。次に、(2) の「英語力はあるが必要性がない人」の賃金の場合、英語力によって賃金が上昇する部分はあったとしても、それは「人的資本」としての効果ではない。したがって、この上昇分を「擬似効果」と見なすことができる。そして、(3) の「英語力があり必要性もある人」の賃金ではじめて「人的資本」としての効果が見いだせる。ここで、「人的資本」としての効果は、総賃金から「その他」および「擬似効果」を除外したものである。

ここで、(2) の「その他＋擬似効果」よりも、(3) の「その他＋擬似効果

[*3]　英語力の賃金上昇効果については、英語圏における移民を対象とした研究のほうが歴史が長く蓄積も多い（例、Chiswick & Miller 1998, 1999, 2002；Miller & Chiswick 1985；松繁 1993）。この種の研究における共変量の擬似効果は、非英語圏の研究に比べれば、さほど深刻な問題を生じさせないと考えられる。なぜなら、英語圏に移り住んだ移民にとって英語使用のニーズはほぼ普遍的であり、また、出身国の学校歴が評価されることもあまりないと考えられるためである。

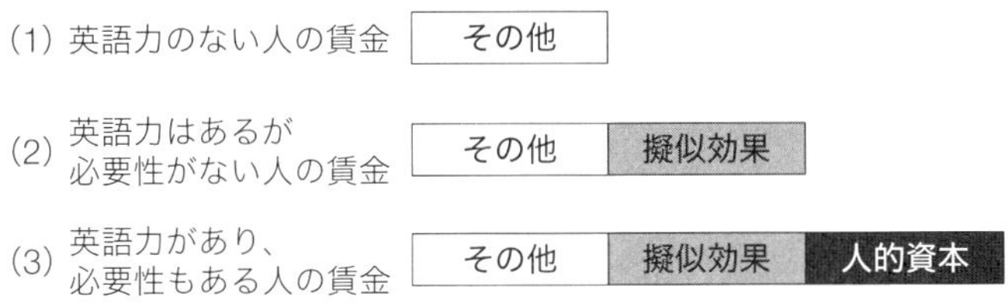

(1)	英語力のない人の賃金	その他		

(1) 英語力のない人の賃金　[その他]

(2) 英語力はあるが必要性がない人の賃金　[その他]　[擬似効果]

(3) 英語力があり、必要性もある人の賃金　[その他]　[擬似効果]　[人的資本]

図 10.2　賃金と英語力の関係

＋人的資本」のほうが大きければ、英語力には実質的な賃金上昇効果があったと結論付けられる。なお、ここでは (2) の「擬似効果」と (3) の「擬似効果」が同量だという仮定を置いている。厳密には、両者が同程度であるという保証はないものの、(3) が (2) よりも際立って大きいと考える根拠も特にないため、それほど問題のある仮定ではないだろう。

10.2　英語力と賃金──2000 年、都市部常勤職者の場合

分析に用いるデータは WPS-2000 と JGSS-2010 である。この 2 調査には、英語力、賃金、そして職場での英語使用の必要性という 3 つの変数が含まれている。WPS-2000 の分析は本節で、JGSS-2010 の分析は次節で行う。

変数

職場での英語使用の必要性は 8.3 節で用いたものと同一である。また、英語力は、英会話力に対する自己評価設問 (1.2 節参照) を用いる (「ほとんどできない」「日常会話程度はできる」「仕事上の交渉 or 通訳ができる」の 3 段階)。

これら 2 変数を掛けあわせ「必要性×英語力」変数を新たに作成する。その分布は表 10.1 のとおりである。

ここで、前節 (図 10.2) の議論にもとづき、「仕事に英語は必要ではないが英語力がある人」の平均賃金を基準にして、「英語が必要で英語力もある人」の平均賃金が有意に高ければ、英語力に人的資本としての賃金上昇効果があったと結論付ける。ただし、この分析では英語力が 3 段階あるので、2 つの異なる手続きが必要である。ひとつが (A)「不要×日常会話程度はできる」を基準として「必要×日常会話程度はできる」と比較する手続きであり、もう

第 10 章　賃金——英語ができると収入が増えるのか？

			該当者数	
英語不要	ほとんどできない		9150	(53.7%)
	日常会話程度はできる	（基準カテゴリ A）	1267	(7.4%)
	仕事上の交渉 or 通訳ができる	（基準カテゴリ B）	44	(0.3%)
英語必要	ほとんどできない		4083	(24.0%)
	日常会話程度はできる	（対象カテゴリ A）	1942	(11.4%)
	仕事上の交渉 or 通訳ができる	（対象カテゴリ B）	559	(3.3%)
	計		17045	(100.1%)

表 10.1　必要性×英会話力 (WPS-2000)

ひとつが (B)「不要×仕事上の交渉 or 通訳ができる」を基準として「必要×仕事上の交渉 or 通訳ができる」と比較する手続きである。

年収の規定要因

　以下の分析では、サンプルを常勤職者（正社員・正規職員）に限定する。この理由は、WPS-2000 には平均就労時間に類する変数が含まれておらず、非正規雇用サンプルを含めると、1 単位時間当たりの賃金の推定が困難になるためである。その点で、以下の結果は「日本人」全体の状況を表すものではない。そもそも WPS-2000 は都市部の就労者を対象にしたものであり、本節の結果は「2000 年時点における都市部の正社員・正職員の状況」と読むべき点に注意が必要である（より包括的な分析は、次節の JGSS-2010 で行う）。

　年収の推定には、ミンサー型賃金関数（Mincer 1974）に準拠したモデルを用いる。これは、年収の対数を現職の経験年数、その 2 乗、そして就学年数で予想するモデルである。以下の分析ではさらに、統制変数として年齢・年齢の 2 乗を投入し、また、仕事の文脈に関する変数として「職種」「外資系」「産業」「企業規模」も統制する。

　では、分析結果を確認しよう。章末の表 10.3 は、「不要×日常会話程度はできる」を基準カテゴリとした結果である。賃金の規定構造や英語ニーズの構造には大きなジェンダー差があると考えられるため、男女別の分析を行っている。そのうえで、男女ごとに 3 つの異なるモデルによって英語力の賃金への影響を検討している。モデル 1 は年収額（百万円）の対数値を「英語の必要性×英語力」だけで予測するモデルである。モデル 2 はそこに賃金

10.2 英語力と賃金——2000年、都市部常勤職者の場合

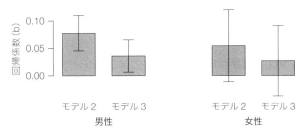

図 10.3 英語力の人的資本としての効果（基準：「不要・日常会話ができる」）

関数における基本的な原因変数（すなわち、教育年数・経験年数）を投入したものである。モデル 3 はさらに、仕事の文脈に関する変数（職種・外資系・産業・企業規模）を統制したモデルである。

表 10.3 中で人的資本としての英語力の効果を示しているのが、「必要・日常会話（レベルの英語力）」である。以下、直感的に理解できる棒グラフにもとづいて議論したい。まず、図 10.3 は、「不要・日常会話」を基準にしたときの「必要・日常会話」の効果を示している（上下の線分は 95% 信頼区間であり、推定誤差の度合いを示す）。ただし、他変数を統制していないモデル 1 に実質的な意味はないので、モデル 2 とモデル 3 のみを示す。

一般的な賃金関数に基づくモデル 2 の場合、男性には有意な効果（$b=0.08$）が確認できる。これは、英語力によって賃金が 8% 増加したことを意味している。また、職種・外資系・産業・企業規模を統制したモデル 3 においても有意な効果（$b=0.04$）が見られ、職務内容・就労状況が同一だったと仮定しても、4% 程度の賃金上昇効果が確認できる。

ここで問題になるのが、「8% 上昇」のモデル 2 と「4% 上昇」のモデル 3 のどちらがより妥当なのかという点である。もし、職種・外資系・産業・企業規模を擬似相関を引き起こす「交絡因子」と考えるならば、モデル 3 のほうが妥当である。しかし、これらを「中間変数（媒介変数）」と考える場合、モデル 3 では英語力の効果を過小評価してしまう。ただ、中間変数だとするのはやや無理のある仮定であるように思われる。なぜなら、職場の英語の必要性が「不要」から「必要」に変わることで、職種・産業・企業規模等が変化する状況はそれほど多くないと考えられるからである。むしろ、「ホワイト職・外資系企業・大企業は英語の必要性が高く、同時に、賃金も高い」のように交絡因子と考えるほうが現実的だろう。したがって、ここではモデ

第 10 章 賃金──英語ができると収入が増えるのか？

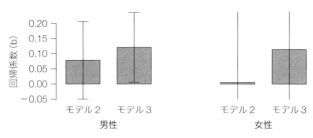

図 10.4　英語力の人的資本としての効果（基準：「不要・仕事上の交渉 or 通訳ができる」）

ル 3 の「4% 上昇」を、英語力の人的資本としての賃金上昇効果と考えたい。

　以上のように、都市部の常勤職男性に限って言えば、たしかに「英語ができれば収入が増える」と結論付けられそうである。ただし同時に重要な点が、その効果は 4% 程度の上昇に過ぎない点である。本章冒頭で引用したビジネス系の記事を思い出してみよう。「英語力のある人の給料は、平均の 2 倍以上」「英語力のあるなしで年収は 30% も違う」「英語力が将来の年収に影響 … 50 代女性は 3 倍の開き」という言葉が踊っていた。非常に大きな賃金上昇率だが、本章の分析にもとづけば、それはいささか誇張に過ぎる。むしろ、擬似的な効果が大いに混入していると考えておいたほうがよいだろう。

　次いで、女性の結果である。再度、図 10.3 を見てみよう。男性とは対照的に、有意な賃金上昇効果は見られない。これは、女性のケース数が少なく、推定精度が悪いことも一因だが、いずれにせよ賃金上昇率はモデル 3 で $b=0.03$（英語力で収入が 3% 増加）と男性並みであり、やはり劇的な上昇とは言いがたい。

　一方、もう一つの基準に基づいて賃金上昇効果を表したのが図 10.4 である。ここでは「不要・仕事上の交渉 or 通訳ができる」を基準にしたときの「必要・仕事上の交渉 or 通訳ができる」の効果を図示している。有意な効果を示しているのが、男性のモデル 3 の $b=0.12$ のみである。前述の「4%」に比べるとだいぶ大きな効果だが、12% という上昇率もビジネス界の喧伝する「劇的な効果」に比べれば、たいした大きさではない。

10.3　英語力と賃金──2010 年、全就労者の場合

　次に、同様の手続きで JGSS-2010 のデータを分析しよう。まず、前節で

用いたデータ（WPS-2000）との違いを述べておきたい。JGSS-2010 が WPS-2000 より優れている点は、現代日本社会の分析により適していることである。その理由は次の 3 点である。第 1 に、JGSS は WPS と異なり全国の人々を調査対象にしている。第 2 に、就労時間に関する変数が含まれているので、就労時間当たりの収入を算出可能であり、したがって常勤職に就いていない人も分析に含めることができる。第 3 に、調査が 2010 年と比較的最近である。

　一方、デメリットはケース数が WPS-2000 に比べるとはるかに少ない点である。JGSS-2010・A 票そのものは 2507 人から有効回答が得られたが、英語の必要性および年収額を回答した就労者は 1213 人だけである（しかも、その他の変数を分析に加えると欠損値の関係で分析可能なケースはさらに少なくなる）。そのため、WPS-2000 と比較して推定精度がかなり悪い点を考慮に入れておく必要があるだろう。

変数

　使用する変数を説明する。JGSS-2010 の英語力は、1.1 節で用いた「英会話力あり／なし」「英語読解力あり／なし」を利用する。会話力・読解力のいずれか（あるいは両方）を「ある」と回答した人を「英語力あり」と見なした。また、英語の必要性には、8.4 節で検討した「仕事における英語の有用感」を用いる。この設問に対し、「（仕事で英語力が）とても役立つ」「ある程度役立つ」と回答した人を「必要あり」群に、それ以外を「必要なし」群に振り分けた。これら 2 変数をもとに合成したものが表 10.2 の「必要性×英語力」変数である。そして、「英語が不要・英語力あり」を基準カテゴリにした変数で就労者の 1 時間当たりの収入額（千円）の対数値がどれだけ説

		該当者数	
英語が不要	英語力なし	943	77.7%
	英語力あり（基準カテゴリ）	24	2.0%
英語が必要	英語力なし	199	16.4%
	英語力あり（対象カテゴリ）	47	3.9%
計		1213	100.0%

表 10.2　必要性×英語力（JGSS-2010）

明できるか分析する。ここで「英語が必要・英語力あり」に有意な正の効果があれば、英語力には人的資本としての賃金上昇効果があったと結論付ける。

時間給の規定要因

分析結果を章末の表 10.4 に整理した。モデル 1・モデル 2・モデル 3 は、前節の WPS-2000 の分析と基本的には同一である。ただし、以下の分析は全就労者を対象にしているので、モデル 3 に「雇用形態」つまり、経営者／正規雇用／非正規雇用／自営等の区別を統制変数として加えている。また、勤務先が外資系かどうかを判断する変数はなかったのでモデルから除いている。

以下、人的資本としての効果を示している「必要・英語力あり」の係数に注目しよう。本節でも前節と同様に図示してみたい（図 10.5）。どのモデルでも有意な効果は見いだせないことがわかる。男性に負の効果、女性に正の効果が見られるが、信頼区間の幅からもわかるとおり推定誤差が非常に大きいため、実質的なジェンダー差と見なさないほうが安全だろう。

以上のとおり、JGSS-2010 の分析によれば、人的資本としての英語力の賃金上昇効果は男女いずれにも見いだせなかった。この原因には前述の推定精度の問題もあると思われるので、今後、もっと大規模な調査を行えば、有意な効果が示されるかもしれない。しかし、この分析で得られた推定効果自体、そもそも決して劇的なものではない。モデル 3 の場合、男性が $b = -0.20$、

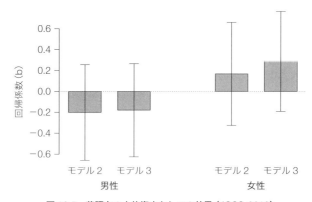

図 10.5　英語力の人的資本としての効果（JGSS-2010）

女性が $b=0.29$ とそれほど大きな効果ではなく、男性にいたってはマイナスである[*4]。したがって、ビジネス言説で喧伝されるような状況は、2010 年の日本社会にもまだ訪れていなかったと考えてよさそうである。

10.4　まとめ

本章では「英語ができると収入が増える」という言説を、「人的資本としての英語力による賃金上昇効果」の観点から検討した。WPS-2000（正規雇用者の年収）と JGSS-2010（あらゆるタイプの就労者の時間給）を分析した結果、有意な効果は確認できないか、あったとしても比較的小さいレベルのものに限られることがわかった。

たしかに本データでも 2 変数の関係だけで見れば大きな収入格差がある。WPS-2000 では、英会話が「ほとんどできない」と回答した人の平均年収は 433 万円であるのに対し、「日常会話程度はできる」と答えた人は 521 万円、「仕事上の交渉ができる」と答えた人は 776 万円と、大きな開きが見られる。また、JGSS-2010 でも同様に、英会話力・英語読解力がない人の平均年収はそれぞれ 325 万円・323 万円なのに対し、あると答えた人は 519 万円・521 万円と、やはり差は大きい。しかし、こうした差の大部分は、学歴・学校歴や就労環境などの擬似的な効果によって生まれたものだということが推察できる。「英語力で収入格差が生まれる！」と喧伝するビジネス記事のほとんどすべては、このようなメカニズムを考慮していなかったために、賃金上昇効果を実際よりはるかに大きく見積もってしまったと考えられる。

もちろん本章の結果は、英語力を「武器」にキャリアアップを達成している人々が存在する可能性を否定しているわけではない。むしろ、外資系企業の社員や英語関連の業務に従事する人々（通訳・産業翻訳・民間の教育産業の人々）の間では、英語力が収入を大きく左右しているのは想像に難くない。しかしながら、こうした状況が現代日本社会の平均像からまだかなり距離があることも事実だろう。

[*4]　ただし、女性の賃金上昇（約 29％ の上昇）は比較的大きな効果と言えそうである。もっとも、図 10.5 の信頼区間が示しているように、実際にはもっと「マイルド」な効果だった可能性も十分ある（女性・モデル 3 の 95％ 信頼区間は、−0.18〜0.76）。

英語力の重要性は疑いない。「できない」より「できる」に越したことはないからである。ただ、その重要性を強調する根拠として、収入格差を持ち出すのは誠意のある主張とは言えない。英語学習の意義を述べるならば、日本社会の実態に関してウソをつかず、淡々と正論を述べていくべきだろう。

	男性						女性					
	モデル1		モデル2		モデル3		モデル1		モデル2		モデル3	
	b (se)		b (se)		b (se)		b (se)		b (se)		b (se)	
（定数）	6.30 (0.02)***		3.58 (0.06)***		4.09 (0.06)***		5.71 (0.03)***		4.08 (0.12)***		4.55 (0.15)***	
不要・できない	−0.09 (0.02)***		−0.05 (0.01)***		0.03 (0.01)*		−0.12 (0.03)***		−0.08 (0.03)***		−0.09 (0.03)***	
不要・日常会話（基準）												
不要・仕事上の交渉	0.21 (0.09)*		0.13 (0.06)*		0.04 (0.06)		−0.18 (0.34)		0.17 (0.29)		0.03 (0.28)	
必要・できない	−0.02 (0.02)		−0.01 (0.02)		−0.02 (0.01)		−0.01 (0.03)		−0.01 (0.03)		−0.03 (0.03)	
必要・日常会話	0.16 (0.02)***		0.08 (0.02)***		0.04 (0.01)*		0.10 (0.04)*		0.05 (0.03)		0.03 (0.03)	
必要・仕事上の交渉	0.38 (0.03)***		0.21 (0.02)***		0.16 (0.02)***		0.30 (0.07)***		0.18 (0.06)***		0.14 (0.06)*	
年齢			0.09 (0.00)***		0.08 (0.00)***				0.03 (0.01)***		0.02 (0.01)**	
年齢2乗/100			−0.08 (0.00)***		−0.07 (0.00)***				−0.04 (0.01)***		−0.02 (0.01)**	
経験年数			0.01 (0.00)***		0.02 (0.00)***				0.06 (0.00)***		0.05 (0.00)***	
経験年数2乗/100			−0.03 (0.00)***		−0.03 (0.00)***				−0.08 (0.01)***		−0.08 (0.01)***	
就学年数			0.04 (0.00)***		0.02 (0.00)***				0.07 (0.00)***		0.04 (0.01)***	
職種					…省略… [1]						…省略… [5]	
外資系					…省略… [2]						…省略… [6]	
産業					…省略… [3]						…省略… [7]	
企業規模					…省略… [4]						…省略… [8]	
R^2	0.06		0.51		0.61		0.04		0.31		0.39	
調整済み R^2	0.06		0.51		0.61		0.03		0.31		0.37	
観測数	9469		9384		9290		2750		2737		2654	

b: 回帰係数. se: 標準誤差. ***$p<0.001$, **$p<0.01$, *$p<0.05$.

[1]ホワイトカラー職に正の効果. [2]外資系企業に正の効果. [3]「飲食店」を基準にしたとき16個中14の産業に有意な正の効果. [4]「1～4人」を基準にしたときその他のすべての企業規模に有意な正の効果. [5]ホワイトカラー職に正の効果. [6]外資系企業に正の効果. [7]「飲食店」を基準にしたとき16個中2つの産業に有意な正の効果. [8]「1～4人」を基準にしたときその他のすべての企業規模に有意な正の効果.

表 10.3　正社員・正職員の年収額（百万円、対数値）の規定要因（WPS-2000）

表 10.4 1時間当たりの収入額（千円、対数値）の規定要因（JGSS-2010）

	男性			女性		
	モデル1 b (se)	モデル2 b (se)	モデル3 b (se)	モデル1 b (se)	モデル2 b (se)	モデル3 b (se)
(定数)	0.93 (0.20)***	-0.28 (0.41)	-0.36 (0.50)	0.02 (0.22)	-1.41 (0.43)***	-1.59 (0.50)**
不要・英語力なし	-0.49 (0.20)*	-0.46 (0.19)*	-0.26 (0.18)	-0.15 (0.23)	-0.05 (0.21)	0.12 (0.21)
不要・英語力あり（基準）						
必要・英語力なし	-0.24 (0.21)	-0.28 (0.20)	-0.16 (0.19)	0.13 (0.24)	0.13 (0.22)	0.16 (0.21)
必要・英語力あり	-0.04 (0.25)	-0.20 (0.23)	-0.18 (0.23)	0.36 (0.27)	0.17 (0.25)	0.29 (0.24)
年齢	-0.01 (0.02)	-0.01 (0.02)	0.00 (0.02)		0.00 (0.01)	0.02 (0.01)
年齢2乗/100	0.01 (0.02)	0.01 (0.02)	0.01 (0.02)		-0.01 (0.02)	-0.02 (0.02)
経験年数	0.05 (0.01)***	0.05 (0.01)***	0.03 (0.01)***		0.05 (0.01)***	0.04 (0.01)***
経験年数2乗/100	-0.08 (0.02)***	-0.08 (0.02)***	-0.05 (0.02)**		-0.10 (0.02)***	-0.06 (0.02)***
就学年数	0.07 (0.01)***	0.07 (0.01)***	0.03 (0.01)*		0.08 (0.02)***	0.05 (0.02)**
雇用形態		省略…(1)	省略…(1)			省略…(5)
職種			省略…(2)			省略…(6)
産業			省略…(3)			省略…(7)
企業規模			省略…(4)			省略…(8)
R^2	0.03	0.20	0.37	0.04	0.19	0.37
調整済み R^2	0.03	0.19	0.31	0.03	0.17	0.31
観測数	322	618	618	580	575	575

b：回帰係数。se：標準誤差。***$p<0.001$, **$p<0.01$, *$p<0.05$.

(1) 経営者・役員など、を基準として、その他の雇用形態（正規雇用・臨時雇用・自営等）に有意な負の効果。(2)「非熟練」を基準として、「管理」「事務」「専門」に有意な正の効果。(3)「飲食店」を基準にしたとき16個中6個の産業に有意な正の効果。(4)「1人」を基準にしたときの2000人以上の企業規模に有意な正の効果。(5)「経営者・役員」を基準にしたとき「専門」に有意な負の効果。(6)「非熟練」を基準として、「専門」に有意な正の効果。(7)「飲食店」を基準にしたとき「教育・研究サービス業」に有意な正の効果。(8)有意な効果は見られない（基準：「1人」）。

第11章

職業機会
——英語力はどれだけ「武器」になるのか？

「武器」としての英語

　前章の最後でも触れたように、英語力がキャリアアップの「武器」として描かれることはよくある。社会学者の北村文は、その著書『英語は女を救うのか』のなかで、この種のレトリックを「英語＝魔法の杖」と見なす物語だと述べている。

> 英語産業や女性向けメディアは、英語には魔法の力があると喧伝し、ハッピーエンドを約束するようだった。... たとえば、「学んだ語学をキャリアに活かす、彼女たちのお仕事スタイル」（『an・an』2008 年 6 月 4 日号）という記事では、フリーアナウンサーやモデルエージェンシーのアシスタントマネージャーが誌面をいろどるし、「女性のキャリアと英語力」（『AERA English』2009 August）という特集では、「三井物産」や「アクセンチュア」「キリンビール」「パナソニック」で働く女性たちが、グラビア入りの実名で登場する。（北村 2011: pp. 40–41）

　上記のようなメディアに載っている「物語」にはある共通点がある。もちろん英語の必要な仕事に従事するきっかけは人によって様々である。しかし、当初は語学やその他の面で失敗の連続の日々だったが、ひたすら努力することで逆境を克服し、現在は英語で仕事をこなせるレベルに到達しているという筋書きはみな共通である。類似したストーリーになるのは無理もない話で、このような「成功者としての現在」がなければマスメディアに取り上げられることもないからであり、成功者にもそれなりの失敗や苦労、そしてそれを克服するための努力があるからである。したがって、語学雑誌やビジネス誌・女性誌で輝くこうした人々にとって英語力が「武器」であり「魔法の杖」であることは疑いない。

[205]

ただし、北村も指摘していることだが、英語をめぐる言説はこうした特定の人々の物語をさも普遍的な物語であるかのように一般化する傾向がある。そこで問いたいのは、「日本人」の平均的傾向から見ても英語は「武器」になり得るのかということである。本章はこの問いに挑みたい。

11.1　日本の仕事現場の不平等要因

上記の問い――英語は多くの「日本人」にとってもキャリア上の「武器」か？――に対し、英語産業やビジネス系のメディアであれば当然「イエス」と答えるだろう。しかしながら、前章までの結果を前提にすると、そこまで楽観的でいられるわけでもない。なぜなら、これまでの検討で明らかになったように、日本の仕事現場において英語はまだそれほど大きな存在感を放っているわけではないからである。英語力の価値の通用範囲が限定的なうちは「武器」としての有用性もまた限定的である。

「英語を武器にする」ことを阻んでいるのは、英語力の市場価値の低さだけではない。もうひとつの大きな障害は日本の労働市場・仕事現場に存在する不平等である。この点は日本の女性差別を例にとるとわかりやすいだろう。日本ではほぼ同等の能力を持つと考えられる男女がいたとしても男性に責任の大きい仕事をあてがうような人事が長らく行われてきたことは有名である（鹿嶋 1989）。このような不平等が事実なら、たとえ職業能力としての英語力が同等だったとしても、女性はその英語力を活かす機会を与えられないということになる――いわば、英語力活用機会の不平等である。

この点は研究者によってすでに指摘されている。Kobayashi（2007b）は、文部科学省の英語教育政策に見られる「日本＝男女平等」といった空想的な社会観を批判している。つまり、日本の仕事現場の現状は「英語を使った仕事を望む女性が多い一方で、女性がその機会を得ることはごくわずか」（p. 568，引用者訳）であり、女性就労者は「研修から排除され、男性が行う主幹業務を補佐する役目に甘んじている」。このような状況であるにもかかわらず、教育政策は不公平の存在を無視し、平等で開放的な仕事現場を根拠もなく前提にしているという。

労働市場の不平等要因はジェンダー以外にも多数ある。たとえば、就職・昇進において学歴や学閥による不公平な扱いはしばしば問題になるし、年功

序列制度もある種の「若年者差別」である。ただ、年齢や学歴（どの学校段階が最終学歴か）の違いは職業的能力を大いに左右することも間違いないため、「職業的能力が同等であった場合」という仮定が設定しにくい。また、学閥（出身学校）を含んだ設問は分析可能なデータにはない。以上の理由から、本章はジェンダーに焦点化した分析を行う。

11.2 英語が必要な業務への配属における男女差

「英語力があれば英語が必要な仕事につけるのか？」

本章の問いを今一度整理しよう。一言で言えば、「英語力を活かす機会は性別に関係なく平等に開かれているか？」となる。これを計量分析で検証可能な問いに変換すれば、「英語の必要な仕事があてがわれる確率には、同程度の英語力を持つ男性と女性との間で差があるか否か」となる。

結果として想定されるパタンを示したものが図 11.1 である。左上の図は

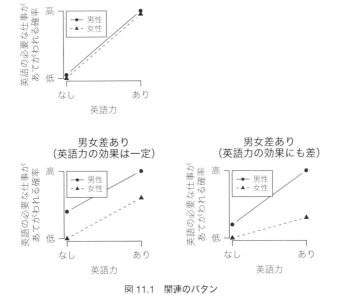

図 11.1　関連のパタン

男女差がない場合である。英語ができれば英語の必要な仕事があてがわれる確率が高くなり、この確率に男女差はない。一方、下の2つの図は男女差がある場合である。左下の図は英語が必要な仕事があてがわれる確率にどの英語力段階でも一定の男女差がある場合である。そして、右下の図はさらに英語力の影響力にも男女差がある場合である。この図を例にとると、男女差はハイレベルの英語力になればなるほど開いている。この右下のようなパタンを計量分析では一般に「交互作用がある」と表現する。

上記のいずれのパタンも想定可能なので、本章の分析はジェンダーと英語力の間に交互作用が存在する可能性を考慮したモデルを設定する。つまり、以下のようなモデルである。

- 結果変数: 英語の必要な仕事があてがわれているかどうか
- 原因変数: (1) 英語力、(2) ジェンダー、および (3) これらの交互作用項

さらに、他の要因が一定である状態を設定するため、年齢、年齢の2乗、就学年数、就労形態、職種、仕事の経験年数を統制変数として分析モデルに加える。

データ

データはWPS-2000を用いる。結果変数「英語の必要な仕事があてがわれているかどうか」は、8.3節でも使用した「職場で英語力が求められているかどうか」（2値変数）を用いる。また、英語力については、WPS-2000に含まれているTOEICスコア、英検の取得級、および英会話力（自己評価）の3設問を利用する（1.2節参照）。

分析結果

分析結果を章末の表11.1に示した。モデル1は英語力として英検取得級の効果を、モデル2はTOEICスコアの効果を、そしてモデル3は英会話力の効果を検討したものである。「女性」の係数はそれぞれ −0.56, −0.44, −0.50であり、いずれも有意な負の効果だった。つまり、他の変数を同一としたとき、女性は男性に比べてそれだけ英語の必要な仕事があてがわれにくいこと

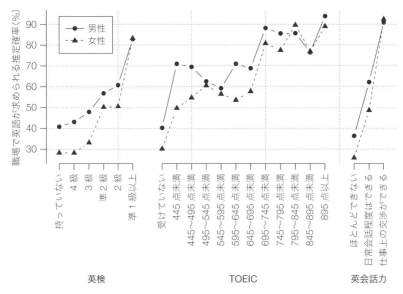

図 11.2　英語力別「英語が必要な仕事」従事者

を意味している[*1]。また、交互作用項である「女性×〜」の項には、いずれのモデルにも有意な効果が見られない。したがって、ジェンダーと英語力の間に交互作用を仮定する積極的な意義は小さく、英語力の効果は男女を問わず一定の傾向が強いと考えられる。

　この点は図示したほうがわかりやすいだろう。表 11.1 の結果に基づいて英語力別・男女別に職場で英語が求められる確率を算出し、図示したものが図 11.2 である[*2]。

　図から明らかなとおり、女性の折れ線はほとんどの場合で男性よりも低い位置にある。つまり、英語力やその他の変数が同一だったとしても、英語が必要な仕事は男性にあてがわれやすく、女性にあてがわれにくいことを意味

[*1]　なお、その「あてがわれやすさ」は男性のおよそ 6 割程度である。英語の必要な仕事が女性にあてがわれるオッズは、男性のそれぞれ exp（−0.56）= 0.57 倍，exp（−0.44）= 0.64 倍，exp（−0.50）= 0.61 倍である。

[*2]　その他の変数にはそれぞれの平均値（名義尺度の場合はシェア）を代入している。

している。もちろん、その確率と英語力には明らかな正の関係があり、女性にとっても英語力が「武器」になることは確かである。しかしながら、「武器」を手にしたとしても男性と同じスタートラインに立てるわけではないこともこの結果は示している。

11.3　まとめ

前節で提示した問いへの答えはシンプルである。「英語の必要な仕事があてがわれる確率は、同程度の英語力を持つ男性と女性との間に差があるか?」については「イエス」と答えられる。したがって、「英語力を活かす機会は性別に関係なく平等に開かれているか?」と問われれば、その答えは明らかに「ノー」である。

その点で、英語力はたしかに「武器」には違いないが、日本の仕事現場の女性差別を完全に跳ね返すほどの「武器」ではない。このような現実は「英語マスターによるサクセスストーリー」言説の生産者にとって見たくない現実かもしれない。こうした不平等の存在によってそのきらびやかなイメージは色あせてしまいかねないからである。

本章冒頭でも引用した北村文は、女性の英語をめぐるサクセスストーリーには悪意ある他者が現れないと指摘している。

> [英語によって]「救われる」物語に登場する女性たちにとっては、肌の色もパスポートも言語も障壁にはならない。彼女らは「日本人」であり、「女性」であり、「英語を母語としない者」であるという自分の位置からするりと抜け出して、ひとりのコスモポリタンとして振舞う。そうして、差別だの序列だのといったおどろおどろしいものから遠く離れたところで、華やかな物語が紡ぎだされる。しかしその場所は、ニューヨークでもなければロンドンでもない。バンクーバーでもないし、東京でもホノルルでもない。現実にあるどの土地でもない。(北村 2011: p.50)

もちろん日本の労働市場もそのような理想郷ではまったくない。これが本章の結論である。

	モデル 1	モデル 2	モデル 3
(定数)	−3.18 (0.25)***	−2.96 (0.25)***	−2.60 (0.25)***
年齢	0.04 (0.01)***	0.03 (0.01)*	0.03 (0.01)**
年齢の 2 乗/100	−0.07 (0.02)***	−0.06 (0.02)***	−0.06 (0.02)***
就学年数	0.13 (0.01)***	0.14 (0.01)***	0.09 (0.01)***
就労形態 (基準: 正規職者)			
契約社員・嘱託	0.00 (0.08)	0.02 (0.08)	−0.04 (0.08)
フリーター	−0.13 (0.08)	−0.11 (0.08)	−0.16 (0.09)
パートタイマー	−0.20 (0.08)*	−0.21 (0.08)**	−0.18 (0.08)*
派遣	0.30 (0.14)*	0.31 (0.14)*	0.27 (0.14)
職種 (基準: 非熟練)			
半熟練	−0.24 (0.11)*	−0.25 (0.11)*	−0.24 (0.11)*
熟練	−0.08 (0.07)	−0.11 (0.07)	−0.06 (0.07)
農林	−0.10 (0.53)	0.02 (0.53)	−0.10 (0.53)
販売	0.38 (0.10)***	0.38 (0.10)***	0.35 (0.10)***
事務	0.23 (0.06)***	0.22 (0.06)***	0.24 (0.06)***
専門	0.65 (0.07)***	0.58 (0.07)***	0.62 (0.07)***
管理	0.62 (0.08)***	0.60 (0.08)***	0.50 (0.09)***
職業経験年数	0.01 (0.00)***	0.01 (0.00)***	0.01 (0.00)***
女性	−0.56 (0.06)***	−0.44 (0.05)***	−0.50 (0.05)***
英検 (基準: 未受験)			
4 級	0.09 (0.08)		
3 級	0.29 (0.07)***		
準 2 級	0.65 (0.21)**		
2 級	0.81 (0.10)***		
準 1 級以上	1.95 (0.27)***		
女性×4 級	−0.10 (0.14)		
女性×3 級	−0.06 (0.11)		
女性×準 2 級	0.29 (0.27)		
女性×2 級	0.14 (0.15)		
女性×準 1 級以上	0.59 (0.44)		
TOEIC (基準: 未受験)			
445 点未満		1.29 (0.14)***	
445〜490 点		1.22 (0.24)***	
495〜540 点		0.91 (0.23)***	
545〜590 点		0.77 (0.25)**	
595〜640 点		1.29 (0.28)***	
645〜690 点		1.19 (0.31)***	
695〜740 点		2.41 (0.47)***	
745〜790 点		2.18 (0.53)***	
795〜840 点		2.19 (0.48)***	
845〜890 点		1.57 (0.45)***	
895 点以上		3.14 (1.02)**	
女性×445 点未満		−0.47 (0.31)	
女性×445〜490 点		−0.19 (0.41)	
女性×495〜540 点		0.36 (0.46)	
女性×545〜590 点		0.33 (0.48)	
女性×595〜640 点		−0.31 (0.46)	
女性×645〜690 点		−0.04 (0.54)	
女性×695〜740 点		−0.14 (0.72)	
女性×745〜790 点		−0.11 (0.83)	
女性×795〜840 点		0.81 (1.15)	
女性×845〜890 点		0.47 (0.91)	
女性×895 点以上		−0.21 (1.47)	
英会話力 (基準: できない)			
日常会話程度			1.06 (0.05)***
仕事上の交渉 or 通訳			2.86 (0.18)***
女性×日常会話程度			−0.06 (0.09)
女性×仕事上の交渉 or 通訳			0.70 (0.46)
AIC	20423.84	20208.58	19652.55
−2 対数尤度	20369.84	20130.58	19610.55
観測数	16551	16477	16568

数値: ロジスティック回帰係数 (カッコ内: 標準誤差). ***p<0.001, **p<0.01, *p<0.05.

表 11.1 「英語が必要な仕事に従事」の規定要因

第IV部

早期英語教育

第12章 ▶ **早期英語教育熱** ——小学校英語に賛成しているのは誰か？

第13章 ▶ **早期英語学習の効果** ——早期英語経験者のその後は？

第12章

早期英語教育熱
——小学校英語に賛成しているのは誰か？

2011年、小学校英語必修化

2011年4月、「外国語活動」が小学校5・6年の教育課程に正式に導入された。周知のとおり、ほとんどすべての小学校が英語活動を選択した。その意味で、歴史上初めて日本の初等教育で英語教育が義務化された瞬間と見ることができる（cf. バトラー 2005）。

2011年と聞くと最近過ぎると感じる人も多いかもしれない——「もう少し前から小学校で英語教育をやっていたのでは？」と。その印象は間違っていない。2011年は国のカリキュラムにおいて外国語活動が必修化した年であり、そうなる前から多くの公立小学校・地方自治体は独自の判断で英語教育を行ってきたからである。たとえば、ベネッセ教育総合研究所の調査によれば、回答を寄せた小学校のうち何らかの意味で英語教育に取り組んでいた小学校は2006年ですでに94.0% にのぼっており、2010年には99.6% にまで達していた（ベネッセ教育研究開発センター 2011）。対照的に、「総合的な学習の時間」の枠内で外国語学習が可能になる1998年以前には、ごく少数の例外をのぞき、小学校の正規のカリキュラムで英語教育が行われることはなかった（バトラー 2005；松川 2004）。そう考えると、2000年代になり突如、英語を導入する小学校が急増したことになる。

小学校英語の背景

この小学校英語ブームには様々な社会的背景があるが、本章が注目したいのは世論の影響である。

たしかに文部科学省が小学校英語の必修化の根拠として最重要視しているものは世論というよりはグローバル化である。『小学校学習指導要領解説 外国語活動編』（文部科学省 2008）は、グローバル化およびそれに伴う「国際

[214]

語としての英語」の世界的な普及を必修化する理由の筆頭に上げている (p. 5, 「小学校外国語活動新設の趣旨」)。つまり、グローバル化にともなって国際競争および国際協力が不可欠となっており、その対応のために小学校外国語活動を必修化するというのが文科省の説明である。一般論としてならば、こうした認識に異論がある人はほとんどいないだろう。

しかしながら、上記はあくまで政府の「公式見解」である。実際には様々な要因がもっと複雑に絡まり合っていたことが指摘されている。多くの研究者が指摘しているのがグローバル化と直接的には関連の薄い、世論の力学をはじめとした種々の要因である。

たとえば、言語政策や小学校英語教育を専門とする応用言語学者のバトラー後藤裕子は、小学校英語ブームを促した要因として次の8つをあげている (Butler 2007: p. 137)。

(1) グローバル経済における英語の重要性
(2) 日本人一般に見られる英語に対する肯定的態度
(3) 既存の英語教育に対する不満感が渦巻いている点
(4) 日本の教育制度において英語力は「学力」の一指標である点
(5) 地方自治体にとって小学校英語が政策上のアピールポイントになっていた点
(6) 学校選択制が導入されている地域の小学校にとって、英語教育の実施はその学校の「売り」になっていた点
(7)「英語活動が現代の子どもたちの抱えるコミュニケーション上の問題を解決してくれる」という (根拠不明の) 期待感
(8) 小学校によって英語教育の量・質に大きなばらつき・格差があるという懸念

バトラーのあげた8つの要因のなかでグローバル化と直接関係するものは (1) のみである。バトラーの観察が正しいのなら、近年の小学校英語ブームを、グローバル化や「国際語としての英語」の普及の結果だけで説明するのは事態を単純化し過ぎであると言えるだろう。むしろ、公立小学校をめぐる種々の (とりわけドメスティックな) 社会政治的力学の結果として理解することがおそらく妥当だと考えられる。

小学校英語と世論

　ドメスティックな社会政治的力学のなかで筆頭にあげられるのが、「日本人」の英語や英語教育に対する態度——つまり「世論」である。たとえば上記の8つの要因のうち、(2) や (3)，(5)，(8) には明らかに「世論」の側面がある（そして、(6) と (7) も、「日本人」全体とは言えないものの、特定の人々の態度を反映した要因であることは間違いない）。

　なかでも「世論」を象徴する要因が、(5)，つまり、「住民・有権者に対する政策的アピール」としての小学校英語である。じじつ、地方自治体や地方議会議員の中には、教育改革の目玉として小学校英語の充実を訴え、住民・有権者へアピールをねらった例が多数ある（その典型が、先進的な小学校英語政策を導入した、いわゆる「教育特区」の自治体——たとえば金沢市・大阪府寝屋川市・群馬県太田市——である）。

　実際、小学校英語は日本の有権者に圧倒的に支持されていると言ってよい。過去の世論調査の結果を見てみよう。表 12.1 は、小学校英語の賛否に関する設問を含むものを抜粋し、結果を整理したものである。設問の言葉づかいにもよるが、小学校での英語教育は概ね肯定的に受け止められていることがわかる。特に、具体的なプログラムに関する賛否ではなく、一般論として小学校英語への賛否を聞いた場合、肯定的な回答は 8 割を超える。

　このように、多数の「日本人」は小学校英語に肯定的である。そして、政府がこの「数の力」を追い風として小学校英語の必修化を決断したのも事実である。中教審外国語専門部会による「必修化」に関する答申では、「民の声」の代表として保護者の支持を紹介している（文部科学省　2006）[1]。

　では、この「小学校英語を支持する世論」にはどのようなメカニズムが存在するのだろうか。この問いは、今後の英語教育政策を考えるうえで——特に市民の「合意」に基づく公共性の高い英語教育政策を模索するうえで——

---

[1]　実際、保護者の小学校英語に寄せる期待は他の教育プログラムと比べても高い。ベネッセが 2004 年・2008 年・2012 年に行った調査によれば、いずれの年度でも回答した保護者の 80% 以上が「小学校での英語学習の導入」に賛成していた（ベネッセ教育研究開発センター　2008, 2012）。しかも、小学校英語に賛成した保護者の割合は他の教育改革プログラムのなかでも特に高く、2004 年調査で 7 項目中第 1 位、2008 年調査で 9 項目中第 3 位、2012 年調査で 11 項目中第 1 位だった。

調査名（出典）	調査年／月	N	回収率	結果の概要
読売新聞世論調査 （読売新聞 1998）	1998/03	3000	64％	27％ の人が、積極的に進めるべきものとして「小学校からの英語教育開始」を選ぶ（多肢選択型・多重回答あり）
読売新聞世論調査 （読売新聞 2000）	2000/04	3000	64％	86％ が、小学校で英語を教えるのを「望ましい」あるいは「どちらかといえば望ましい」と回答
NHK 放送文化研究所「英語第 2 公用語等に関する調査」（塩田 2000）	2000/05	2000	71％	81％ が、小学校での英語教育に「まったく賛成」あるいは「どちらかというと賛成」
読売新聞世論調査 （読売新聞 2004）	2004/01	3000	63％	87％ が、英語を正式な科目にすることに「賛成」あるいは「どちらかといえば賛成」
読売新聞世論調査 （読売新聞 2005）	2005/01	3000	61％	48％ が、「国語や算数の力をきちんと身につける」ことよりも「早い時期から英語を学ばせる」ことを重視
読売新聞世論調査 （読売新聞 2006）	2006/05	3000	60％	67％ が、英語を小学校 5 年から必修にすることに、賛成あるいはどちらかといえば賛成
朝日新聞世論調査 （朝日新聞 2008）	2008/03	不明	57％	76％ が、小 5 という開始時期は「適切」あるいは「遅すぎる」

* すべての調査で、調査対象者は 20 歳以上の男女
** NHK 放送文化研究所の調査（抽出法不明）をのぞき、いずれの調査もランダム抽出による標本抽出

表 12.1　小学校英語に関する世論調査

検討の意義のあるものだろう。本章では、この問いを検討したい。[2]

12.1　小学校英語を支持する世論、3 つのタイプ

「小学校英語を支持する世論」と言っても一枚岩ではない。ある理由から賛成と言っている人もいれば、また別の理由で賛成している人もいるだろう。したがって、どのような要因が「支持」の世論を生み出しているかを明らかにする必要がある。本章では、こうした促進要因のうち代表的なもの 3 点

---

[2]　同種の枠組みで小学校英語に対する「日本人」の世論を分析した先行研究はほとんどない。もちろん早期英語に対する態度を扱った研究は多数あるが、そのほとんどが保護者や教員、学生など特定のグループを対象にしたものであり、「日本人の世論」に一般化できる性格のものではない。実際、政府や研究機関によって行われた大規模調査の多くも、特定のグループを対象にしたものである（例、ベネッセ教育研究開発センター 2007a, 2007b；文部科学省 2004）。ランダム抽出データの分析をしている数少ない例外としてカレイラ（2011）があるが、英語教育開始時期に関する意見と基本属性のクロス表を分析しているのみであり、小学校英語を支持する世論のメカニズムに焦点をあてているわけではない。

に焦点をあて、分析を行う。その3つの要因とは、公教育の質向上への期待、英語力への自信のなさ、そして、仕事における英語の重要性に対する認識である。

公教育の質向上への期待

小学校英語熱は、当然ながら教育熱一般とも密接な関連があると考えられる。たとえば、学校教育全般の質の向上を願う人（特に保護者）なら、小学校英語を支持する傾向があると考えても不自然ではない。

日本では1980年代後半以降の一連の新自由主義的教育改革によって、公教育の比重が大幅に低下した。その結果、教育サービスの受け手（特に保護者）が手にする「選択の自由」は大幅に増加した（その最も象徴的な例が学校選択制度である）。しかし、同時に、選択の自由の拡大は教育に対する不安感・リスク意識の上昇も引き起こし、その結果、多数の保護者の教育熱を高めたという（苅谷・増田 2006）。既存の学校教育に不安があり、教育熱が高ければ、教育改革には概ね肯定的な態度をとるだろう。小学校英語も近年の教育改革の重要な柱の一つである以上、公教育の質向上への期待が小学校英語賛成論の源泉になっていると想定することは十分可能である。

英語力への自信のなさ

第2の要因が英語力への自信のなさである。これは、バトラーが示した8つの要因のうち、「(3) 既存の英語教育に対する不満感」とも関連が深い。実際、バトラーに限らず、この種の不満感を隠れた重要な要因として指摘する研究者は数多い。

国民の英語教育に対する不満感が英語教育改革を引き起こすという説明は実は以前からあり、その代表的なものが1970年代の渡部昇一の発言である（平泉・渡部 1975）。渡部によれば、学校で6年間あるいは10年間学んても少しも英語ができるようにならなかったことへの怒りや不満が、「学校英語を改革せよ」という声の原動力となったという。渡部の発言は中等教育を念頭に置いたものだったが、四半世紀後、それが小学校英語熱にも見いだされたことになる。

たとえば、渡部とほぼ同様のレトリックを用いているのが、茂木（2000）である。茂木は、小学校英語教育を支持する世論の背後には「ちゃんと勉強

したつもりなのにさっぱり話せないというコンプレックス」(p. 9) があると分析している。同様の分析は、英語教育学者の金谷憲や鳥飼玖美子、和田稔も行っている（金谷 2008；鳥飼 2010；和田 2004)[*3]。

　以上の議論が正しければ、自身の英語力に自信がなく劣等感がある人ほど、学校英語教育に不満を持っており、したがって小学校英語に賛成している可能性がある。もちろん「英語力への劣等感」あるいは「英語力への自信のなさ」は学校英語教育への不満感と同一ではない。しかしながら、両者には相関があることは実証的にも確かめられているので[*4]、指標の一つと見なしても問題ないと考えられる。

仕事における英語の重要性に対する認識

　第3に、仕事における英語の重要性に関する認識・態度も重要な要因であると考えられる。これは、バトラーがあげた第1の要因「グローバル経済における英語の重要性」とも関連が深い。近年の新自由主義的教育改革は、産業界の意向に大きく影響されてきたことは有名だが（斎藤貴男 2000）、英語教育も例外ではない。産業界、特に旧経団連や経済同友会は、グローバルビジネスにおける英語力の重要性を強調し、学校英語教育に対し抜本的な改革を再三要求してきた（Kubota 2011a, 2011b；江利川 2009；水野 2008）。その中には小学校への英語教育導入も含まれている。こうした状況を踏まえるなら、ビジネスにおける英語の重要性に敏感な人ほど、小学校英語に肯定的な態度を示すことも考えられる。

[*3]　「小学校英語教育待望論の背景には中高六年間の英語教育が役に立っていないという判断があるように思える」（金谷 2008：p. 23）。「学校英語は役立たずとされ、あとは子供［＝小学生］の時から教えるしかないという日本社会の要請が文科省を動かしたのである。一般社会の声が世論となり、その声にビジネス界が呼応したのである」（鳥飼 2010：p. 137）。「親たちの期待に日本人の心の奥底に根ざす複雑な心情があると考えています。... その心情を一言で言えば、『憧憬』と『怨念』の複合体です」（和田 2004：p. 121）。

[*4]　「第1回小学校英語に関する基本調査（保護者調査）」を2次分析した寺沢（2014b）によると、「英語を使うことに自信があるか」と「学校の英語教育は役に立ったか」という2設問の相関は $r=0.59$ であった（ただし、値はポリコリック相関係数と呼ばれる質的相関係数）。つまり、英語に自信がある人ほど学校の英語教育が役に立ったと評価し、逆に、自信がないほど学校英語教育に不満を抱いていることがわかる。

以上の議論を踏まえると、公教育の質向上への期待や英語力への自信のなさ、仕事における英語の重要性の認識が高ければ高いほど小学校英語に賛成しやすいという仮説が導かれる。本章では上記の仮説の妥当性をデータ分析によって明らかにする。

12.2 「英語教育はいつから始めるのがよいですか？」

JGSS-2010 には、学校英語教育の開始時期について意見を求める設問がある。

> 学校での英語教育は、どのくらいの時期から始めるのがよいと思いますか。
> 1. 小学校入学前から
> 2. 小学校1・2年から
> 3. 小学校3・4年から
> 4. 小学校5・6年から
> 5. 中学校から

設問の言葉づかいから明らかなとおり、これは必修化への賛否ではなく、小学校および就学前の英語教育に対する意見である。その意味で、早期英語教育一般に対する意見を反映していると言える。

回答者の分布を示した図 12.1 を見てみよう。9割近い人々が中学校入学以前の学習開始に賛成しており、早期英語教育が広範に支持されていることがあらためてよくわかる。しかも、就学前の開始の支持者 (29.3%) が最大のグループを構成しており、単に小学校英語が支持されているというより、就学前も含めた早期英語教育全般に期待が集まっていることがわかる。

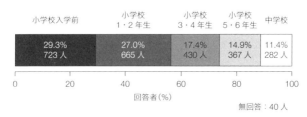

図 12.1　学校英語教育の開始時期に関する意見

12.2 「英語教育はいつから始めるのがよいですか?」

	就学前	小1・2	小3・4	小5・6	中学校	計	n
年齢							
20–29	38.0	21.5	12.2	13.1	15.2	100.0	237
30–39	34.6	27.8	15.0	12.8	9.8	100.0	399
40–49	28.8	27.3	17.6	17.2	9.2	100.1	466
50–59	33.6	27.1	14.1	13.0	12.3	100.1	447
60–69	**23.7**	27.1	**22.8**	16.1	10.2	99.9	527
70–89	**22.0**	28.6	19.4	15.9	14.1	100.0	391

$\chi^2=60.351$, $df=20$, $p<0.001$, クラメールの$V=0.078$

	就学前	小1・2	小3・4	小5・6	中学校	計	n
ジェンダー							
男	26.8	25.4	16.7	16.2	**14.9**	100.0	1136
女	31.4	28.3	18.0	13.7	**8.5**	99.9	1331

$\chi^2=31.292$, $df=4$, $p<0.001$, クラメールの$V=0.113$

	就学前	小1・2	小3・4	小5・6	中学校	計	n
最終学歴							
義務教育	25.2	24.0	**25.8**	14.9	10.0	99.9	329
中等教育	29.1	26.8	18.5	14.6	11.0	100.0	1187
高等教育	30.9	28.3	**13.2**	15.2	12.4	100.0	941

$\chi^2=30.044$, $df=8$, $p<0.001$, クラメールの$V=0.078$

数値: パーセンテージ
ボールド: 残差分析により有意だったセル ($p<0.05$, ホルムの方法による調整済み)

表12.2 基本属性別・英語教育開始時期への意見

　基本属性別の結果も確認しておこう(表12.2)。年齢別・ジェンダー別・最終学歴別のいずれのクロス表でも有意な連関が確認できるが、その関係は少々複雑である。たとえば、「就学前から開始」の選択者は20代に多く60歳以上に少ないが、だからといって、「若ければ若いほど早期開始を選ぶ」のような単純な傾向は見いだせない。「中学校から開始」の支持者の割合が最も大きいのも20代(15.2%)だからである。

　同様の構図は学歴別のクロス表にも言える。ここでも「学歴が高いほど早期開始を支持する」という単純な傾向は見いだせず、高等教育卒者では「就学前から開始」の選択者(30.9%)も多いが、「中学から開始」のパーセンテージ(12.4%)も相対的に高い。以上の結果は、早期英語教育志向は必ずしも直線的に促進されるわけではないことを示している。実際、これ以降の分析で明らかになるとおり、いくつかの変数には早期英語志向との間に曲線的な関係が見いだせる。

12.3 早期英語志向に影響を与える要因

　では、前節で提示した仮説を検証しよう。つまり、「公教育の質向上への期待」「英語力への自信のなさ」「仕事における英語の重要性認知」によって早期英語志向は促されるのかどうかである。

分析に用いる変数

　ただし、JGSS-2010 には残念ながら上記の要因を直接測定した変数がすべて含まれているわけではない。したがって、それらを反映していると考えられる代理指標を使って分析を行わざるを得ない。分析に用いた変数は表12.3 のとおりである。分析では、基本属性にくわえ、早期英語をめぐる世論に関連する変数を 4 つ投入する。

　ここで代理指標の詳細について 2 点説明しておこう。第 1 に、「公教育の質向上への期待」の代理指標として用いた「教育予算増を伴う政策への肯定度スコア」に関してである。一般的に言って、政府による教育予算の増額を

	分析に用いる変数	変数の詳細
基本属性	年齢	年齢をそのまま投入
	ジェンダー	「男／女」をそのまま投入
	教育レベル	最終学歴から判断した標準就学年数を投入
世論関連		
公教育の質向上への期待	教育予算増を伴う政策への肯定度スコア	「中学卒業まで『子ども手当』を支給」および「公立高校の実質無償化／私立高校生に相当額助成」という 2 設問（それぞれ「1 反対」「2 どちらかといえば反対」「3 どちらかといえば賛成」「4 賛成」の 4 件法、2 変数の相関：$r=0.637$）を利用。標準化のうえ平均をとった合成スコア。平均値：-0.006, 標準偏差$=0.906$.
英語力への自信	英会話力あり／なし（自己評価）	英会話力設問（5件尺度）を「あり／なし」にコーディング（1.1 節参照）
仕事における英語の重要性認知	1) 仕事での英語の有用感	「あなたの仕事にとって、英語の力を高めることはどのくらい役に立つと思いますか」に対する回答（5 件尺度、8 章参照）。
	2) 仕事での英語使用	「あなたは過去 1 年間に、以下のことで英語を読んだり、聴いたり、話したりしたことが少しでもありますか」という設問に対し「仕事」の選択肢を選んだ人（2 値尺度、8 章参照）。

表 12.3　分析に用いる変数

支持している人ほど、教育の質の向上を期待している傾向があると思われる。したがって、「子ども手当」や「公立高校無償化」への支持が強いほど、公教育の質向上を重視していると見なせるはずである。第2に、「英語力への自信」の代理指標として用いた「英会話力」設問である。1.1節で見たとおり、JGSSの英語力設問は回答者の自己評価に基づいており、自信の度合いを反映していると考えられる。

分析結果

　希望する学校英語教育の開始時期を結果変数にした多項ロジスティック回帰分析を行う。多項ロジスティック回帰分析は3つ以上のカテゴリを持つ結果変数を扱う手法であり、各カテゴリに順序関係を仮定できない場合に用いられる。一見すると、「開始時期」には順序関係がありそうだが、前節で見たとおり、早期英語教育志向にはいくつかの変数と曲線的な関係があり、「ある要因が大きいほど（あるいは小さいほど）早期開始を希望する」といった単純な関係は期待できない。したがって、多項ロジスティック回帰分析のほうが適切である。

　具体的な分析方法は次のとおりである。「中学校から開始」と比較したときの各開始時期（小5・6から／小3・4から／小1・2から／就学前から）の選択確率が、表12.3で示した原因変数でどれだけ予測できるかを分析する。ただし、この分析には仕事に関する2つの変数（「仕事で英語を使用」「仕事での英語力の有用感」）を含むため、サンプルは就労者に限定されている点に注意されたい。なお、念のため、非就労者も分析可能なモデルで分析してみたが、結論に大きな差はなかった。したがって、以下では、就労者サンプルの分析を中心に議論していく。

　分析結果の詳細は本章末尾に掲載した（表12.4）。ここでは直感的なわかりやすさを優先し、世論に関する変数の効果を抜粋・図示する。図12.2は、それぞれの結果変数が「開始時期」にどれだけ影響を与えたかを棒グラフで示したものである。棒が上に伸びていれば、早期開始の各選択肢を選ぶ確率が「中学から開始」を選ぶ確率よりも高かったことを意味している。また、上下の線分は各影響の95%信頼区間であり、推定誤差の度合いを示している。

　仮説と整合的なのは、「教育予算の増額」と「英語力の有用性認知」の効果である。教育予算の増額に賛成していればいるほど、あるいは仕事におい

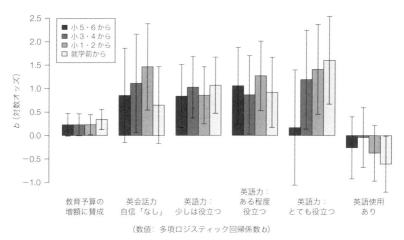

figure 12.2 「希望する英語教育の開始時期」の規定要因

て英語力が役立つと思っていればいるほど、早期開始を有意に支持することがわかる。この点で、前節で設定した仮説は一部裏付けられたことになる。

英語力と早期英語教育志向

一方、「英会話力への自信」と「仕事での英語使用」は、当初の予測と異なる結果が示されている（なお、図は解釈しやすいように「自信なし」の効果を表示している）。

まず、英会話力の効果から見ていこう。英会話に自信のない人々は「小1・2から開始」「小3・4から開始」を選ぶ確率が有意に高かったことがわかる。しかしながら、「就学前から開始」を選ぶ確率は「小1・2」「小3・4」「小5・6」のいずれよりも低く，しかも有意ではない。したがって、英会話力への自信のなさが早期開始支持を直線的に促すわけではないようである。

この結果は、和田（2004）や金谷（2008）、鳥飼（2010）ら英語教育学者たちが行ってきた説明を一部裏切るものである。前述のとおり、英語教育学者は、早期英語教育熱が英語力に対する劣等感・学校英語に対する不満感によって駆動されたと述べていた。たしかに、自身の英会話力を低く評価した人は「中学校から開始」を支持しにくいという結果は、上記の説明と整合的である。しかしながら、「就学前から開始」への支持も同様に低かったという結果は、

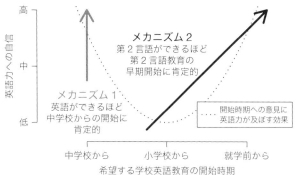

図12.3 英語力と早期英語志向の関係

上記では説明できない。

このようなU字型の関係はどのように理解したらよいだろうか。これは、2つの異なるメカニズムを想定するとうまく説明できる。以下、そのメカニズムを図示した図12.3をもとに説明していこう。

1つ目のメカニズムは、上述の英語教育学者らが行ってきた説明と同一である。たしかに、英語力に自信があり、したがって、既存の学校英語教育をある程度評価している人は、小学校英語にそれほど大きな期待感を抱かないと考えられる。しかも、2000年代の小学校英語に関しては、指導者や学習時間の不足、カリキュラムの未整備をはじめとした多くの問題点が指摘されてきたので (Butler 2007; Hashimoto 2011; バトラー 2005)、このような状況では、小学校英語を積極的に支持する理由はなおさらなくなり、中学校からの開始で十分だと考える人が増えたと考えられる。

しかしながら、「英語力への自信」にはもうひとつ重要な側面がある。それは、第2言語ができる人は一般的に第2言語教育に肯定的な態度を抱くというものである。これが第2のメカニズムである。ユーロバロメーターの調査結果 (Eurobarometer 2006: p.43) にも示されているとおり、第2言語の能力がある人はない人よりも、第2言語の早期教育に肯定的な態度を示す傾向がある。第2言語を話せる人々は多言語能力・多言語主義の大切さを深く理解している可能性が高く、それが第2言語教育への肯定的な態度につながると考えれば不自然ではない (Robinson et al. 2006)。このメカニズムを本章の文脈にあてはめれば、英語ができる人ほど早期英語教育に肯

定的な態度を持つはずである。以上のように、「英語力への自信」が早期英語志向に及ぼす影響には、2つの異なるメカニズムがあり、その結果、U字型の関係が生じたと考えられる。

仕事での英語の重要性と早期英語教育志向

仕事での英語の重要性認知と早期英語教育志向の関係についても、当初の想定とは異なる結果が示されている。再び図12.2を見てみよう。「仕事での英語使用あり」の棒はすべて下向きになっており、正の効果がなかったことがわかる。つまり、仕事で英語を使っていることが早期英語支持を促すわけではないことになる[5]。

一方、「仕事での英語の有用感」には、当初の想定どおり、早期英語支持を促す効果が確認できた。こうした対照的な結果から示唆されるのは、早期英語教育熱はビジネスでの実際の英語使用経験ではなく、英語使用に関するイメージに大きく影響されている点である。

Butler（2007）が指摘しているとおり、日本や世界の英語教育熱がグローバル化——そしてそれに伴う「国際語としての英語」の拡大——によって加熱／過熱されたものであることは疑いない。ただ、この結果が示唆するのは、その過熱メカニズムにおいて重要な役割を果たしたのは、グローバル化言説や「国際語としての英語」言説であって、それらの物理的・実質的な影響ではない点である。Kubota（2011a）が実証しているとおり、「国際語としての英語」言説がかき立てるイメージは、学術界・財界・一般の人々の意識など広範囲にきわめて大きな影響を及ぼしており、日本の小学校英語に関する世論もその影響を免れることはできなかったことがわかる。

---

[5]　この結果を重回帰分析固有のバイアス（たとえば多重共線性）によるものではないかと考える人がいるかもしれないが、その可能性は低い。なぜなら、他変数を統制しなくともそもそも2変数には関係が薄いからである。「英語使用の有無」と「英語教育開始時期への意見」の2×5のクロス表を検討したところ、ほとんど連関が見いだせなかった（$\chi^2=0.066$, $df=4$, $p=0.999$, クラメールの $V=0.005$）。

12.4 まとめ

　本章では、早期英語教育を支持する世論がどのような要因によって構成されているのかを検討した。分析の結果を今一度整理すると、以下のとおりである。

(1) 公教育の質向上に対する期待は早期英語教育志向を促す。
(2) 英会話力への自信は、後期開始（中学校から開始）あるいは超早期開始（就学前開始）のいずれかの支持を促す。
(3) 仕事における英語の有用性認知は早期英語教育志向を促す。実際の英語使用にそのような効果はない。

　結果 (1) は、英語教育だけでなく教育全般に対する関心・期待感・熱意が近年の早期英語教育熱を引き起こしていることを示している。また、結果 (2) が示唆することは、早期英語教育への意見と英語力への自信の間の複雑な関係である。これは、単純な直線的連関というより、少なくとも 2 つのメカニズム——すなわち、「英語に自信がある人ほど中学校から開始で十分と考える」および「第 2 言語ができる人ほど第 2 言語教育の早期開始に肯定的である」——の作用の結果と考えられる。一方、結果 (3) は、グローバル化や「国際語としての英語」の（物理的な影響力ではなく）象徴的な影響力がいかに強力かを示唆している。

　以上のように、日本の早期英語教育熱はグローバル化や「国際語としての英語」が浸透した直接の結果というよりも、様々なドメスティックな要因を介在して促進されたものとして理解すべきだろう。考えてみればこれは当然のことである。なぜなら、4 章・8 章で明らかにしたとおり、現代日本において英語を使っている人々は少数派であり、したがって「国際語としての英語」の恩恵を大いに享受している人はまだわずかだからである。このような状況で、英語の世界的な拡大状況が直接的に人々の教育意識に影響を与えるとは考えにくく、何らかの媒介物——たとえば、国際語言説やビジネス言説——を経由すると考えるほうが自然である。

　この説明が正しければ、同様の状況が他の非英語圏地域に見られてもおかしくない。たとえば、中国や韓国でも国内の英語の普及は限定的であるにも

かかわらず、英語教育の過熱化が進んでいるという（Jeon 2012; Zou & Zhang 2011）。こうした地域では、英語教育改革を支持する世論の形成過程において、ドメスティックな要因が日本以上に重要な役割を果たしているかもしれない。

　なお、最後に指摘しておくべきは、早期英語教育熱はある要因によって促進されることもあれば、また別の要因によって抑制される場合もあることである。本章では、データの制約上、促進要因しか扱うことができなかったが、世論の力学を検討するうえでは抑制要因の検討も同様に重要である。

　早期英語教育熱の抑制要因としておそらく最も重要なのが、愛国主義的・排外主義的な態度である。その代表例が元文部科学大臣の伊吹文明の必修化反対論だろう。伊吹は小学校英語必修化が既定路線になりつつあった 2006 年 9 月、「必須化する必要は全くない。美しい日本語が書けないのに、外国の言葉をやってもダメ」だと述べ、小学校英語必修化に慎重な立場を示した（毎日新聞 2006）。伊吹は「美しい日本語」というナショナリスティックな論拠を元に反論を行ったが、同様の論理構成による小学校英語反対論は様々な媒体で——政治の世界や学界、マスメディアにはじまり、はてはインターネット上の言論においても——最も重宝されたもののひとつだった（cf. Hashimoto 2011）。実際、ある種のナショナリスティックな態度が英語教育・英語学習に対する否定的な態度につながることは、実証研究によって明らかにされている（Hino 1988; Kawai 2007; Rivers 2011; Sullivan & Schatz 2009)*6。今後は、これら抑制要因も視野に入れて、早期英語教育をめぐる世論を分析していく必要があるだろう。

---

*6　ただし、ナショナリスティックな態度がすべて英語学習に対して否定的な態度につながるわけではない。因子によっては肯定的な態度を促す場合もあり、その内実は複雑である。「ある種の」と表現したのはこのためである。詳細は Rivers (2011); Sullivan & Schatz (2009) を参照のこと。

	小5・6から	小3・4から	小1・2から	就学前から
定数	−0.16 (1.00)	1.78 (0.97)	1.04 (0.90)	1.90 (0.89) *
年齢/100	1.84 (0.94) *	1.76 (0.92)	1.82 (0.84) *	0.32 (0.83)
女性	0.37 (0.23)	0.52 (0.23) *	0.57 (0.21) **	0.76 (0.21) ***
就学年数	−0.06 (0.06)	−0.21 (0.06) ***	−0.11 (0.05) *	−0.13 (0.05) *
教育予算増額賛成	0.23 (0.12)	0.23 (0.12)	0.23 (0.11)	0.34 (0.11) **
英会話力あり	−0.85 (0.51)	−1.11 (0.53) *	−1.46 (0.47) **	−0.65 (0.42)
英語使用あり	−0.26 (0.34)	−0.04 (0.33)	−0.37 (0.30)	−0.61 (0.30) *
仕事での英語力				
まったく役立たない（基準）				
ほとんど役立たない	0.36 (0.29)	0.48 (0.28)	3.21 (0.26)	0.20 (0.25)
少しは役立つ	0.84 (0.34) *	1.03 (0.33) **	0.86 (0.31) **	1.07 (0.30) ***
ある程度役立つ	1.06 (0.42) *	0.87 (0.43) *	1.27 (0.38) ***	0.92 (0.38) *
とても役立つ	0.17 (0.63)	1.19 (0.54) *	1.41 (0.49) **	1.60 (0.48) ***
−2 対数尤度	4046.76			
AIC	4134.76			
観測数	1355			

数値：ロジスティック回帰係数（カッコ内：標準誤差）
***p＜0.001, **p＜0.01, *p＜0.05

表 12.4 「希望する英語教育の開始時期」の規定要因（多項ロジスティック回帰）

┨第 13 章┠

早期英語学習の効果
──早期英語経験者のその後は？

　本章が検討する問いはシンプルである。「早いうちに英語を学んだ人は結局英語ができるようになったのか？」である。

　この問いに対し「当然そうだ」と思う人も多いかもしれない。たしかに、英語教育関係者・研究者のなかには早期英語学習に言語習得の面で多大なメリットがあると述べる人も多い（例、伊藤 1997；久埜 1993；唐須 2004；中山 2001）。

　しかしながら、懐疑的な論者も実は少なくない。きわめて急激なペースで具体化した小学校英語政策に対する警戒感もあり、2000 年代の英語教育界において小学校英語批判はひとつの知的潮流となっていた（同時に、推進論も反対論に負けず劣らず盛り上がっていたのは事実であるが）。その最たる例が、2006 年 1 月に発表された「小学校での英語教科化に反対する要望書」である。これは英語教育や言語学、心理学の研究者ら計 102 名による文部科学大臣への要望書である。この要望書では反対する論拠の第 1 に早期英語学習の効果が不明である点をあげている。以下に該当部分を引用しよう。

1.　小学校での英語教育の利点について、説得力のある理論やデータが提示されていない。

　　小学校での英語教育を支える議論として、「外国語学習は開始年齢が早ければ早いほどよい」という主張が頻繁に登場します。この主張は、一般に、「言語学習の臨界期」と呼ばれるところを基盤とするものです。しかし、母語（第一言語）や（当該言語が使用されている環境での、母語以外の）第二言語の学習に関する資料や議論はある程度存在しますが、日本における英語学習のような外国語環境における学習に関する確固たる理論やデータは存在しません。つまり、「外国語学習は開始年齢が早ければ早いほどよい」という主張の根拠は脆弱であるのです。他方、英語学習の開始時期が中学

[230]

校以降であっても、動機づけがしっかりしていれば、高度な英語運用能力を身につけることが可能であることは多くの実例が示すとおりです。（大津 2006: p.308 より引用）

上記のような「早期開始に効果はない」論は小学校英語反対論の柱のひとつである（寺沢 2014a: 2.6 節）。実際、多数の研究者が「効果なし」論を展開している（例、江利川 2009；大津・鳥飼 2002；白畑 2001；寺島 2007）。

以上のように、早期英語の効果に関する学術的な議論は賛否両論の状況にある。対照的に、近年の英語教育政策は明らかに「効果あり」を前提に進められている。2000 年代に全国の小学校に英語教育が爆発的に広がった背景に早期英語に対する期待感があったことは前章で見たとおりである。また、2006 年に小学校外国語活動の必修化が決定された際も、その根拠として早期開始によって英語力が向上するというメリットがあげられていた（文部科学省 2006）[*1]。

現在行われている小学校外国語活動に効果があるかどうかを論じるのは非常に難しい。まず「効果」と一口に言っても、子どもの英語力発達はもちろんのこと、認知的能力の発達や精神的成長、「学校文化の革新」のようなマクロな影響まで多岐にわたるため、その評価は容易ではない。たとえ「効果」を英語力の発達に限定したとしても、公立小学校や外国語活動をとりまく多種多様の要因（たとえば、児童の適性、教員の適性、授業時間、他教科との兼ね合い、教員養成、予算、教材）を考慮しながら、第 2 言語習得や教育関連分野（教育心理学、教育経済学、教育社会学、教育行財政学等）の理論を総動員しつつ検証しなければならない。しかも「未来の予測」という不確定

[*1] ただし、小学校英語の意義は「英語力育成への貢献」に限定されているわけではない点に注意すべきである。特に「外国語活動」は英語力向上を主たる目標とは明言しておらず、むしろ母語を含めたコミュニケーション能力の育成に主眼がある（文部科学省 2008）。しかしながら、津田（2005）も指摘するとおり、この目的論は関係者だけに通用している「内輪」の論理である点は否めない。財界や政治家、そして世論が小学校英語に期待しているのは英語力向上に間違いないからである。さらに言えば、小学校英語関連の学会においても英語力向上を小学校英語の目的と見なすような「邪道」な目的論に対してはほぼ黙認状態である。この問題に関して大々的な論争は一切起きていないからである。

要素も念頭に置く必要がある。したがって、容易に結論が出るような問いではなく、研究者の間で意見が分かれているのも無理はないだろう。

一方、「過去に早期英語学習を経験した人が現在どうなっているか」という問いならば、大幅に答えやすくなっている。なぜなら、未来予測ではないため、「現在の英語力」に関するデータさえ手に入れば不確定性はなくなるからである。また、現在の英語力と過去の英語学習経験との関連を検討すれば答えが出るので、その間の詳細なメカニズムを必ずしも考慮しなければならないわけではない[*2]。

本書では「日本人」を適切に代表している様々なデータを分析しており、上記の問いを検証することができるデータも存在する。本書の主題である「英語言説の検証」からは少々それるが、「日本人と英語」の実態を考えるうえで重要なテーマなので、本章ではこの問いに挑みたい。

13.1　先行研究

本章の問い、つまり早期英語学習を経験した「日本人」のその後の英語力を直接検討した研究は皆無だが、広い意味での「先行研究」であれば膨大な数の蓄積がある。

第2言語習得研究

第2言語への接触年齢がその言語の熟達度に与える影響を検討した研究は、ひとつの研究領域としてすでに確立している。第2言語習得研究における臨界期研究および年齢効果研究という分野がそれにあたる（例、Birdsong 1999; Hyltenstam & Abrahamsson 2003; Singleton 1995; Singleton & Ryan 2004）。ただ、第2言語習得研究は人間の普遍的な（あるいは文化・社会横断的な）言語習得メカニズムを主たる関心とする分野であり、特定の社会で暮らす人々、たとえば「日本人」にとって早期英語学習はいかなる効果をもたらしたかという問いの立て方は普通なされない。そうした事情から、特定

[*2]　詳細なメカニズムの考慮なしに効果を検証できるのかと疑問に感じる人もいるかもしれないが、このような問いの立て方はたとえば疫学や「科学的根拠に基づいた医学」（Evidence-Based Medicine）で一般的に行われている（津田 2003, 2013）。

の社会の構成員からランダムに対象者を抽出するタイプの社会統計に基づく研究はほとんどない（例外的に、米国国勢調査を2次分析したBialystok & Hakuta（1999）による年齢効果の研究がある）。

「日本人」児童の追跡調査研究

日本では1980年代頃から早期英語の効果を学術的に検討しようとする機運が高まり、早期英語経験者の追跡調査（あるいは回顧的調査）が数多く行われてきた。日本児童英語教育学会（JASTEC）による一連の研究（JASTECプロジェクトチーム 1986, 1987, 1988, 1989）を端緒として、数多くの実態調査・実証研究が行われており（例、植松 2014；樋口ほか 2007；松宮 2014）、これらを体系的に整理したメタ分析もすでに行われている（森 2012）。

このタイプの研究には少なくとも3点の問題点が指摘できる。第1に、社会統計的な考慮がされているものはほとんどない。もちろん「日本人」児童を追跡調査した研究は、第2言語習得研究に比べれば日本社会という文脈を強く意識しているが、ほとんどの研究が調査対象者の代表性を重視していない。たとえば、私立小学校や教育特区の小学校の出身者など、調査対象者が特定のグループに偏っている場合が多く、対象者をランダム抽出（あるいはそれに準じる方法）によって選択しているものはない。その点で、日本社会の実態の記述という点では信頼性に問題があるものが大半である。

第2の問題として、多くの研究で短期的な効果しか検討されていない点が指摘できる。調査には中高生を対象にしたものが多いが、政策上の関心から考えると、中高生は少々若すぎると考えられる。たとえば、文科省の「建前」はともかくとして、財界や世論が早期英語に期待しているのは「英語が使える日本人」が結果的に増えることである。その点から言えば、中高生の英語力はまだ発達途上であり、「結果」が出た段階とは言いがたく、たとえ効果が見られたとしてもその効果が成人後にまで持続するとは限らない。短期的には早期学習経験者のほうが非経験者より英語力が高かったとしても、時間が経つにつれて早期英語経験のアドバンテージが減少していき、最終的にはまったく差がなくなることは十分考えられ、実際、こうした可能性を示唆する先行研究もある（例、高田 2003）。

第3の問題点が、早期英語教育経験者の社会経済階層を考慮しているも

のがほとんどない点である。JASTEC プロジェクトチーム（1986, 1987, 1988, 1989）をはじめとして先行研究のほとんどが早期英語学習経験の有無と現在の英語力の 2 変数間の関係のみに注目し、出身階層に起因する擬似相関の可能性を排除できていない。たとえば、英語教室に通う余裕がある裕福な家庭の子どもに早期英語学習経験者が多いことは想像に難くない。同時に、裕福な家庭の子どものほうが英語力を含む学力全般が高い傾向があることは 2 章で明らかにしたとおりである。したがって、たとえ早期英語経験者のほうが高い英語力を示したとしても（実際、先行研究のなかにはこう結論付けるものもあるが）、出身階層等による擬似相関への対処をしていない以上、早期英語学習経験に効果があったとは結論できない。

13.2　データ

では、先行研究の問題点に適切に対処するためにはどのようなデータを用意すればよいだろうか。少なくとも、以下の条件を満たしているデータが必要である。

- 日本を対象にしている。
- ランダム抽出により対象者を選択している。
- 少なくとも成人以降の英語力を対象にしている。
- 早期学習経験に加え、出身階層に関する設問を豊富に含んでいる。

以上の条件をすべて満たすのが JGSS-2010 である。JGSS-2010 は序章で述べたとおり、成人を対象にしたランダム抽出調査であり、英語力、早期英語学習経験、そして出身階層に関する設問を含んでいる。結果変数である「英語力」には、1.1 節での手続きに基づき、「英会話力あり／なし」および「英語読解力あり／なし」を用いる。

早期英語学習経験には以下の設問を利用する。

あなたは、中学校に入る前に英語教育（英会話教室や通信教育を含む）を受けたことがありますか。
1　ある
2　ない

つまり、中学入学前の英語学習経験を尋ねた設問である。小学校高学年の児童がほぼすべて英語を学んでいる現代からすれば、中学入学より前の段階を「早期」と呼ぶことに違和感を覚えるかもしれないが、1990年代以前に幼少期・児童期を過ごした人々が大半を占める JGSS-2010 の回答者にとって「早期」だったことは間違いない。じじつ、上記の設問に「ある」と答えた人は 2507 人中 313 人（12.5％）と全体から見れば少数派であり、中学入学以前の経験者を「早期経験者」と見なすことに問題は少ないだろう。

　早期英語経験者の特徴を簡単に記述しておきたい[3]。経験者は前述のとおり 313 人いた。このうち「英会話力あり」に該当する人が 33 人で 10.5％，「英語読解力あり」が 37 人で 11.8％ だった。これに対し、早期英語の非経験者（計 2174 人）における英会話力・英語読解力を持つ人はそれぞれ 73 人（3.4％）・84 人（3.9％）なので、経験あり群のほうが英語力を獲得している人の割合がかなり高いことがわかる。なお、この時のオッズ比は 3.39（会話力）および 3.34（読解力）である。つまり、早期英語経験がある人はない人よりも英語力を獲得するオッズが 3 倍強高かったことになる。もちろん、前述したとおり、ここでは出身階層等を統制していないので、因果効果ではない点に注意されたい。

　因果効果を推定するために統制する出身階層変数は以下のものである（2章で扱ったものと同一である）。出身家庭の教育レベルとして「父親の就学年数」「母親の就学年数」、出身家庭の社会階層の指標として「15 歳時の父親の職種」、出身家庭の裕福さの指標として「15 歳時の世帯収入レベル（5段階）」、出身地域として「15 歳時の居住地の規模」「15 歳時に農村居住だったか否か」、そして「ジェンダー」を統制する。ただし、注意すべきは上記の統制に不十分さが残る点である。というのも、共変量（擬似相関を生じさせる疑いのある変数）が完全に統制できていない疑いが強いからである。たとえば、親の教育に対する熱意や英語力、あるいは国際化に対する態度などは早期英語学習経験および学力（英語力を含む）に同時に影響すると考えられ、その点で重要な共変量だが、この要因を測定可能な設問は JGSS-2010 に含まれていない。したがって、以上の統制には限界があることを考慮したうえ

---

[3]　カレイラ（2011）も JGSS-2010 の同設問を分析しているので参照されたい。ただし、早期英語学習の因果効果に焦点化した研究ではない。

で、分析結果を解釈することが必要である。

13.3 早期英語学習経験の効果

では、出身階層等の共変量を統制してもなお早期英語学習経験は英語力に影響を与えるか検討しよう。

傾向スコアによる共変量調整

本章は共変量の統制に「傾向スコアによる調整」（Austin 2011；Stuart 2010；星野 2009）という手法を用いる。この手法は一言で言えば、観察データ（社会調査のように実験をしていないデータ）を「実験によって得られたデータ」に近くなるように調整することで、因果的な効果を推定する方法である。無数に存在する共変量の影響を除去する最善の方法にランダム化比較実験（実験群と統制群をランダムに分けて効果を検討するタイプの実験）があるが、教育研究ではほとんど行われていない。なぜなら、一方の児童に英語学習を与え、他方の児童に与えず、十数年後に両者の英語力を比較するような実験は現実的に不可能であり、倫理的にも許されないからである。このような場合、観察データをもとに実験状況を仮想的に作り出す共変量調整は非常に強力な手法である。

具体的な分析手順を本章の分析課題を例に説明しよう。まず、第 1 段階として、想定される共変量をすべて使って「早期英語学習を経験している傾向がありそうな度合い」（傾向スコア）を算出する。そして第 2 段階で、その傾向が近い人同士で早期英語経験と英語力の関連を検討する。このような手続きを踏むと、共変量のランダム割り付けと近い状況になり、仮想的な実験状況を作り出すことができる[4]。

どのような人が早期英語を経験しやすかったのか

まず、傾向スコア分析の第 1 段階として早期英語学習の傾向を明らかにしたい。早期英語学習経験の有無を結果変数に、前節で論じた共変量を原因

---

[4]　さらに、傾向スコア分析のメリットはその頑強性にある。傾向スコア分析は重回帰分析のような伝統的な統制手法よりもモデルの誤設定に対し強いことが知られている（cf. Cepeda et al. 2003；星野 2009）。

	係数（標準誤差）
（定数）	−0.90 (1.02)
女性	0.11 (0.15)
年齢/10	−0.93 (0.30)**
（年齢/10）の 2 乗	0.00 (0.00)
母親就学年数	0.06 (0.05)
父親就学年数	0.05 (0.04)
15 歳時父職種	
非熟練（基準）	
半熟練	0.42 (0.49)
熟練	0.32 (0.48)
農林	0.11 (0.54)
販売	0.46 (0.49)
事務	0.25 (0.49)
専門	0.02 (0.54)
管理	0.22 (0.54)
無職	−0.23 (0.91)
父いなかった	0.74 (0.61)
15 歳時世帯収入レベル	0.34 (0.09)***
15 歳時居住都市規模	
大都市（基準）	
中小都市	−0.12 (0.23)
町	−0.39 (0.26)
村	−0.78 (0.42)
15 歳時農村居住	−0.08 (0.22)
AIC	1230.92
−2 対数尤度	1190.92
観測数	1819

$***p<0.001, \ **p<0.01, \ *p<0.05$

表 13.1　早期英語学習経験の規定要因

変数にロジスティック回帰分析を行った。その結果が表 13.1 である。

　少々意外だが、早期英語学習経験に有意な影響を及ぼしていたのは年齢と世帯収入レベルだけであり、親の教育レベルや父親の職業、出身地域、ジェンダーなどに有意な影響は見られない。近年、小さいうちから子どもに英語を学ばせている教育熱心な親が増えているとしばしば言われており（金谷 2008：pp. 95–99；矢野経済研究所 2009, 2010, 2013, 2014）、実際、12 章の分析では、教育に対して強い関心を持つ人ほど早期英語に肯定的だった。この点を踏まえれば、親の教育レベルが子どもの早期英語経験をも当然左右

すると予想できるが、上記の結果はこの予測を裏切ったことになる[5]。

早期英語学習経験の因果効果

　上記で推定した傾向スコアを用いて、早期英語学習経験が英語力に及ぼす因果効果を推定しよう。Cepeda et al.（2003）が用いている手法を参考に、まず傾向スコアに従って回答者を 10 段階のグループに分割する。そして、この傾向スコア階層のカテゴリと早期英語学習経験を原因変数に、英語力の有無を結果変数にしたロジスティック回帰分析を行い、早期英語経験に有意な効果が見られるか検討する。その結果が表 13.2 である。

　共変量を調整してもなお早期英語の経験者は非経験者よりも英語力を獲得する確率が有意に高いことがわかる。この結果を具体的にイメージするため

	英会話力	英語読解力
（定数）	−4.57 (0.71) ***	−4.53 (0.71) ***
傾向スコア		
10 分位・1 番目（基準）		
10 分位・2 番目	0.02 (1.01)	−0.69 (1.23)
10 分位・3 番目	0.41 (0.92)	0.70 (0.87)
10 分位・4 番目	0.70 (0.87)	0.93 (0.84)
10 分位・5 番目	1.92 (0.77) *	1.93 (0.77) *
10 分位・6 番目	1.49 (0.79)	1.73 (0.78) *
10 分位・7 番目	1.87 (0.76) *	2.03 (0.76) **
10 分位・8 番目	0.68 (0.85)	1.14 (0.81)
10 分位・9 番目	1.07 (0.81)	1.08 (0.81)
10 分位・10 番目	1.65 (0.77) *	2.27 (0.76) **
早期英語経験	1.13 (0.28) ***	0.72 (0.27) **
AIC	612.83	679.07
−2 対数尤度	590.83	657.07
観測数	1816	1816

*** $p<0.001$, ** $p<0.01$, * $p<0.05$

表 13.2　英語力の規定要因（ロジスティック回帰）

---

[5]　この矛盾は JGSS-2010 の年齢構成が原因かもしれない。つまり、本データの回答者（20 歳〜89 歳）は早期英語を経験していたとしてもそれはほぼすべて 2000 年より以前の経験だが、当時の早期英語は親の教育熱とまだ無縁の現象だった可能性がある。言い換えれば、親の教育意識と子どもの早期英語学習経験の連関はごく現代的な――おそらく 2000 年代以降の――現象なのかもしれない。

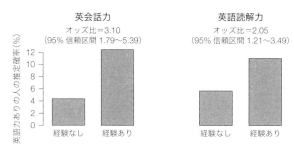

図 13.1　早期英語学習経験の因果効果（共変量調整後）

に、早期英語学習経験者と非経験者における「英語力あり」の推定確率を比較してみよう。図 13.1 は、傾向スコアの中位グループ（上から 5 番目）における推定確率を表している。

図からわかるように、早期英語経験者と非経験者の間で「英語力あり」の確率に大きな差がある。差の大きさの指標であるオッズ比を見ると、英会話力の場合 3.10（倍）、英語読解力の場合 2.05（倍）であり、やはり実質的にも大きな差が存在することがわかる。

ところで、英会話力への影響力は共変量調整後もたいして減少していないことに気づく。前節で見たとおり、共変量調整をする前（つまり 2 変数間）のオッズ比は英会話力・英語読解力いずれも 3 倍強だった。したがって、英語読解力への影響力はある程度減少しているが、英会話力はほとんど変化がないことになる。この原因としては、あくまで一つの可能性だが、英会話力のほうが英語読解力よりもいわゆる「学力」から遠い点が考えられる。つまり、英会話力獲得は出身階層による学力の形成とは別のプロセスでなされる面が強いという可能性である。たしかに、学校の定期考査や高校・大学への入学試験などの場合、英語のスピーキング能力がテストされることは珍しく、ペーパーテストで測れる能力のテストが支配的だった。英会話力は学校を経由せずに育成される度合いが大きいため、早期英語経験がより直接的に反映したのかもしれない。

以上の結果から、早期英語学習経験と現在の英語力に何らかの関連があるのはほぼ確実であることがわかる。そして、この関連をすべて出身階層等による擬似相関に帰するのもほぼ不可能だろう。

もちろん、前述のとおり、上述のモデルに共変量調整が不十分な面がある

ことは事実である。しかしながら、以下で見るように、過剰な共変量調整を行ったとしても早期英語経験の効果は依然残るのである。過剰な共変量調整とは「出身家庭の教育力・教育意識」の代理指標として「本人の最終学歴（就学年数）」と「中学校3年頃の成績（回顧的評価、5段階）」も統制してしまう方法である。これら2変数はたしかに代理指標でもあるが、早期英語経験と現在の英語力を媒介する中間変数でもある。つまり、「早期英語経験→中3時の英語の成績向上→進学→就学年数の増加→英語学習年数の増加→現在の英語力」という道筋も考えられるため、これら中間変数を共変量として調整してしまうと因果効果を過小評価しかねない（星野 2009: p. 121）。しかしながら、就学年数・中3時の成績を含めて共変量調整を行い、表13.2と同様の分析をした場合でも、早期英語経験にはやはり有意な効果が見られたのである。英会話力への効果（およびその標準誤差）は0.89（0.28）、読解力への効果は0.51（0.27）であり、オッズ比（およびその95%信頼区間）はそれぞれ2.44（1.41〜4.24），1.67（0.99〜2.81）だった。以上のように、過剰な共変量調整をしたとしても英会話力に有意な影響が確認できる以上、早期英語経験の効果をすべて出身階層による擬似相関で説明するのはやはり難しいと言わざるを得ない。

13.4　まとめ

本章冒頭で設定した問い、つまり「『日本人』全体で見た場合、早期英語学習経験者は非経験者よりも英語ができるようになったのか」という問いに対しては明確に「イエス」と答えられそうである。もちろん英語力と早期英語経験が出身階層（特に家庭の経済的状況）から同時に影響を受けるのは事実だが、出身階層を統制しても依然早期英語経験の影響力は残存するのである。

早期英語教育プログラムの効果？

ただし、急いで強調しておきたいのが、本章の結果を早期英語教育推進論へ安易につなげるべきではない点である。なぜなら、本章の分析では「英語学習に対する幼少期・児童期の心理的傾向」という重要な共変量を調整していないため、早期英語の教育プログラムとしての効果を直接明らかにしてい

13.4 まとめ

図 13.2 早期英語経験の影響プロセス（その 1）

るわけではないからである。この点をモデルで説明したものが図 13.2 である。ある種の心理的傾向（たとえば英米への憧れや言語に対する強い興味）を持った子どもは早いうちから英語学習に興味を示し、かつ、そのようなメンタリティがあるからこそ英語学習に積極的・継続的に取り組み、結果的に英語力を持つに至ったという道筋が考えられる。この「心理的傾向」は早期英語学習経験に先立つため、もし「心理的傾向」の影響が非常に大きければ、本研究結果は早期英語学習の効果を過大評価している恐れがある。

一方、教育プログラムの効果を問題にするときは一般的に様々なタイプの子どもが教育を受けることを前提にする。したがって、上述の「心理的傾向」を持たない子どもも多数そのプログラムに参加するが、もし図 13.2 のメカニズムが正しければ、この子どもたちにはたいした効果が見られないことになってしまう。

では今後、この「心理的傾向」を考慮した研究を行うにはどうすればよいのだろうか。最も素朴な方法は、幼少期・児童期に英語に対して憧れがあったかどうか尋ねる設問を含めることである。ただし、幼い頃どのような態度を持っていたかを正確に記憶している人はわずかであり、あまり現実的な手法ではないだろう。

より現実的なのが、早期英語学習経験の中身を詳しく聞き、その中で強制性の高いプログラムに注目する手法である。たとえば、通信教育や英会話教室だと本人の受講意志が関係してくるため「心理的傾向」の影響を免れない。しかしながら、小学校の正規の授業時間に行われる英語学習であれば本人の意志とは無関係に経験する面が強いため、ランダム性が維持できる[*6]。

[*6] ただし、「英語活動」を開講しやすい学校／しにくい学校には地域的・社会的に見て差があるとも考えられるので、依然、社会経済的変数の統制は必要になるだろう。

2000年以前に児童期を終えた人々がほとんどである JGSS-2010 のサンプルでは困難だが、小学校での英語活動が盛んになり始め、したがって英語活動を行う学校とそうでない学校のばらつきが生じていた 2000 年代に児童期を過ごした人々を中心に分析を行えば、小学校英語の効果はより正確に推定できるはずである。この点は今後より精緻な検討が可能だと言える。

言語習得上の効果？

また、本章の結果は第 2 言語習得における早期開始の効果を明らかにしたものでもない。なぜなら、あくまで (出身階層による擬似相関を排除したうえでの) 因果効果を明らかにしたものであって、その因果関係の内実については何も検討していないからである。第 2 言語習得、とりわけ臨界期研究の文脈において早期学習の効果は主に認知面における作用を指すと考えられるが、本章の結果は必ずしも認知的効果だけを示唆するものではない。それ以外の様々なプロセスで早期英語経験が影響を及ぼす可能性も残されているからである。

この関係を示した図 13.3 をもとに説明しよう。もちろん早期英語学習の経験が何らかの認知的効果を生み出し、その結果英語力獲得につながるというプロセスも考えられるが、同時に、学力形成や動機づけを介在したプロセスも考えられる。つまり、早期英語学習を経験した子どものほうが英語学習に対する動機づけや英語力が高まり、その結果、学習の継続が促され、最終的に高い英語力に到達する可能性である。このように多様な影響プロセスが想定されるため、本章の結果を言語習得プロセスに示唆を与えるものとして読むことについては慎重であるべきだろう。

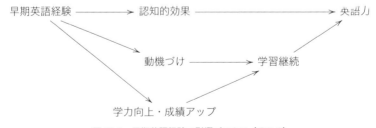

図 13.3　早期英語経験の影響プロセス (その 2)

今後の課題

　本章は、早期英語学習を経験した「日本人」が最終的に英語力を獲得するまでに至ったのか、至ったとすればそれは非経験者に比べて高いレベルのものなのかを検討した。その点で、日本社会の記述的分析という性格が強く、特定のプログラム、たとえば小学校外国語活動の効果を評価したわけではない。また、回答者のほとんどは 2000 年以前に幼少期・児童期を終えた世代であり、その点で過去志向の研究であると言える。

　一方で、今後の早期英語教育政策を直接評価するような未来志向の研究が切に求められることも事実である。当然ながら、真偽の不確かなエピソードや定義次第でなんとでも言える「効果」を根拠に、小学校英語教育政策が決定・実行されることは、税金や小学校教員の時間、研究者の研究時間など莫大なリソースの浪費につながりかねず、そのような不幸な事態は避けるべきである。したがって、質の高いエビデンスを提供する研究が行われ、それに則って小学校英語教育政策が決定・運用されることが重要である。

　本章の研究結果は、データの制約の問題もあり、「質の高いエビデンス」が提供できたとは言いがたい。しかしながら、本章の反省点を踏まえて、質の高いエビデンスを入手するための課題をあぶり出すことはできる。つまり、以下の問題点をクリアすれば、早期外国語教育プログラムを適切に評価できる「質の高いエビデンス」が得られるはずである。

- 回答者をランダムに選ぶ。
- 出身階層や親の教育意識、親の英語との関わりなどを調査し、統計的に統制する。
- 心理的傾向など早期英語経験に先立つ変数を可能な限り調査し、統計的に統制する。
- 早期英語学習経験を詳細に尋ねる。
- 受講の有無が子どもの意志に左右されにくい早期英語プログラム（たとえば学校の正規の授業など）に注目する。
- 英語力以外の効果も検討する。

　以上の要件を満たした社会調査には莫大なコスト（金・時間・手間）がかかる。したがって、個人研究で行うのは困難だが、学会事業や科学研究費助

成事業の共同研究プロジェクトとして行うならば可能であり、実際に英語教育以外の分野ではすでに行われている（Bridges et al. 2009；国立教育政策研究所 2012）。もっとも、いい加減な教育政策が引き起こす「不幸」というコストを考えれば、質の高いエビデンスを得るために調査研究に支払うコストなどは安いものだろう。この点については終章で再度議論する。

終　章

データ分析に基づいた英語言説批判

各章のまとめ

　得られた知見については各章の「まとめ」で要約しているが、本章でも再度整理しよう。

　1章では「日本人」の英語力の分布・特徴を検討した。その結果、高度な英語力を持った「日本人」は人口のごくわずかであり、その分布は年齢・ジェンダー・学歴・ライフスタイル・職種・居住地などによって左右されることがわかった。また、政治意識や情報接触行動のなかには英語話者に特徴的なものが存在することも明らかとなった。

　2章では、英語力の獲得機会はどれだけ不平等か、そして、その不平等はどのように推移してきたかを検討した。その結果、英語力を得られるか否かは出身階層によって大きく左右されてきたことがわかった。そして、その格差は、ジェンダーに起因するものを除き、現代でも根強く残存していることがわかった。

　3章では、国際比較可能な調査を分析し「日本人は世界的に見ても英語ができない」という言説を検証した。その結果、「日本人」の英語力が国際的に見て低いのは事実だが、日本だけが突出して低いわけではないことがわかった。なぜなら、日本に負けず劣らず低水準の国も多いからである。このような状況にもかかわらず「日本人は英語下手」言説が浸透したのはなぜか。その理由として考えられるのは、日本は高階層の人々の英語力が他国と比較して低い点である。つまり、他国の場合、階層が高く「目立ちやすい」グループの人々の英語力は比較的高いため、日本の劣位が際立ってしまった可能性である。「日本人は英語下手」言説が流通する背景には、以上のような日本の特徴があると考えられる。

　4章では「日本人」の英語使用の特徴を探った。その結果、趣味での使用

[245]

であれ仕事での使用であれ英語を使っている人は「日本人」全体から見ればごくわずかであることがわかった。また、世代・教育レベルとジェンダーが相互作用することで、英語使用に違いが生まれていることもわかった。つまり、若年層・高学歴層・専門職者の女性に友人付き合いや趣味的な英語使用が多い一方で、同男性には仕事やネットでの英語使用が特に多いという特徴が見られた。

　5章では、現代の「日本人」の英語学習状況を分析し、「日本社会は英語学習熱に浮かされている」とする言説や「特に女性の英語熱が高い」という言説を検証した。その結果、英語学習をしている人・学習意欲のある人の割合はごくわずかであり、語学ブームをことさら「日本人」全体に一般化するべきではないことがわかった。また、英語学習と女性性の結びつきも決して強固なものではなく、「日本人女性は英語に熱中しやすい」などと論じる言説はジェンダーをめぐる偏見を色濃く反映したものであることが明らかとなった。

　一方、6章は、5章の問いを歴史的視点を含めて再検討した。つまり、外国語学習者数の戦後から現代に至る推移の検討である。その結果、「戦後日本は幾度となく英語ブームに沸いている」「終戦直後から女性の英語学習熱は高まった」というまことしやかな言説は実際のところ根拠が薄弱であることがわかった。

　7章では、英語以外の外国語に対する「日本人」の態度を分析した。その結果、2006年時点で約8割の人々が英語以外の外国語の学習に何らかの関心を示したが、その関心は日本社会の多言語化と密接にはリンクしていないことがわかった。また、英語以外の外国語への関心は、ジェンダー・年齢・教育レベルのような基本属性や、生活場面における外国人との接触機会、英語学習への積極性などによっても左右されることがわかった。

　8章・9章では、現代日本社会において仕事での英語使用の必要性がどれだけ存在しているか定量的に検討した。その結果、必要性を持っている人は「日本人」全体から見るとまだごく一部に限られるとわかった。その点で、「多くの人に英語使用が不可欠だ」と声高に主張する政府やマスメディアは、実態とかけ離れた現状認識に基づいていることになる。また、9章では、英語使用の必要性は決して増えておらず、むしろ2000年代後半には減少していることを示し、「グローバル化の進展により英語使用が年々増えている」と

いう言説には根拠が薄いことを明らかにした。

10章では「英語ができると収入が増える」という言説が日本社会の実態に合致しているかどうかを検討した。分析の結果、英語力には実質的な賃金上昇効果がないか、あったとしても比較的小さいレベルのものに限られることがわかった。

11章では、日本の仕事現場において、英語力を活かす機会が性別に関係なく平等に開かれているかどうかを検討した。分析の結果、たとえ英語力やその他の変数(年齢・学歴・職種・経験年数等)が同一だったとしても、男性のほうが英語力を活かす機会の面で明らかに恵まれていることがわかった。

12章では、早期英語教育熱がどのような要因によって促されているのかを検討した。その結果、早期英語教育熱は公教育の質向上に対する期待感や英会話に対する自信感、そして、仕事での英語の有用性認知に左右されることがわかった。ただし、影響の仕方は必ずしも直線的なものではなく、英会話に対する自信感のように後期開始支持者と超早期開始支持者のいずれもが多くなるような要因も存在した。

13章では、「日本人」全体で見たとき、早期英語学習を経験した人はそうでない人よりも英語ができるようになったのか否かを検討した。その結果、擬似相関を引き起こすと考えられる出身階層や年齢などを統制したとしても、早期英語経験は英語力に大きな影響を及ぼしていたことがわかった。ただし、この結果は早期英語教育プログラムの有効性を実証しているわけではない。本分析の反省点をもとに、小学校で行われる英語教育政策を適切に評価するにはどのような研究デザインが求められるか議論した。

データから見た日本の英語教育政策の問題

本書で得られた知見をもとに日本の英語教育政策を批判的に評価したい。結論から言えば、近年の政府は「日本社会の現状」の正確な把握を完全に欠いたまま数多くの改革を実行していると言える。1990年代以降、文部科学省(旧文部省)は既存の学校英語教育を根本的に改革する様々な政策を実行に移してきた。しかしながら、改革の大前提となるはずの現状認識が、実際の社会状況を精査したものではないことは本書の分析により明らかである。なぜなら、政府は「仕事で英語が使える日本人」の育成をしきりに強調して

きたわりに、「仕事と英語」の実態をきちんと把握してきたとは言いがたいからである。たとえば、Kobayashi (2007b) も批判しているとおり、日本の仕事現場は「英語が使える女性」が自身の英語力を存分に活かすことのできない状況にあるが (11 章参照)、そうしたジェンダー差別がまるで存在しないかのような政策を政府は構想しているのである。

社会の英語ニーズをめぐって

特に英語使用の必要性をめぐる政府の認識には、実態から遊離した空想的な現状認識がよく現れている。すでに 4 章補節で論じたとおり、現在の文部科学省の英語教育政策では英語使用のニーズが過大に見積もられている。

たとえば、2003 年の「『英語が使える日本人』の育成のための行動計画」（文部科学省 2003）では、「グローバル化の進展」への対応のために「日本人全体として ... 世界平均水準の英語力を目指すことが重要である」(p. 1，強調引用者) と宣言されている。もちろん国際化を根拠に英語教育の充実を訴える主張は近年どころか戦前から存在しており、けっして真新しいものではない。しかしながら、この政策案が「斬新」な点は国際化を理由に一定の水準以上の英語力を日本人全体に要求した点である。このような、いわば「国家総動員」的な英語教育政策は過去に例を見ない。ちなみに、同行動計画の発表からすでに 10 年以上がたつものの、この政策が描いていた「未来」がまったく現実のものとはなっていないことは、8 章・9 章の結果からも明らかである。

同様の認識は 2011 年に文部科学省から示された「国際共通語としての英語力向上のための 5 つの提言と具体的施策」（文部科学省 2011）にも見てとれる。この提言も、9 章で見たとおり、日本社会の英語使用ニーズの「増大」を英語教育改革の根拠としていた。しかし、実際のところそのような事実が存在しなかったことは同章で明らかにしたとおりである。繰り返しになるが、英語使用ニーズは 2000 年代後半に明らかに減少していたからである。

2003 年の「行動計画」も 2011 年の「5 つの提言と具体的施策」も日本社会の実態を的確に把握しないまま「日本社会の実態なるもの」を教育改革の根拠としてきたことになる。このように、近年の教育政策の特徴は社会の英語使用ニーズを過大に見積もっている点にある（もちろんこのような「過剰な見積もり」は政府の専売特許というわけではない。英語教育研究者にすら

しばしばこの傾向があるからである。詳細は後述する）。

歴史的に見れば「英語のニーズは多い」はごく最近の言説

　しかし、「過剰な見積もり」は昔からそうだったわけではない。以前はむしろ、英語使用のニーズの低さをきちんと踏まえたうえで英語教育のあり方が構想されていた。

　この点を詳細に論じているのが拙著（寺沢 2014a）である。意外に感じるかもしれないが、中学校の外国語（英語）は、制度上は 2002 年まで常に選択教科だった。つまり、1947 年の新制中学発足から 21 世紀初頭まで実に 50 年以上、中学校の英語は、履修してもしなくてもどちらでもよい教科だったのである。現在の必修教科のほとんど（たとえば、国語や体育）は 1947 年の時点ですでに必修教科だった。そのなかで英語が選択教科扱いを余儀なくされた理由は、まさに必要性の低さだった。つまり、必修教科は国民全員に必要があるものだけに限るべきであり、必要性に個人差が大きい英語は生徒・保護者・地域の希望に任せるべきだとされたのである。ただ、戦後初期こそ名実ともに「選択教科」だった英語だが、1950 年代・60 年代には履修率が 100% に達し、事実上の必修化が完了する。これが、事実上の必修教科「英語」の来歴である。

　では、これほど短期間に必修教科に移行したのは一体なぜだったのだろうか。素直に考えるなら、戦後初期こそ低調だった英語使用のニーズが 1950 年代・60 年代になって急増したからではないかとも思えるが、実際には、そのような事実はまったく見いだせない。統計や史料を総合的に勘案しても、人々の間に英語使用のニーズが浸透していたなどとはとても言えないのが当時の状況であった。

　むしろ、英語それ自体とは一見無関係な種々の要因が、事実上の必修教科への「アップグレード」を生み出したことがわかった。寺沢（2014a）が明らかにした要因は、高校入試制度の変更、高校進学率の上昇、団塊の世代の入学・卒業に伴う生徒数の急変動およびそれに伴う教員採用の変化、（戦後型）教養主義の中学校英語現場への浸透、「科学的に正しい」第 2 言語教育・学習理論のブーム、戦後民主主義の退潮、農業人口の減少など多岐にわたる。このように、英語教育にとって外在的な要因が事実上の必修化に大きな役割を果たしたのである。

250 | 終章　データ分析に基づいた英語言説批判

　また、事実上の必修化は関係者の悲願でも決してなかった。というのも、当時、英語教師たちの多くは必修化を支持していなかったからである。それどころか、1950 年代の文部省は必修化の阻止すら目論んでいた。その意味で、中学校英語のアップグレードは、いわば「棚からぼた餅」とも言えるが、中学校教師たちはただ、のほほんと英語を教えていられたわけではなかった。社会の英語使用ニーズは依然低いままであり、そして何よりも、英語学習に意義を感じない多数の生徒たちが教師の目の前に座っていたからである。したがって、「社会の英語使用ニーズが低い」という厳然たる事実を、そう容易に忘却することは不可能だった。このような逆境に直面し、「ニーズの低さ」と両立可能な学校英語教育の目的論を練り上げたのが、1950 年代〜70 年代の英語教師たちである[1]。

「ニーズの低さ」を黙殺する現代

　現代に目を戻してみよう。たしかに、戦後初期に比べれば、現代の英語使用ニーズは飛躍的に上昇した。しかしながら、それはあくまで戦後初期と比べればの話である。これまで見てきたように、現代においても英語を日常的に使用している人の割合はごくわずかであり、潜在的なニーズを持った人（たとえば、限定的ながら過去 1 年間に英語を使ったと答えた人）を含めても、過半数を超えることは決してない。このように、英語使用をめぐる社会状況は戦後初期から現代にかけてそれほど変わってはいない。

　しかしながら、認識レベルでは正反対である。なぜなら、前述したとおり、近年の政府は「国家総動員」的な英語使用観に偏っているからである。英語使用ニーズの上昇はせいぜい数％ から 1 割程度であるにもかかわらず、「社会全体で見れば英語使用のニーズはまだ限定的である」という現実をまるで忘却してしまったかのような認識の大転換である。対比的に述べるならば、「低い必要性を真剣に受けとめていた戦後」と、「多少増えたとはいえ、依然必要性が低いにもかかわらず、その状況を黙殺しつつある現代」と整理できるだろう。

　もちろん、今後ますます英語教育が重要になっていくのは間違いない。学

---

[1]　この代表例としては、当時の日教組教研集会外国語教育分科会における議論が指摘できる。詳細は、新英研関西ブロック公刊書編集委員会編 (1968)、林野・大西 (1970)、柳沢 (2012) を参照。

校英語教育やビジネスにおける英語への対応も旧態依然のままでよいはずはなく、いままで以上に改革が求められるだろう。しかしながら、現代の英語使用ニーズの低さは、無視してもよいほどには「改善」していないこともまた事実である。「みんなに英語が必要」などという空想的な社会像をいたずらに描くのではなく、日本社会の実態をきちんと見据えて、地に足のついた教育政策・英語教育論・経営戦略を練っていかなければならない。そのヒントのためにも私たちは社会の実態をきちんと直視しなければならない。

英語教育研究と社会科学

次に、本書の学術的示唆——とりわけ、既存の英語教育研究・応用言語学のあり方に関する示唆——を考えたい。それを一言で言えば、今後の英語教育研究・応用言語学は社会科学的な視点・方法論を積極的に取り入れていくべきであるというものである。

前述のとおり、近年の政府は日本社会の実態把握を欠いたまま数多くの英語教育改革を実行してきた。政府の空想的な現状認識をきちんと正すのは学術界のひとつの責務であるが、残念ながら、英語教育研究者は誰も「より正確／精確な日本社会像」を対置することができなかった。もちろんその最大の原因は信頼に足るデータがなかったためである。しかし、裏を返せば、英語教育研究者がそのようなデータを用意してこなかったためであり、それはつまり、社会統計・社会調査の重要性をたいして認識していなかったためである。実際、現在までの英語教育研究では言語学・心理学・教育方法論的な研究が支配的であり、対照的に政治学・経済学・社会学・人類学的な研究はほとんどなされておらず、その点でも社会科学的な理論や方法論と距離があったことは確かである。

本書からその具体例をひとつあげるならば、9章で扱った「グローバル化についての理解」がその典型だと考えられる。研究者を含む日本の英語教育関係者は頻繁にグローバル化の影響を議論しているが、その多くが社会科学的に見ればかなり素朴な理解に基づいている。なぜなら、グローバル化が英語使用ニーズを増大させるのは疑いようのない「真実」として広く信じられてきたと言えるからである。しかしながら、グローバル化は多数の要因が介在するきわめて複雑な現象として理解されるのが普通であり（Ritzer 2007）、

現に、同章で示したとおり、グローバル化による「危機」の世界的拡散は思いがけない形で日本の英語使用ニーズを減少させたのである。その意味で、グローバル化が直線的に英語使用ニーズを増大させるという考え方は、グローバル社会の仕組みを単純化し過ぎており、社会科学的には受け入れ難いものである。

社会科学的視点が重要な理由

　では、なぜ社会科学的な視点が必要なのか。当然ながら、特定の学術分野が社会科学的視点を欠いていたとしても、それだけで責められるいわれはない——たとえば、量子力学に対する「社会科学的視点がない」という批判は明らかにナンセンスである。しかしながら、英語教育研究に社会科学的な視点が切に求められるのは事実である。その理由は、(1) 英語教育研究の系譜、(2) 英語教育と社会の接点、そして、(3) 自律性の確保の 3 点である。以下、詳細に論じたい。

　第 1 に、英語教育研究の当初の位置づけである。日本で英語教育が学問として構想され始めたのは 1960 年代である (垣田 1978; 金田 1972; 松浦 2002)。その当時、学問としての英語教育研究は社会科学を含む様々な学問領域を援用し、英語教育を総合的に検討する「科学」として構想されていた (Koike et al. 1978; 小笠原 1972; 吉田 1976)。その意味で、英語教育研究のなかに社会科学的アプローチの居場所は昔から存在していたと言える。

　第 2 に、英語教育 (および英語学習・英語使用) は社会現象としての特徴を問題なく有しており、したがって、社会科学の守備範囲に属するものでもある。言語習得の際に脳内で生起する神経生理学的現象を語るならまだしも、一般的な意味での学習・教育を論じる場合、「社会」を切り離すことは不可能である。じじつ，本書で見たとおり、現実の英語教育は社会の動きと不可分である。たとえば政治家のアピールに利用されたり (3 章・12 章)、産業界の意向をぶつけられたり (8 章)、はたまた政府の度重なる教育改革に翻弄されたりする点 (4 章・8 章・12 章・13 章) を見ても、英語教育は「社会問題」の一つであり、社会科学の対象の一つである。

　そしてだからこそ、学術的な検討を通じて、「社会」による過度の翻弄から英語教育を「救い出す」ことが必要となる。これが、第 3 の意義である。英語教育はいまや政治やビジネスと密接に結びついており、場合によっては

マスメディアの扇情的な報道によって大衆的な憎悪にさらされることさえある。こうした現状に対して学術的批判を行わず、ただ静観していたのなら、英語教育研究の学問的自律性を損ない、最悪の場合には「御用学問」化にさえつながりかねない。したがって、ていねいな学術的検討を通じて様々な権力関係と適切な距離をとらなければならない段階にいまや来ているのである。そしてそれが、英語教育研究の学問的自律性を維持するための重要な、そして有効な方策である。

　以上 3 点の理由から、社会科学的視点に基づく英語教育研究が今後ますます必要になっていくと考えられる。

社会科学的視点の取り入れ方

　では、英語教育研究は社会科学的視点をどのように取り入れていったらよいのか。この点に関しては参考になる先行事例がすでにある。応用言語学の下位領域であるクリティカル応用言語学（critical applied linguistics）においては、社会科学的なアプローチがすでに浸透している。詳細は代表的な教科書である Norton & Toohey（2004）や Pennycook（2001）を参照されたいが、たとえば権力、社会階級、モダニティ、差異のポリティクス、ヘゲモニー、ポストコロニアリズム、ネオリベラリズムといった社会理論・政治経済理論における概念にもとづきながら、英語教育を含む様々な言語現象を検討するのがクリティカル応用言語学である。

　日本の英語教育研究においてクリティカル応用言語学の知名度はおそらく決して高くない[*2]。ただ、日本を分析対象にした研究もすでにある程度行われている。そのほとんどが海外を拠点にした（あるいは海外でトレーニングを受けた）クリティカル応用言語学者によるものだが、たとえば Kamada（2010）；Kanno（2008）；Kobayashi（2007a, 2007b, 2013）；Kubota（2011a, 2011b）；Kubota & McKay（2009）；Yamagami & Tollefson（2011）などが指摘できる。また、クリティカル応用言語学の隆盛とはまた独立して、日本の社会言語学界でも社会科学的な分析を中心にした言語研究が盛んになりつつある。たとえば、このアプローチの代表的な雑誌に『ことばと社会』（『こと

　[*2]　2014 年現在、クリティカル応用言語学の概説書と見なせる書籍の邦訳はまだない。日本で活動する（あるいは日本出身の）研究者も多数存在するが、英語による言論活動が主である。

ばと社会』編集委員)、『社会言語学』(『社会言語学』刊行会) があり、この中には「日本社会における英語」をテーマにした論文も収められている。

データの整備

社会科学理論・概念の受容だけでなく、社会科学的分析に対応可能なデータを整備することも不可欠である。特に重要なのがランダムに回答者を選んだ調査である。序章で論じたとおり、社会の正確・精確な実態把握のためには、まず第一にランダム標本調査が模索されるべきだからである[*3]。

本書のように既存のデータを 2 次分析することもひとつの方法である。しかしながら、今後は英語教育研究の問題関心をダイレクトに反映した 1 次調査の実施も切に求められる。なぜなら、現在 2 次分析可能な調査のなかには、実施の継続が危ぶまれているものも多いからである。実際、筆者の知る限り、英語関連の設問を含む 2 次分析可能なランダム標本調査は 2010 年初頭に行われた JGSS-2010 を最後に、現在 (2014 年暮れ) まで一切行われていない。もし今後も調査が行われない状況が続くならば、2010 年代の状況——たとえば英語使用ニーズの推移——について実証的な検討が行えなくなってしまう。こうした状況を考えても、英語教育研究には独自の社会調査が切に必要とされている。もちろん、個人がランダム標本調査を行うのは非常に困難である。したがって、学会や科学研究費助成事業等の大規模プロジェクトとして構想される必要があるだろう。

以上、英語教育研究に社会科学的アプローチがいかに重要かを説明した。もちろん日本の英語教育研究が心理学・言語学・教育方法論の面で高度な実証性を築き上げてきたことは間違いない。しかし、社会科学的な実証性の面ではかなり遅れていると言わざるを得ない。この事実が意味するのは、心理学・言語学・教育方法論的に見て誤った俗説であれば、現在の英語教育研究は対抗言説を用意できるが、反面、社会科学的に見て誤った俗説に対してはきちんとした批判的検証ができないということである。このような状況は研究者ばかりでなく、現場の教員や学習者、そしてふつうの市民にとっても不

[*3] もちろん種々の都合により、ランダム標本抽出が困難な場合もあり、次善の策としてたとえばインターネット調査のような有意抽出がとられることもあるだろう。しかしその場合でも、できるだけバイアスを軽減する努力が不可欠であることに違いはない。

幸なことである。このような不幸を避けるためにも、社会科学的アプローチ
を積極的に取り入れていかなければならない。

「日本人と英語」という思考様式をめぐる誤謬

　最後に、もうひとつ重要な点を指摘しておきたい。それは、「日本人と英語」
という思考様式がいかに誤った認識を誘発しやすいものかという点である。
　本書で誤った言説だとわかったものにたとえば以下のようなものがある。

- 「日本人の英語力はアジアの中でも最低」
- 「日本人の英語学習熱は非常に高い」
- 「女性は英語に対して積極的で、その学習熱は特に高い」
- 「現代の日本人にとって英語使用は不可欠になっている」
- 「英語使用ニーズは年々増加している」
- 「日本人にとって英語力は良い収入・良い仕事を得るための『武器』で
　ある」

　上記のような誤解が浸透する背景には、一部の日本人英語話者や日本人英
語学習者の行動・態度を「日本人」全体に一般化してしまうという誤謬が潜
んでいる。
　当然ながら、「日本人」のなかに異常なほどの熱意を持って英語学習に取
り組む人——いわば語学マニア——が存在することは事実であり、そのなか
に多くの女性が含まれることも事実である。また、英語が仕事や生活にとっ
て不可欠な人や英語力のおかげで良い収入や職を得ることができた人もいる
だろう。
　しかしながら、そうした人々は「日本人」全体から見れば例外的な存在で
あり、日本社会の平均像を左右するほどの影響力はない——この点こそ、本
書のデータ分析が明らかにした事実である。

なぜ英語熱や英語ニーズは過大に見積もられるのか
　では、事実でないにもかかわらず、英語をめぐる誤謬はなぜ広く浸透する
のか。言い換えれば、なぜ一部の英語話者・英語学習者の行動・態度は増幅

され、英語熱や英語ニーズは過大に見積もられるのか。その原因として以下の3点が考えられる。

第1に、英語熱や英語ニーズは多めに見積もれば見積もるほど利益を生むという点である。語学ビジネスが英語の重要性を「上げ底」して語ることは理解しやすい。実態がどうであれ英語の重要性に対する認識が浸透すればするほど、語学関連の商品・サービスが売れるからである。そして、一見利益とは無関係な政府や産業界にも実はメリットがある。9.4節で論じたとおり、英語に関する種々の問題が「自分たちだけのもの」ではなく、日本社会全体の関心ごとということになれば、自身が負うコストやリスクを大きく減らせるからである。

第2に、英語熱・英語使用ニーズを過大に見積もってしまう仕組みが、英語使用者や英語教育関係者のソーシャルネットワーク——要は人脈——に埋め込まれている。4.5節・8.7節でも論じたとおり、英語教育関係者・英語使用者の周りに「英語が必要な人」が多くなるのは自然なことである。母校の友人として、同僚として、仕事相手として、あるいは「似たもの同士」として、英語使用者の周りにはやはり英語使用者が集まってくるはずだからである。このとき自分の周囲を素朴に眺めれば、英語使用者ばかりがいるということになり、「日本人」の英語使用のニーズを過大に見積もることにつながる。

これは、語学ビジネスや政財界と距離をとっている論者でさえ「過大な見積もり」をしてしまう点を考えれば理解しやすい。たとえば、文部科学省や産業界の英語教育政策を痛烈に批判している（と英語教育界では見なされている）鳥飼玖美子ですら、以下のように日本社会における英語の存在感をかなり「上げ底」している。

> 「英語は出来るけど仕事は出来ない人と、仕事は出来るけど英語は出来ない人と、どっちがいい仕事につけると思う?」という質問は、もはや聞く必要もない質問とさえいえそうである。答えは明らかに、「英語が出来る人」になりつつあるようだから。（鳥飼 2010: p. 14）

鳥飼が述べるような「実態」は少なくとも本書のデータ分析には一切見いだせない。もちろん一部にはそのような状況もあるだろうが、現実の日本社会はもっと複雑・多様であり、したがって、英語の存在感はもっとマイルド

である。以上の例からもわかるように、社会における英語の意義を実態よりも過度に重く見ることは、政治的立場や英語教育観にかかわらず、英語教育関係者・英語使用者のひとつの重要な共通点であり、その背後には英語教育関係者特有のバイアスがあると考えられる。

「必要性」以外の英語言説にも同様のメカニズムが働いている。たとえば英語帝国主義論者の言う「日本人＝英語病」言説である。英語教育関係者の周りには同業者・英語学習者ばかりなので、そのうちの何名かに英米人や英語のネイティブスピーカーを「崇拝」し、ノンネイティブを「卑下」する人がいたとしてもたいして不思議はないだろう。しかし、英語帝国主義を「憂う」論者はこうした極端な「崇拝者」の存在を「日本人」全体に素朴に一般化し、「日本人」の病理として概念化する誘惑にとらわれていると言える。しかしながら、前述したとおり、実際の「日本人」はもっと複雑・多様であり、英語崇拝・英語病の程度はもっとマイルドだろう——そもそも、5章・6章で明らかになったとおり、「日本人」の大半は英語にほとんど関心がない人々なのである。

「日本人」論的な思考様式

第3が、「日本人」を一枚岩的に捉える思考様式である。「日本人」と一口に言ってもその内実は様々であり、「日本人」ひとりひとりの行動・態度・経験は人によって大きく異なる。この当たり前の事実を簡単に忘却させてしまうメカニズムとして、英語教育界に広く浸透している「日本人論」（「日本人」や日本文化の同質性、画一性およびその唯一無二性を強調する議論の総称）の存在があげられる。いくつか実例を紹介しよう。

> ［日本の英語教育政策を特徴づける要因のひとつが］日本人の集団主義的でしばしば排他的な心理特性である。よく指摘されるように、日本人は日本人同士でいることを好み、外にでることを嫌う。また、日本人は和を乱してまで自分の意見を強く押し通したりはしない。このように、日本人は「個」が弱く、また、言葉に頼った交渉が苦手である。（Koike & Tanaka 1995: p. 23, 引用者訳）

> 日本人のような相対的に同一民族、同一言語に近い国民は、物の捉え方、見方、考え方が画一的になりがちです。... 小学校の段階から英語を導入す

ることは、異文化、異言語、異民族に対する違和感を感じさせなくするば
かりか、英語を通して無意識のうちに文化の差異を学び、異文化のもとに
暮らす人々を理解する態度を自然に養うことができるのです。(行廣 2001:
pp. 188–89)

同質なものに取り囲まれ、歴史的にも異質なものを同質化して取り入れ、
いわば同質性の快適さに安住してきた日本人は、異質なものを排除しよう
とする気持ちがとりわけ強い。...「異質なものに触れさせる」教育は、日
本人にとりわけ必要なものであり、異質なものを最も明確な形で提示して
くれる外国語教育が極めて重要なのである。(松本 1998: p. 10)

　これらは著名な英語教育研究者によって書かれた文章であり、極端な事例
を引いてきたわけではない（特に1つ目は *World Englishes* というこの分野で
は有名な国際誌に掲載された論文である）。
　上記いずれの主張もその力点は異なるものの、「日本人」を一枚岩的・画
一的なものとして理解している点は共通している。しかしながら、そのよう
なイメージは実際のところ完全に誤りである。日本人論に多くの誤謬が含ま
れることは学術的には常識の部類と考えられ（cf. 青木 1990；杉本・マオア
1995；ベフ 1987）、現に「日本人は同質的だ」という主張は実証研究で完
全に否定されている。「日本人同質論」を信じる人々からすれば衝撃的な事
実かもしれないが、国際意識調査の比較分析によれば「日本人」はむしろ同
質性が低いことが明らかにされているのである（間淵 2002）。
　しかしながら、外国語教育界において「日本人／日本文化同質論」はたい
へん人気がある*4。日本人論の流通プロセスを分析した吉野（1997）は、そ
の理由として、「異文化コミュニケーションの専門家」としての外国語教育
関係者の立ち位置を指摘している。つまり、外国語教育関係者は一般的に「日
本文化」と異文化との橋渡し役を自他ともに仕じており、そうした立ち位置
ゆえ、「日本文化」（および比較対象の文化）をデフォルメして学習者に伝達
する傾向がある。その結果、一枚岩的な「日本人／日本文化」イメージを生
産・流通させてしまいやすいという。以上が、「日本人」を過度に一枚岩的
に描いた「日本人と英語」論が蔓延する原因と考えられる。

---

　*4　英語教育界以上に日本語教育界でも日本人論はおおいに流通している（牲川
2012）。

「日本人と英語」をめぐる誤謬に陥らないために

　では、私たちは「日本人と英語」をめぐる誤謬をいかに回避していけばよいのか。まず、知識の生産側（学術界や政府など）にいる人々の場合、前節の示唆がそのままあてはまるだろう。つまり、社会科学的な視点を堅持することで、社会現象を素朴に論じることの危険性を自覚し、社会の複雑性・多様性を前提にした議論・政策を組み立てていくことである。

　一方、「日本人と英語」言説を受容する側――たとえば英語教師や学習者、保護者、市民等――としては、どのような「自衛策」をとれるのだろうか。それは、上記の3つの誤謬メカニズムを考慮すれば、以下のようにまとめられる。

(1) 英語言説が誰の利益（たとえば語学業者や政治家の利益）になるかに注意を払う。

(2) 関係者（たとえば英語教師）の間で流通している「日本社会のイメージ」には大きなバイアスがかかっている可能性を考慮する。

(3) 「日本人論」批判に関する多数の文献[5]を参考にし、「日本人」を一枚岩的に捉える議論を疑う。

　以上の点に留意し、英語をめぐる誤謬の（再）生産に知らず知らずのうちに手を貸すことのないようにすることが必要である。

結び――適確な実態把握、正しい未来像

　本書は「日本人と英語」をめぐる様々な言説をデータ分析により検証した。その結果明らかになったのは、間違っているにもかかわらず真実のように信じられている英語言説がいかに多いかということである――それはまるで「都市伝説」である。

---

[5] 「日本人論」に対する批判は1980年代頃に学術界におけるある種のブームとなったこともあり、多数の批判文献が刊行されている（例、青木 1990; 杉本・マオア 1995; 船曳 2003; ベフ 1987; 吉野 1997）。応用言語学者によるものとしては、Kamada (2010); Kanno (2007); Kubota (1998); Liddicoat (2007); Sullivan & Schatz (2009) などを参照。

これは率直に言って日本の外国語教育にとって不幸である。そして、もしこのような状況が放置されれば、さらなる悲劇を招くだろう。

こうした不幸を繰り返してはならない。政策や学問に携わる人々には、社会科学的なアプローチに基づいて「日本人と英語」の関係を適切な形で論じていくことが切に求められている。

もちろん教壇に立つ人にとってもこの問題は無縁ではない。「英語ができればお金持ちになれる」とか「良い仕事に就ける」などといった誤った言説を児童・生徒・学生に伝達するのはたとえ動機付けのためだったとしても倫理的に大きな問題をはらむ。しかも単に間違ったことを伝えるばかりか、日本社会の負の部分——たとえば職場での女性差別（11章）——の隠蔽にさえなりかねない。このように教室でウソを「教える」ことを避けるためにも、「日本人と英語」の関係を適切に理解することが必要である。

日本の英語教育から不幸を少しでも減らすためには、政策サイドの人間、英語教育研究者、そして現場の英語教員にとって、社会の実態を冷静に見つめる目が不可欠である。そして、その目を養うには、今までいかに誤った言説が流通してきたのかを知り、その「傾向と対策」を身につけることである。本書がその一助になれば幸いである。

「現実を直視すべし」という本書のメッセージに対し、「未来を語っていない」「夢がない」と感じる人もいるかもしれない。しかし、本書は未来を志向していないわけではまったくない。正しい未来像は、現在と過去を踏まえてはじめて描けるものだからである。夢を語るならその後でも遅くはない。

初 出 一 覧

　すべて単著である。末尾に対応している章を記したが、書籍化に際し大幅に書き改めているので、完全に一対一対応しているわけではない。

- 「日本社会における英語の教育機会の構造とその変容——英語力格差の統計的分析を通して」『言語政策』5: 21–42.　2009 年.　→ 第 2 章

- 「社会環境・家庭環境が日本人の英語力に与える影響——JGSS-2002・2003 の 2 次分析を通して」大阪商業大学比較地域研究所・東京大学社会科学研究所編『JGSS 研究論文集 (8)』大阪商業大学比較地域研究所, 107–20.　2009 年.　→ 第 2 章

- English skills as human capital in the Japanese labor market: An econometric examination of the effect of English skills on earnings, *Language and Information Sciences*, 9: 117–33.　2011 年.　→ 第 10 章

- Japanese people's valuation of English skills: Sociometric analysis of JGSS-2010, Osaka University of Commerce JGSS Research Center ed., *JGSS Monographs 11*, Osaka University of Commerce, 47–57.　2011 年.　→ 第 8 章

- 「英語ができれば、英語が必要な仕事に就けるのか？——日本の労働市場の不平等性と英語使用」『社会言語学』11: 27–47.　2011 年.　→ 第 11 章

- The discourse of "Japanese Incompetence in English" based on "Imagined Communities," *Journal of English as an International Language*, 7(1): 67–91.　2012 年.　→ 第 3 章

- 「戦後日本社会における英語志向とジェンダー——世論調査の検討から」『言語情報科学』11: 159–75.　2013 年.　→ 第 6 章

[261]

- 「『日本人の9割に英語はいらない』は本当か？──仕事における英語の必要性の計量分析」『関東甲信越英語教育学会学会誌』27: 71–83．2013年．→第8章

- 「日本社会は『英語化』しているか──2000年代後半の社会調査の統計分析から」『関東甲信越英語教育学会学会誌』28: 97–108．2014年．→第9章

- 「英語以外の異言語に対する『日本人』の態度の社会統計的分析」『言語情報科学』12: 91–107．2014年．→第7章

- 「日本社会における英語使用の必要性──社会統計に基づく英語教育政策／目的論の検討」吉島茂編『外国語教育V──一般教育における外国語教育の役割と課題』朝日出版社，231–50．2014年．→第4章

- 「『日本は英語化している』は本当か？──日本人の1割も英語を必要としていない」シノドス（オンラインジャーナル）
  http://synodos.jp/education/9264　2014年．→第8章・第9章・終章

文　　献

Allport, G. W., 1954, *The nature of prejudice*, Addison-Wesley Publishing Company.

Austin, P. C., 2011, "An introduction to propensity score methods for reducing the effects of confounding in observational studies," *Multivariate Behavioral Research*, 46(3): 399–424.

Azam, M., A. Chin, & N. Prakash, 2013, "The returns to English-language skills in India," *Economic Development and Cultural Change*, 61(2): 335–67.

Bailey, K., 2006, "Marketing the eikaiwa wonderland: ideology, *akogare*, and gender alterity in English conversation school advertising in Japan," *Environment and Planning D*, 24(1): 105–30.

Becker, G. S., 1962, "Investment in human capital: A theoretical analysis," *Journal of Political Economy*, 70(5): 9–49.

Bialystok, E. & K. Hakuta, 1999, "Confounded age: Linguistic and cognitive factors in age differences for second language acquisition," D. Birdsong ed., *Second language acquisition and the critical period hypothesis*, Lawrence Erlbaum, 161–81.

Birdsong, D. ed., 1999, *Second language acquisition and the critical period hypothesis*, Lawrence Erlbaum.

Blanche, P. & B. J. Merino, 1989, "Self-assessment of foreign language skills: Implications for teachers and researchers," *Language Learning*, 39(3): 313–38.

Bridges, D., P. Smeyers, & R. Smith eds., 2009, *Evidence-based education policy: What evidence? What basis? Whose Policy?*, John Wiley & Sons.

Butler, Y. G., 2007, "Foreign language education at elementary schools in Japan: Searching for solutions amidst growing diversification," *Current Issues in Language Planning*, 8(2): 129–47.

―――, 2013, "Parental factors and early English education as a foreign language: A case study in Mainland China," *Research Papers in Education*,

29(4): 410–37.

Cepeda, M. S., R. Boston, J. T. Farrar, & B. L. Strom, 2003, "Comparison of logistic regression versus propensity score when the number of events is low and there are multiple confounders," *American Journal of Epidemiology,* 158(3): 280–87.

Chiswick, B. R. & P. W. Miller, 1998, "Census language questions in North America," *Journal of Economic and Social Measurement,* 25(2): 73–95.

————, 1999, "Language skills and earnings among legalized aliens," *Journal of Population Economics,* 12(1): 63–89.

————, 2002, "Immigrant earnings: Language skills, linguistic concentrations and the business cycle," *Journal of Population Economics,* 15(1): 31–57.

Clausen, S. E., 1998, *Applied correspondence analysis: An introduction,* Sage.

Crystal, D., 2012, *English as a global language,* Cambridge University Press.

Dower, J. W., 2000, *Embracing defeat: Japan in the wake of World War II,* W. W. Norton.

Eurobarometer, 2006, *Europeans and their Languages* (*Special Eurobarometer 243),* European Commission. http://ec.europa.eu/public_opinion/archives/ebs/ebs_243_en.pdf.

Gottlieb, N., 2005, *Language and society in Japan,* Cambridge University Press.

Grin, F., 2001, "English as economic value: Facts and fallacies," *World Englishes,* 20(1): 65–78.

Hashimoto, K., 2011, "Compulsory 'foreign language activities' in Japanese primary schools," *Current Issues in Language Planning,* 12(2): 167–84.

Hino, N., 1988, "Nationalism and English as an international language: The history of English textbooks in Japan," *World Englishes,* 7(3): 309–14.

Hyltenstam, K. & N. Abrahamsson, 2003, "Maturational constraints in SLA," C. Doughty & M. H. Long eds., *The handbook of second language acquisition,* Wiley Online Library, 538–88.

Ishida, H., 1993, *Social mobility in contemporary Japan: Educational credentials, class and the labour market in a cross-national perspective,* Stanford University Press.

Jeon, M., 2012, "Globalization of English teaching and overseas Koreans as temporary migrant workers in rural Korea," *Journal of Sociolinguistics,* 16(2): 238–54.

Kamada, L. D., 2010, *Hybrid identities and adolescent girls: Being 'half' in Japan,*

Multilingual Matters.

Kanno, Y., 2007, "ELT policy directions in multilingual Japan," J. Cummins & C. Davison eds., *International handbook of English language teaching,* Springer, 63–73.

―――, 2008, *Language and education in Japan: Unequal access to bilingualism,* Palgrave Macmillan.

Kano, S., 2005, "English divide has begun: Estimating causal effects of English proficiency on earnings for Japanese domestic workers," (Discussion paper new series; no. 2005–2). School of Economics, Osaka Prefecture University.

Kawai, Y., 2007, "Japanese nationalism and the global spread of English: An analysis of Japanese governmental and public discourses on English," *Language and Intercultural Communication,* 7(1): 37–55.

Kelsky, K., 2001, *Women on the verge: Japanese women, Western dreams,* Duke University Press.

Kim, K.-Y., 2001, "Korean college students' beliefs about language learning and their use of learning strategies," *Studies in Modern Grammar,* 26(4): 197–213.

Kim, M. H. & H. H. Lee, 2010, "Linguistic and nonlinguistic factors determining proficiency of English as a foreign language: A cross-country analysis," *Applied Economics,* 42(18): 2347–64.

Kobayashi, Y., 2002, "The role of gender in foreign language learning attitudes: Japanese female students' attitudes towards English learning," *Gender and Education,* 14(2): 181–97.

―――, 2007a, "Japanese working women and English study abroad," *World Englishes,* 26(1): 62–71.

―――, 2007b, "TEFL policy as part of stratified Japan and beyond," *TESOL Quarterly,* 41(3): 566–71.

―――, 2013, "Global English capital and the domestic economy: The case of Japan from the 1970s to early 2012," *Journal of Multilingual and Multicultural Development,* 34(1): 1–13.

Koike, I., M. Matsuyama, Y. Igarashi, & K. K Suzuki eds., 1978, *The teaching of English in Japan,* Eichosha.

Koike, I. & H. Tanaka, 1995, "English in foreign language education policy in Japan: Toward the twenty-first century," *World Englishes,* 14(1): 13–25.

Kubota, R., 1998, "Ideologies of English in Japan," *World Englishes,* 17(3):

295–306.

————, 2011a, "Immigration, diversity, and language education in Japan: Toward a glocal approach to teaching English," P. Seargeant ed., *English in Japan in the era of globalization,* Palgrave Macmillan, 101–24.

————, 2011b, "Questioning linguistic instrumentalism: English, neoliberalism, and language tests in Japan," *Linguistics and Education,* 22(3): 248–60.

————, 2012, "The politics of EIL: Toward border-crossing communication in and beyond English," A. Matsuda ed., *Principles and practices of teaching English as an international language,* Multilingual Matters, 55–69.

Kubota, R. & S. McKay, 2009, "Globalization and language learning in rural Japan: The role of English in the local linguistic ecology," *TESOL Quarterly,* 43(4): 593–619.

Liddicoat, A. J., 2007, "Internationalising Japan: *Nihonjinron* and the intercultural in Japanese language-in-education policy," *Journal of Multicultural Discourses,* 2(1): 32–46.

Matsuura, H., M. Fujieda, & S. Mahoney, 2004, "The officialization of English and ELT in Japan: 2000," *World Englishes,* 23(3): 471–87.

McVeigh, B. J., 2002, *Japanese higher education as myth,* M. E. Sharpe.

Miller, P. W. & B. R. Chiswick, 1985, "Immigrant generation and income in Australia," *Economic Record,* 61(2): 540–53.

Mincer, J., 1974, *Schooling, experience, and earnings,* Columbia University Press.

Morizumi, F., 2002, "Does gender matter in language learning?," *International Christian University Educational Studies,* 44: 223–35.

Nakai, M., 2011, "Social stratification and consumption patterns: Cultural practices and lifestyles in Japan," S. Ingrassia, R. Rocci, & M. Vichi eds., *New perspectives in statistical modeling and data analysis,* Springer, 211–18.

Ng, P. C., 2012, "English in the Singapore's Chinese community: Controversies, concerns and problems," *The Journal of English as an International Language,* 7(1): 22–39.

Norton, B. & K. Toohey eds., 2004, *Critical pedagogies and language learning,* Cambridge University Press.

Park, J. S.-Y., 2011, "The promise of English: Linguistic capital and the neoliberal worker in the South Korean job market," *International Journal of Bilingual Education and Bilingualism,* 14(4): 443–55.

Peacock, M., 2001, "Pre-service ESL teachers' beliefs about second language learning: A longitudinal study," *System*, 29(2): 177–95.

Pennycook, A., 2001, *Critical applied linguistics: A critical introduction*, Lawrence Erlbaum.

Phillipson, R., 2009, *Linguistic imperialism continued*, Routledge.

Piller, I. & K. Takahashi, 2006, "A passion for English: Desire and the language market," A. Pavlenko ed., *Bilingual minds: Emotional experience, expression, and representation*, Multilingual Matters, 59–83.

Ritzer, G., 2007, *The globalization of nothing 2*, Pine Forge Press.

Rivers, D. J., 2011, "Japanese national identification and English language learning processes," *International Journal of Intercultural Relations*, 35(1): 111–23.

Robinson, J. P., W. P. Rivers, & R. D. Brecht, 2006, "Demographic and sociopolitical predictors of American attitudes towards foreign language policy," *Language Policy*, 5(4): 421–42.

Ross, S., 1998, "Self-assessment in second language testing: A meta-analysis and analysis of experiential factors," *Language Testing*, 15(1): 1–20.

Sakui, K. & S. J. Gaies, 1999, "Investigating Japanese learners' beliefs about language learning," *System*, 27(4): 473–92.

Sasaki, M., 2008, "The 150-year history of English language assessment in Japanese education," *Language Testing*, 25(1): 63–83.

Seargeant, P., 2009, *The idea of English in Japan: Ideology and the evolution of a global language*, Multilingual Matters.

―――― ed., 2011, *English in Japan in the era of globalization*, Palgrave Macmillan.

Singleton, D. ed., 1995, *The age factor in second language acquisition: A critical look at the critical period hypothesis*, Multilingual Matters.

Singleton, D. & L. Ryan eds., 2004, *Language acquisition: The age factor*, Multilingual Matters.

Snow, M. S., 1998, "Economic, statistical, and linguistic factors affecting success on the test of English as a foreign language (TOEFL)," *Information Economics and Policy*, 10(2): 159–72.

Stuart, E. A., 2010, "Matching methods for causal inference: A review and a look forward," *Statistical Science: A Review Journal of the Institute of Mathematical Statistics*, 25(1): 1–21.

Sullivan, N. & R. T. Schatz, 2009, "Effects of Japanese national identification on attitudes toward learning English and self-assessed English proficiency," *International Journal of Intercultural Relations,* 33(6): 486–97.

Sunderland, J., 2000, "Issues of language and gender in second and foreign language education," *Language Teaching,* 33(4): 203–23.

Takahashi, K., 2013, *Language learning, gender and desire: Japanese women on the move,* Multilingual Matters.

Takashi, K., 1990, "A sociolinguistic analysis of English borrowings in Japanese advertising texts," *World Englishes,* 9(3): 327–41.

Terasawa, T., 2012, "The discourse of 'Japanese incompetence in English' based on 'Imagined Communities': A sociometric examination of Asia Europe Survey," *The Journal of English as an International Language,* 7(1): 67–91.

Tollefson, J. W., 1991, *Planning language, planning inequality: Language policy in the community,* Longman London.

Vaish, V., T. K. Tan, W. Bokhorst-Heng, D. Hogan, & T. Kang, 2010, "Language and social capital in Singapore," L. Lim, A. Pakir, & L. Wee eds., *English in Singapore: Modernity and management,* Hong Kong University Press, 159–80.

Yamagami, M. & J. Tollefson, 2011, "Elite discourses of globalization in Japan: The role of English," P. Seargeant ed., *English in Japan in the era of globalization,* Palgrave Macmillan, 15–37.

Yang, N.-D., 1999, "The relationship between EFL learners' beliefs and learning strategy use," *System,* 27(4): 515–35.

Yoshida, K., 2003, "Language education policy in Japan: The problem of espoused objectives versus practice," *Modern Language Journal,* 87(2): 290–92.

Zou, W. & S. Zhang, 2011, "Family background and English learning at compulsory stage in Shanghai," A. Feng ed., *English language education across greater China,* Multilingual Matters, 189–211.

JASTEC プロジェクトチーム，1986,「早期英語学習経験者の追跡調査――第 1 報」『日本児童英語教育学会研究紀要』5：48–67.

————，1987,「早期英語学習経験者の追跡調査――第 2 報」『日本児童英語教育学会研究紀要』6：3–21.

————，1988,「早期英語学習経験者の追跡調査――第 3 報」『日本児童英語教育学会研究紀要』7：43–63.

————，1989,「早期英語学習経験者の追跡調査――第 4 報」『日本児童英語教育学会研究紀要』8：3–13.

青木保，1990，『「日本文化論」の変容——戦後日本の文化とアイデンティ
　　ティー』中央公論社.
朝日新聞，2008，「授業増、賛成 82％「総合」削減反対は半数　朝日新聞社
　　世論調査」『朝日新聞』．3 月 4 日，朝刊，p. 2.
朝日新聞社，1995，『「日米会話手帳」はなぜ売れたか』朝日新聞社.
綾部保志，2009，「戦後日本のマクロ社会的英語教育文化——学習指導要領
　　と社会構造を中心に」綾部保志編『言語人類学から見た英語教育』ひつ
　　じ書房，87–193.
荒井一博，2007，『学歴社会の法則——教育を経済学から見直す』光文社.
市川力，2005，『「教えない」英語教育』中央公論新社.
糸井江美，2003，「英語学習に関する学生のビリーフ」文教大学『文学部紀要』
　　16(2)：85–100.
伊藤克敏，1997，「脳生理学と発達心理学の視点から」樋口忠彦編『小学校
　　からの外国語教育』研究社，94–101.
伊藤理史，2011，「政党支持——民主党政権誕生時の政党支持の構造」田辺
　　俊介編『外国人へのまなざしと政治意識——社会調査で読み解く日本の
　　ナショナリズム』勁草書房，141–57.
井上奈良彦・津田晶子，2007，「卒業生による全学教育英語プログラムの遡
　　及評価—　–「仕事で英語を使う」九州大学卒業生対象の個人面接の分析
　　から」『九州大学高等教育推進開発センター紀要』13：41–58.
猪口孝，2004，『「国民」意識とグローバリズム——政治文化の国際分析』
　　NTT 出版.
岩崎久美子，2010，「教育におけるエビデンスに基づく政策——新たな展開
　　と課題」『日本評価研究』10(1)：17–29.
植松茂男，2014，「特区における小学校英語活動の長期的効果の研究——6
　　年間の継続調査のまとめ」『京都産業大学教職研究紀要』9：17–38.
江利川春雄，2006，『近代日本の英語科教育史——職業系諸学校による英語
　　教育の大衆化過程』東信堂.
―――，2008，『日本人は英語をどう学んできたか——英語教育の社会文
　　化史』研究社.
―――，2009，『英語教育のポリティクス——競争から協同へ』三友社出版.
大石俊一，2005，『英語帝国主義に抗する理念——「思想」論としての「英語」
　　論』明石書店.
太田雄三，1995，『英語と日本人』講談社.
大谷泰照，2004，「国際的に見た日本の異言語教育」大谷泰照編『世界の外
　　国語教育政策——日本の外国語教育の再構築にむけて』東信堂，468–

81.

―――――, 2007,『日本人にとって英語とは何か――異文化理解のあり方を問う』大修館書店.

大津由紀雄編, 2006,『日本の英語教育に必要なこと――小学校英語と英語教育政策』慶應義塾大学出版会.

大津由紀雄・江利川春雄・斎藤兆史・鳥飼玖美子, 2013,『英語教育、迫り来る破綻』ひつじ書房.

大津由紀雄・鳥飼玖美子, 2002,『小学校でなぜ英語?――学校英語教育を考える』岩波書店.

大槻茂実, 2006,「外国人接触と外国人意識――JGSS-2003 データによる接触仮説の再検討」大阪商業大学比較地域研究所・東京大学社会科学研究所編『JGSS 研究論文集 (5)』大阪商業大学比較地域研究所, 149–59.

岡倉由三郎, 1911,『英語教育』博文館.

小笠原林樹, 1972,「英語教育と英語教育学と」『現代英語教育』臨時増刊号: 10–17.

小熊英二, 1995,『単一民族神話の起源――〈日本人〉の自画像の系譜』新曜社.

―――――, 2002,『〈民主〉と〈愛国〉――戦後日本のナショナリズムと公共性』新曜社.

奥山直美, 2014,「英語力が将来の年収に影響...50 代女性は 3 倍の開き」リセマム http://resemom.jp/article/2014/09/19/20502.html. 2014 年 9 月 23 日閲覧.

小塩隆士, 2003,『教育を経済学で考える』日本評論社.

小田麻里名, 2000,「大学生の第二外国語に対する意識調査」『日本フランス語フランス文学会中部支部研究報告集』24: 3–17.

越知ケビンクローン, 2007,『英語リッチと英語プア――イングリッシュ格差社会』光文社.

カイト由利子・沈国威・杉谷眞佐子, 2002,「外国語学習に関する意識調査――学生による質問票調査から」『関西大学外国語教育研究』3: 93–121.

垣田直巳, 1978,「英語教育学について」垣田直巳編『英語教育学研究ハンドブック』大修館書店, xv–xxxvi.

鹿嶋敬, 1989,『男と女 変わる力学――家庭・企業・社会』岩波書店.

片岡栄美, 2003,「『大衆文化社会』の文化的再生産」石井洋二郎・宮島喬編『文化の権力――反射するブルデュー』藤原書店, 101–35.

加藤周一, 1955,「信州の旅から――英語の義務教育化に対する疑問」『世界』

12 月：141–46.
────，1956，「再び英語教育の問題について」『世界』2 月：142–46.
金谷憲，2008，『英語教育熱──過熱心理を常識で冷ます』研究社.
金森強，2004，『英語力幻想──子どもが変わる英語の教え方』アルク.
金田道和，1972，「学としての『英語教育科学』の成立に関する考察」『教
　　科教育の体系的研究（愛媛大学教育学部）』5：26–34.
蒲島郁夫・竹中佳彦，1996，『現代日本人のイデオロギー』東京大学出版会.
苅谷剛彦，1995，『大衆教育社会のゆくえ──学歴主義と平等神話の戦後史』
　　中央公論社.
────，2001，『階層化日本と教育危機──不平等再生産から意欲格差社
　　会へ』有信堂高文社.
────，2009，『教育と平等──大衆教育社会はいかに生成したか』中央
　　公論新社.
苅谷剛彦・増田ユリヤ，2006，『欲ばり過ぎるニッポンの教育』講談社.
カレイラ松崎順子，2011，「JGSS-2010 による早期英語教育に関する意識調
　　査」大阪商業大学比較地域研究所編『JGSS 研究論文集（11）』大阪商業
　　大学比較地域研究所，35–45.
────，2012，「韓国における貧困と英語力の関係──EBS の挑戦」松原
　　好次・山本忠行編『言語と貧困──負の連鎖の中で生きる世界の言語的
　　マイノリティ』明石書店，158–71.
川恵実，1991，『彼女がニューヨークに行った理由──OL 留学症候群』
　　PHP 研究所.
川口章，2008，『ジェンダー経済格差──なぜ格差が生まれるのか、克服の
　　手がかりはどこにあるのか』勁草書房.
河原俊昭・山本忠行編，2004，『多言語社会がやってきた──世界の言語政
　　策 Q&A』くろしお出版.
菊池城司，2003，『近代日本の教育機会と社会階層』東京大学出版会.
北村文，2011，『英語は女を救うのか』筑摩書房.
吉川徹，2003，「計量的モノグラフと数理──計量社会学の距離」『社会学
　　評論』53（4）：485–98.
────，2006，『学歴と格差・不平等──成熟する日本型学歴社会』東京
　　大学出版会.
久埜百合，1993，「早期教育の課題と展望」『英語教育』4 月：20–22.
隈部直光，1980，「英語ブームに沸く中で──昭和 36 年–40 年」若林俊輔
　　編『昭和 50 年の英語教育』大修館書店，107–18.
経済企画庁，1996，『安全で安心な生活の再設計 平成 8 年版国民生活白書』

大蔵省印刷局.

————, 1999,『選職社会の実現 平成11年度国民生活白書』大蔵省印刷局.

経済産業省, 2002,『東アジアの発展と日本の針路 平成14年版通商白書』ぎょうせい.

————, 2010,『国を開き、アジアとともに成長する日本 平成22年版通商白書』日経印刷.

————, 2013,『世界経済のダイナミズムを取り込んで実現する生産性向上と経済成長 平成25年版通商白書』勝美印刷.

小池生夫・寺内一・高田智子・松井順子・国際ビジネスコミュニケーション協会, 2010,『企業が求める英語力』朝日出版社.

————, 2010,「総論——ビジネスパーソンに役立つ欧州・アジア・日本の英語教育概況」小池生夫・寺内一・高田智子・松井順子・国際ビジネスコミュニケーション協会『企業が求める英語力』朝日出版社, 5–29.

小磯かをる, 2005,「日本人英語学習者の動機付け——JGSS-2003のデータ分析を通して」大阪商業大学比較地域研究所・東京大学社会科学研究所編『JGSS研究論文集(4)』大阪商業大学比較地域研究所, 79–91.

————, 2006,「英語学習経験と英語使用が日本人の英語力に及ぼす影響——JGSSのデータ分析を基に」『日本英語コミュニケーション学会紀要』15(1): 141–49.

————, 2008,「英語力習得への道——英語学習経験と現在の英語使用」谷岡一郎・仁田道夫・岩井紀子編『日本人の意識と行動 日本版総合的社会調査JGSSによる分析』東京大学出版会, 369–81.

————, 2009,「日本人英語使用者の特徴と英語能力——JGSS-2002とJGSS-2006のデータから」大阪商業大学比較地域研究所・東京大学社会科学研究所編『JGSS研究論文集(9)』大阪商業大学比較地域研究所, 123–37.

国立教育政策研究所編, 2012,『教育研究とエビデンス——国際的動向と日本の現状と課題』明石書店.

小林雅之, 2008,『進学格差——深刻化する教育費負担』筑摩書房.

斎藤聖美, 1984,『女の出発——ハーバード・ビジネス・スクール』東洋経済新報社.

斎藤貴男, 2000,『機会不平等』文藝春秋.

斎藤兆史, 2000,『英語達人列伝——あっぱれ、日本人の英語』中央公論新社.

佐藤博樹・石田浩・池田謙一編, 2000,『社会調査の公開データ——2次分析への招待』東京大学出版会.

真田信治・庄司博史編，2005，『事典 日本の多言語社会』岩波書店.

塩田雄大，2000，「「英語第 2 公用語論」はどう受けとめられたか」『放送研究と調査』50(8)：36–55.

柴山桂太，2012，『静かなる大恐慌』集英社.

清水裕子・松原豊彦，2007，「経済学部卒業生の英語使用に関するニーズ分析」『立命館経済学』56(3)：485–97.

自由国民社編，1990，『現代用語の基礎知識』自由国民社.

庄司博史・バックハウス，ペート・クルマス，フロリアン編，2009，『日本の言語景観』三元社.

白井恭弘，2008，『外国語学習の科学——第二言語習得論とは何か』岩波書店.

白畑知彦，2001，「追跡——研究開発学校で英語に接した児童のその後の英語能力」『英語教育』（10 月増刊号）：59–63.

新英研関西ブロック公刊書編集委員会編，1968，『新しい英語教育の研究——その実践と理論』三友社.

菅原克也，2011，『英語と日本語のあいだ』講談社.

杉田陽出，2004，「英語の学習経験が日本人の英会話力に及ぼす効果——JGSS-2002 のデータから」大阪商業大学比較地域研究所・東京大学社会科学研究所編『JGSS 研究論文集 (3)』大阪商業大学比較地域研究所，45–57.

杉本良夫・マオア，ロス，1995，『日本人論の方程式』筑摩書房.

鈴木孝夫，1999，『日本人はなぜ英語ができないか』岩波書店.

牲川波都季，2012，『戦後日本語教育学とナショナリズム——「思考様式言説」に見る包摂と差異化の論理』くろしお出版.

勢古浩爾，2007，『目にあまる英語バカ』三五館.

総務省，2012，『平成 24 年版 情報通信白書』総務省. http://www.soumu.go.jp/johotsusintokei/whitepaper/ja/h24/html/nc243120.html.

高田智子，2003，「早期英語教育経験者と未経験者の中間言語の分析——中学入門期のつまずきの原因を比較する」『STEP Bulletin（「英検」研究助成報告）』15：159–70.

高野秀敏，2012，「英語力のあるなしで年収は 30％ も違う !?——押し寄せるグローバル転職の波に勝つ人、負ける人」ダイアモンド・オンライン http://diamond.jp/articles/-/21876 2014 年 9 月 23 日閲覧.

竹内理・水本篤編，2012，『外国語教育研究ハンドブック——研究手法のより良い理解のために』松柏社.

竹内洋，1991，『立志・苦学・出世——受験生の社会史』講談社.

———，1995，『日本のメリトクラシー——構造と心性』東京大学出版会.

田辺俊介編，2011，『外国人へのまなざしと政治意識——社会調査で読み解く日本のナショナリズム』勁草書房．

田辺俊介・相澤真一，2008，『東京大学社会科学研究所パネル調査プロジェクトディスカッションペーパーシリーズ6　職業・産業コーディングマニュアルと作業記録』東京大学社会科学研究所．

太郎丸博，2005，『人文・社会科学のためのカテゴリカル・データ解析入門』ナカニシヤ出版．

津田正，2005，「君と世間との戦いでは世間を支援せよ！」大津由紀雄編『小学校での英語教育は必要ない！』慶應義塾大学出版会，213–29．

津田敏秀，2003，『市民のための疫学入門——医学ニュースから環境裁判まで』緑風出版．

————，2013，『医学的根拠とは何か』岩波書店．

津田幸男，1991，『英語支配の構造——日本人と異文化コミュニケーション』第三書館．

————，1993，「英語支配への挑戦序論」津田幸男編『英語支配への異論』第三書館，13–68．

————，1996，『侵略する英語　反撃する日本語——美しい文化をどう守るか』PHP研究所．

————，2000，『英語下手のすすめ——英語信仰はもう捨てよう』ベストセラーズ．

寺沢拓敬，2013a，「戦後20年の英語教育とナショナリズム——「大衆の善導」と「民族の独立」」『社会言語学』13：135–54．

————，2013b，「戦後日本社会における英語志向とジェンダー——世論調査の検討から」『言語情報科学』11：159–75．

————，2014a，『「なんで英語やるの？」の戦後史——国民教育としての英語、その伝統の成立過程』研究社．

————，2014b，「小学校英語をめぐる保護者の意識——大規模意識調査データの2次分析から」関東甲信越英語教育学会第38回千葉研究大会（8月23日）発表資料 http://d.hatena.ne.jp/Terasawa1/20140822/1408675492．

寺島隆吉，2007，『英語教育原論』明石書店．

唐須教光，2004，"Who's afraid of teaching English to kids?," 大津由紀雄編『小学校での英語教育は必要か』慶應義塾大学出版会，81–111．

冨田祐一，2004，「国際理解教育の一環としての外国語会話肯定論——競争原理から共生原理へ」大津由紀雄編『小学校での英語教育は必要か』慶應義塾大学出版会，149–86．

鳥飼玖美子，2002，『TOEFL・TOEICと日本人の英語力——資格主義から

実力主義へ』講談社.

―――, 2010,『「英語公用語」は何が問題か』角川書店.

内藤永・吉田翠・飯田深雪・三浦寛子・坂部俊行・柴田晶子・竹村雅史・山田惠, 2007,『北海道の産業界における英語のニーズ（平成 17 年度–18 年度財団法人北海道開発協会助成研究）』大学英語教育学会 ESP 北海道.

直井優, 2008,「総論 液状化する社会階層」直井優・藤田英典編『講座社会学 13 階層』東京大学出版会, 1–37.

中村敬, 2004,『なぜ、「英語」が問題なのか？――英語の政治・社会論』三元社.

中山兼芳, 2001,「なぜ小学校から英語を学ぶのか」中山兼芳編『児童英語教育を学ぶ人のために』世界思想社, 20–27.

中山誠一, 2010,「言語学習に対する学習者のビリーフと大学英語教育への期待――BALLI 調査を中心として」城西大学国際文化研究所『国際文化研究所紀要』(15)：13–24.

成毛眞, 2011,『日本人の 9 割に英語はいらない――英語業界のカモになるな！』祥伝社.

西村和雄・平田純一・八木匡・浦坂純子, 2003,「基礎科目学習の所得形成への影響」伊藤隆敏・西村和雄編『教育改革の経済学』日本経済新聞社, 29–44.

西山教行, 2011,「多言語主義から複言語・複文化主義へ」大木充・西山教行編『マルチ言語宣言――なぜ英語以外の外国語を学ぶのか』京都大学学術出版会, 197–216.

「21 世紀日本の構想」懇談会, 2000,『日本のフロンティアは日本の中にある――自立と協治で築く新世紀』講談社.

日本放送協会放送世論調査所編, 1982,『図説戦後世論史（第 2 版）』日本放送出版協会.

野津文雄, 1953,「高校英語の問題点」『英語教育』(4 月)：4–6.

バトラー後藤裕子, 2005,『日本の小学校英語を考える――アジアの視点からの検証と提言』三省堂.

浜矩子, 2009,『グローバル恐慌――金融暴走時代の果てに』岩波書店.

浜井浩一, 2004,「日本の治安悪化神話はいかに作られたか――治安悪化の実態と背景要因」『犯罪社会学研究』29：10 26.

林野滋樹・大西克彦, 1970,『中学校の英語教育』三友社.

樋口忠彦・大村吉弘・田邊義隆・國方太司・加賀田哲也・泉惠美子・衣笠知子・箱崎雄子・植松茂男・三上明洋, 2007,「小学校英語学習経験者の追跡調査と小・中学校英語教育への示唆」『近畿大学語学教育部紀要』

7(2): 123–80.

樋口忠彦・行廣泰三編, 2001, 『小学校の英語教育——地球市民育成のために』KTC 中央出版.

平泉渉・渡部昇一, 1975, 『英語教育大論争』文藝春秋.

平川洌, 1995, 『カムカムエヴリバディ——平川唯一と「カムカム英語」の時代』日本放送出版協会.

福井保, 1979, 「戦後学制改革と英語教育」『英語教育問題の変遷』研究社, 65–90.

福岡安則, 1993, 『在日韓国・朝鮮人——若い世代のアイデンティティ』中央公論社.

藤田悟, 2002, 『それでも英語やりますか——英語病を克服しないと英語も上達しない!』洋泉社.

船橋洋一, 2000, 『あえて英語公用語論』文藝春秋.

船曳建夫, 2003, 『「日本人論」再考』日本放送出版協会.

ブルデュー, ピエール (石井洋二郎訳), 1990, 『ディスタンクシオン (1) (2)』藤原書店.

プレジデントファミリー, 2008, 「英語が喋れると、年収が高くなるのか?」『プレジデントファミリー』(2008 年 5 月号): 36–45.

ベネッセ教育研究開発センター, 2007a, 『第 1 回 小学校英語に関する基本調査 (教員調査) 報告書』ベネッセコーポレーション.

————, 2007b, 『第 1 回 小学校英語に関する基本調査 (保護者調査) 報告書』ベネッセコーポレーション.

————, 2008, 『学校教育に対する保護者の意識調査 2008 速報版』ベネッセコーポレーション.

————, 2011, 『第 2 回 小学校英語に関する基本調査 (教員調査) 報告書』ベネッセコーポレーション.

————, 2012, 『学校教育に対する保護者の意識調査 2012』ベネッセコーポレーション.

ベフ, ハルミ, 1987, 『イデオロギーとしての日本文化論』思想の科学社.

星野崇宏, 2009, 『調査観察データの統計科学——因果推論・選択バイアス・データ融合』岩波書店.

本多則惠, 2005, 「社会調査へのインターネット調査の導入をめぐる論点——比較実験調査の結果から」『労働統計調査月報』57(2): 12–20.

マイナビニュース編集部, 2013, 「英語力のある人の給料は、平均の 2 倍以上!?——50 代後半では約 800 万の差が」マイナビニュース http://news.mynavi.jp/news/2013/11/12/218/　2014 年 9 月 23 日閲覧.

毎日新聞，2006，「伊吹文科相 小学校英語「必修化は不要」」『毎日新聞』．
　　9月28日，朝刊，p. 2.
前田啓朗・山森光陽・磯田貴道・廣森友人・三浦省五，2004，『英語教師の
　　ための教育データ分析入門——授業が変わるテスト・評価・研究』大修
　　館書店．
ましこひでのり，2003，『イデオロギーとしての「日本」——「国語」「日本史」
　　の知識社会学』三元社．
松浦伸和，2002，「英語教育学研究の発展と展望——研究の内容と方法」『教
　　科教育学研究（広島大学教科教育学会）』17: 53–63.
松川禮子，2004，『明日の小学校英語教育を拓く』アプリコット．
松繁寿和，1993，「オーストラリア非英語使用市民の職探しにおけるハンディ
　　キャップ」『オーストラリア研究』4: 38–50.
————，2002，「社会科学系大卒者の英語力と経済的地位」『教育社会学
　　研究』71: 111–29.
松原惇子，1989，『「英語できます」』文藝春秋．
松宮新吾，2014，「小学校「外国語活動」の教育効果に関する実証的研究——
　　「日本型小学校英語教育」の創設へ向けて」兵庫教育大学大学院連合学
　　校教育学研究科博士論文．
松本茂編，2010，『企業が求める英語力調査報告書』立教大学経営学部．
松本青也，1998，「異文化理解の目標と方法」『現代英語教育』（12月）:
　　10–12.
間淵領吾，2002，「二次分析による日本人同質論の検証」『理論と方法』17(1):
　　3–22.
三木谷浩史，2012，『たかが英語！』講談社．
水野稚，2008，「経団連と「英語が使える」日本人」『英語教育』（4月）:
　　65–67.
水本篤，2012，「推測統計の基礎知識——データから母集団を推測するには」
　　竹内理・水本篤編『外国語教育研究ハンドブック——研究手法のより良
　　い理解のために』松柏社，45–59.
村岡恵理，2011，『アンのゆりかご——村岡花子の生涯』新潮社．
茂木弘道，2000，『「小学校から英語」という愚行——それに輪をかけた英
　　語公用化論』國民會館．
————，2005，「小学校英語などとたわごとを言っているときか」大津由
　　紀雄編『小学校での英語教育は必要ない！』慶應義塾大学出版会，37–
　　54.
森常治，1979，「「平泉試案」の社会的背景」『英語教育問題の変遷』研究社，

138–61.

森博英, 2012, 「日本における英語学習開始時期の英語習得へ及ぼす影響に関する先行研究のメタ分析」第 38 回全国英語教育学会愛知研究大会発表資料 (2012 年 8 月 5 日、愛知学院大学).

モーリス゠スズキ, テッサ, 2002, 『批判的想像力のために――グローバル化時代の日本』平凡社.

文部科学省, 2003, 「『英語が使える日本人』の育成のための行動計画」http://warp.ndl.go.jp/info:ndljp/pid/286794/www.mext.go.jp/b_menu/houdou/15/03/03033102.pdf 2014 年 11 月 17 日閲覧.

――――, 2004, 「小学校の英語教育に関する意識調査 調査報告書」http://www.mext.go.jp/b_menu/shingi/chukyo/chukyo3/015/gijiroku/05032201/004/001.htm 2014 年 11 月 17 日閲覧.

――――, 2006, 「小学校における英語教育について 外国語専門部会における審議の状況(案)」http://www.mext.go.jp/b_menu/shingi/chukyo/chukyo3/015/siryo/06032708/002.htm 2014 年 11 月 17 日閲覧.

――――, 2008, 『小学校学習指導要領解説 外国語活動編』文部科学省.

――――, 2011, 「国際共通語としての英語力向上のための 5 つの提言と具体的施策」. http://www.mext.go.jp/component/b_menu/shingi/toushin/__icsFiles/afieldfile/2011/07/13/1308401_1.pdf 2014 年 11 月 17 日閲覧.

薬師院仁志, 2005, 『英語を学べばバカになる――グローバル思考という妄想』光文社.

安田敏朗, 2011, 『「多言語社会」という幻想――近代日本言語史再考』三元社.

柳沢民雄, 2012, 「1960 年代の日本における外国語教育運動と外国語教育の四目的」一橋大学大学院社会学研究科修士論文.

矢野経済研究所, 2009, 「語学ビジネス市場に関する調査結果 2009」http://www.yano.co.jp/press/pdf/504.pdf 2013 年 6 月 17 日閲覧.

――, 2010, 「語学ビジネス市場に関する調査結果 2010」http://www.yano.co.jp/press/pdf/631.pdf 2013 年 6 月 17 日閲覧.

――――, 2011, 「語学ビジネス市場に関する調査結果 2011」http://www.yano.co.jp/press/pdf/795.pdf 2013 年 6 月 17 日閲覧.

――――, 2012, 「語学ビジネス市場に関する調査結果 2012」http://www.yano.co.jp/press/pdf/959.pdf 2013 年 6 月 17 日閲覧.

――――, 2013, 「語学ビジネス市場に関する調査結果 2013」http://www.yano.co.jp/press/pdf/1162.pdf 2014 年 7 月 10 日閲覧.

――――, 2014, 「語学ビジネス市場に関する調査結果 2014」http://www.

yano.co.jp/press/pdf/1295.pdf　2014 年 11 月 12 日閲覧.

山口誠, 2001,『英語講座の誕生――メディアと教養が出会う近代日本』講談社.

山田雄一郎, 2003,『言語政策としての英語教育』渓水社.

―――, 2005,『英語教育はなぜ間違うのか』筑摩書房.

行廣泰三, 2001,「公立小学校の英語教育導入後の展望」樋口忠彦・行廣泰三編『小学校の英語教育――地球市民育成のために』KTC 中央出版, 184–95.

吉田一衛, 1976,「英語教育の現代化」中島文雄編『新英語教育論』大修館書店, 36–51.

吉野耕作, 1997,『文化ナショナリズムの社会学――現代日本のアイデンティティの行方』名古屋大学出版会.

吉見俊哉, 2007,『親米と反米――戦後日本の政治的無意識』岩波書店.

読売新聞, 1998,「揺らぐ学校への信頼」『読売新聞』. 4 月 4 日, 朝刊, p. 15.

―――, 2000,「英語「もっとできたら」「苦手」ともに 8 割」『読売新聞』. 5 月 13 日, 朝刊, p. 3.

―――, 2004,「「英語」小学校の正式教科化　教員研修に課題、授業時間ねん出も困難」『読売新聞』. 3 月 1 日, 朝刊, p. 33.

―――, 2005,「ゆとり教育、どう転換」『読売新聞』. 2 月 6 日, 朝刊, p. 28.

―――, 2006,「「教育」に関する読売新聞社世論調査　学力低下、根強い危機感」『読売新聞』. 5 月 28 日, 東京朝刊, p. 21.

リクルートワークス研究所編, 2001a,『ワーキングパーソン調査 2000・関西』リクルートワークス研究所.

―――, 2001b,『ワーキングパーソン調査 2000・首都圏』リクルートワークス研究所.

―――, 2001c,『ワーキングパーソン調査 2000・東海』リクルートワークス研究所.

―――, 2009,『ワーキングパーソン調査 2008 基本報告書』リクルートワークス研究所.

和田稔, 2004,「小学校英語教育、言語政策、大衆」大津由紀雄編『小学校での英語教育は必要か』慶應義塾大学出版会, 112–28.

渡部昇一, 2001,『国民の教育』産経新聞ニュースサービス.

索　引

〔あ行〕

『朝日新聞』　54n, 76, 130n, 217

アジア・ヨーロッパ調査　→　ASES

イタリア語　140–45, 148, 155

猪口孝　10

伊吹文明　228

インターネット　5–6, 30–31, 78n, 80–81, 83, 85, 88, 111–12, 114, 119, 153, 182, 191, 228, 254n

英会話力　20–22, 24–25, 27–31, 38–40, 42–44, 46–48, 125, 153–55, 195–96, 199, 201, 208–209, 211, 222–24, 227, 229, 234–35, 238–40

英検（実用英語技能検定）　20, 24–26, 208–209, 211

英語学習者数　120–136

英語学習熱　14, 100–20, 246, 255　→ cf. 英語熱

「英語が使える日本人」の育成のための行動計画　2, 77–78, 96, 179, 248

英語教育研究　3, 5, 7, 12n, 37n, 101, 124, 248, 251–54, 258, 260

英語教育目的におけるトリレンマ　94–97

英語言説　1–2, 4, 8, 15, 20, 32, 232, 245–60

「英語ができればキャリアアップにつながる」　14, 201, 205–211

「英語ができれば収入が増える」　14, 191–204, 247, 255

「英語に劣等感を持っている人々が早期英語を支持している」　15, 219, 224

「グローバル化により英語を必要とする人は増えている」　1, 14, 78, 178, 187–88, 226, 246, 248, 251–52

「これからの社会人に英語は不可欠」　14, 158–77

「日本社会の英語使用ニーズは年々増加している」　2–3, 14, 178–90, 248, 255

「日本人女性の英語学習熱は高い」　1, 84, 104–10, 115–19, 122–23, 130, 133, 136, 246, 255

「日本人は英語学習熱が高い」　14, 100–19, 246, 255

「日本人は世界一の英語下手」　1, 54–75, 245

「日本は戦後何度も英語ブームに沸いている」　120–23, 246

英語公用語化　→　社内英語公用語化

英語使用の必要性　14, 16, 77–79, 84, 92–97, 158–90, 194–97, 199, 246, 248–50, 257

英語信仰　100, 104–105, 119　→　cf. 英語崇拝、英語熱、英語病

英語崇拝　123, 257　→　cf. 英語信仰、英語熱、英語病

英語第2公用語論　76–77, 217

英語帝国主義　73, 101, 104, 122, 149, 151, 257

英語読解力　20–23, 38–39, 41, 43n, 50,

[280]

索　引　281

60, 153–54, 199, 201, 234–35, 238–40
英語ニーズ　2–3, 27n, 77–78, 95, 160, 163, 167–68, 172–75, 178–90, 194, 196, 248–52, 254–56
英語熱　1, 15, 100–20, 122, 124, 128–30, 136, 158, 175, 218, 246, 255–56　→　cf. 英語信仰、英語崇拝、英語病
英語の教育機会　34–53
英語パニック　182
英語必修化　39, 95n, 249–50　→　cf. 小学校英語必修化
英語病　100, 119, 257　→　cf. 英語信仰、英語崇拝、英語熱
英語ブーム　100–123, 128, 133, 214–15, 246
英語力と職業機会　14, 205–11
英語力と賃金　13–14, 191–204, 247
江利川春雄　3

応用言語学　3–5, 12n, 37n, 50, 56, 101, 120, 179, 190, 215, 251, 253, 259n
太田雄三　3, 35, 48
大谷泰照　3, 57, 120–21
岡倉由三郎　77

〔か行〕
「外国語教育の四目的」　96
外国語教育分科会　96, 250n
外国人指導助手　→　ALT
外国人との接触　147–52, 155–56, 168, 171, 183, 246
格差　35n, 36–38, 42–52, 64–65, 72, 201–202, 215, 245
学習指導要領　95, 214
学習者ビリーフ　56
加藤周一　95
金谷憲　102, 219, 224
カムカム英語　120n
川恵実　123n

韓国朝鮮語　138, 140–46, 148–49, 152, 155–56

企業が求める英語力調査　5
岸田秀　122
北村文　89, 205–206, 210
義務教育　7, 23, 35, 38–41, 47, 62, 86–87, 94–96, 107, 117, 131–32, 134, 221
キャリーオーバー効果　127
旧制中学校　38
教育改革　3, 54, 65, 216, 218–19, 228, 248, 251–52
教育特区　216, 233

グローバル化　1, 3–4, 14, 78, 100, 174, 178, 187–90, 214–15, 226–27, 246, 248, 251–52

計量的モノグラフ　8
計量分析　8, 37, 207–208
『現代用語の基礎知識』　123n

小池生夫　5–6, 57
高学歴　22, 27, 45, 47n, 69–72, 74, 87–89, 92, 116, 118–19, 123, 133–35, 145–46, 155, 167, 171, 175, 246
高等教育　23, 38–41, 44, 47, 86–89, 107–108, 117, 131–32, 134, 142–43, 146–47, 221
語学ビジネス　256
語学ブーム　→　英語ブーム
国際化　→　グローバル化
国際共通語としての英語力向上のための5つの提言と具体的施策　178, 248
国際語　125, 214–15, 226–27
国民教育　77
『国民生活白書』　57
コスメティック・マルチカルチュラリズム　151, 155–56

「国家総動員」的な英語政策　94, 96, 248, 250

『ことばと社会』　253

〔さ行〕

斎藤聖美　123n

斎藤兆史　34

ジェンダー　7, 10, 23, 26, 30, 32, 35n, 38–46, 48, 84–92, 104–19, 121–23, 129–36, 142–45, 150, 154–55, 171–72, 183–84, 196, 200, 206–10, 221–22, 235, 237, 245–46, 248

自己評価型設問　20, 24–25, 28, 32–33, 51n, 195, 208, 222–23

実用英語技能検定　→　英検

社会階層　7, 10, 14, 57, 67–69, 72–73, 116n, 133–34, 235

社会階層と社会移動全国調査　→　SSM

『社会言語学』　254

社会調査の2次分析　6–7, 59, 78, 219n, 233, 254

社内英語公用語化　57, 182

出身階層　7, 37–39, 43–44, 46, 48, 50–51, 234–36, 239–40, 242–43, 245, 247

小学校英語　100, 138, 147, 214–31, 235, 241–43, 247, 257　→　cf. 早期英語教育

　〜必修化　100, 214–17, 220, 228, 231　→　cf. 英語必修化

「小学校での英語教科化に反対する要望書」　230

職業機会　→　英語力と職業機会

新制中学校　35, 38–39, 249

菅原克也　152n

鈴木孝夫　3

スペイン語　140–41, 143–46, 148–49, 155–56

政治意識　10, 27–30, 32, 245

接触仮説　147–49

全国学力テスト　58

早期英語学習　15, 230–244, 247

早期英語教育　15–16, 214–28, 233, 240, 243, 247　→　cf. 小学校英語

早期英語志向　221–26

〔た行〕

第2外国語　139, 142, 147

第2言語　32, 37n, 105, 225, 227, 231–33, 242, 249

　〜習得　105, 231–33, 242

多言語社会　138–39, 156

ダワー、ジョン　121

単一民族神話　12, 137

男女差　→　ジェンダー

中国語　64, 73, 138, 140–43, 145, 147–49, 152, 155–56

中等教育　23, 35, 38, 40–41, 47, 86–87, 107, 117, 131–32, 134, 143–44, 146, 218, 221

賃金　→　英語力と賃金

『通商白書』　57

津田幸男　101, 104–105, 122–23, 129, 149

ドイツ語　140–45, 147–48, 155

鳥飼玖美子　182, 219, 224, 256

〔な行〕

ナショナリズム　3, 228

成毛眞　76–77, 95, 158–59, 162

「21世紀日本の構想」懇談会　57, 76

『日米会話手帳』　120

日本学術振興会　5
日本教職員組合外国語教育分科会　→
　外国語教育分科会
日本児童英語教育学会　→　JASTEC
『日本人の9割に英語はいらない』　→
　成毛眞
「日本人論」　257–59
日本版総合的社会調査　→　JGSS

野津文雄　121–22

〔は行〕
『敗北を抱きしめて』　→　ダワー、ジョ
　ン
橋下徹　54–55, 61, 65
「花子とアン」　47
パングリッシュ　→　パンパン英語
ハングル　→　韓国朝鮮語
パンパン英語　121–22

東アジア　10, 49–52, 56–58, 61, 64, 71–
　72, 144
東アジア社会調査　→　EASS
ビジネス英語　27, 190
ビジネスガール　→　BG
非正規雇用者　7, 11, 17, 23, 26, 29, 31,
　86–88, 107–109, 114–15, 117, 172,
　196, 200
平泉渉　77, 95–96
平川唯一　120n

フィリプソン、ロバート　73
船橋洋一　76–78, 96
フランス語　140–45, 147–48, 155
ブルーカラー職　7, 11, 17, 23, 26, 38,
　40–41, 47, 68–69, 72, 86–87, 89–91,
　107, 109, 114, 117, 147, 167–69, 173

ベネッセ教育総合研究所　214, 216n

ポルトガル語　140–43, 145–46, 148–49,
　155–56
ホワイトカラー職　7, 11, 17, 22–23, 27,
　29, 31, 66–69, 72, 74–75, 86–88, 91–
　92, 107–10, 112, 114–15, 117, 119,
　123, 133–35, 147n, 167–71, 175, 197,
　203

〔ま行〕
松原惇子　123n

三木谷浩史　57

村岡花子　48

メディア　6, 30, 69, 104, 144, 156, 175,
　205–206, 228, 246, 253

茂木弘道　96, 218
モーリス＝スズキ、テッサ　151
文部科学省　2, 58, 77, 137–38, 178, 206,
　214–15, 219n, 233, 247–48, 256

〔や・ら・わ行〕
安田敏朗　138
矢野経済研究所　100, 138

ユーロバロメーター　225

『読売新聞』　217
世論調査　6, 102–103, 106, 124–28, 131,
　133–34, 136, 141, 159, 216–17

ライフスタイル　10, 17, 22–23, 30, 32,
　85–86, 108–10, 112–16, 245
楽天　57, 182
ランダム抽出　4–6, 9–10, 15, 50, 56, 59,
　72, 78n, 124, 160, 217, 233–34, 243,
　254

留学 58, 70, 104–105, 123, 176

ワーキング・パーソン調査 → WPS
和田稔 219, 224
渡部昇一 77, 95–96, 218

〔欧文〕
ALT 147
ASES-2000 10, 16–17, 59, 62, 66, 70
BALLI 56
BG 130, 133
EASS-2008 8, 50
JACET Journal 179
JASTEC 233–34
JGSS 9, 11, 16–17, 20–22, 25, 27–30,
   38, 50, 79–83, 85–92, 102–104, 106–
   107, 110–11, 124n, 139–40, 142n,
   148–49, 152, 160–63, 166, 179–81,
   195–96, 198–201, 204, 220, 222–23,
   234–35, 238, 242, 254
   JGSS-2002 9, 16–17, 20, 22, 38, 79–
      83, 85–86, 88–92, 160–63, 179–80
   JGSS-2003 9, 16–17, 20, 22, 38, 79–
      83, 85–86, 88–92, 102–103, 106–
      107, 110–11, 160–63, 179–80
   JGSS-2006 9, 16–17, 20, 22, 29, 38,
      79–81, 83, 85, 87–92, 102–103, 106–
      107, 110, 139–40, 148–49, 152, 160–

63, 179–81
   JGSS-2010 9, 16–17, 20, 22, 29, 38,
      79–81, 83, 85, 87–92, 103–104, 160–
      63, 166, 179–81, 195–96, 198–201,
      204, 220, 222, 234–35, 238n, 242,
      254
Kamada, Laurel D. 3, 253, 259n
Kanno, Yasuko 3, 37n, 253, 259n
KATE Journal 179
Kelsky, Karen 123, 133
Kubota, Ryuko 139, 226, 253, 259
PISA 33, 58
Seargeant, Philip 3, 101
SLA → 第2言語習得
SSM-2005 6, 10–11, 16–17, 103, 106,
   115–17, 171n
TOEFL 20, 24–26, 57–59, 65, 70–72,
   105, 191
TOEIC 6, 20, 24–27, 57–59, 191, 208–
   209, 211
World Englishes 258
WPS 9, 16–17, 20, 23–26, 30, 160–65,
   168–70, 179–80, 195–96, 199–201,
   203, 208
   WPS-2000 9, 16–17, 20, 23–26, 30,
      160–61, 164–65, 168–70, 195–96,
      199–201, 203, 208
   WPS-2008 9, 16–17, 160–63, 179–80

● 著者紹介
寺沢拓敬 (てらさわ・たくのり)
1982 年、長野県塩尻市に生まれる。2004 年、東京都立大学人文学部卒業。2013 年、東京大学大学院総合文化研究科博士課程単位取得退学。博士 (学術)。千葉商科大学非常勤講師、国立音楽大学非常勤講師を経て、現在、日本学術振興会特別研究員 PD, および、オックスフォード大学ニッサン日本問題研究所客員研究員。

専門
言語社会学、応用言語学、外国語教育史

主著
『「なんで英語やるの?」の戦後史――《国民教育》としての英語、その伝統の成立過程』(研究社、2014, 単著)
『外国語教育〈5〉 一般教育における外国語教育の役割と課題』(朝日出版社、2014, 共著)

受賞
日本版総合的社会調査 (JGSS) 優秀論文賞、2008 年
東京大学社会科学研究所 SSJDA 優秀論文賞、2013 年
日本教育社会学会国際活動奨励賞、2013 年

「日本人と英語」の社会学
――なぜ英語教育論は誤解だらけなのか

2015 年 1 月 31 日 初版発行

著　者　寺沢拓敬

発行者　関戸雅男

印刷所　研究社印刷株式会社

発行所　株式会社　研究社
　　　　http://www.kenkyusha.co.jp

KENKYUSHA
〈検印省略〉

〒102-8152
東京都千代田区富士見 2-11-3
電話 (編集) 03(3288)7711(代)
　　 (営業) 03(3288)7777(代)
振　替　00150-9-26710

© Takunori Terasawa, 2015
装丁：常松靖史 [TUNE]
ISBN 978-4-327-37821-9　C 3037　Printed in Japan